JÜRGEN SCHMITT

AKTIEN KANN JEDER

Vermögensaufbau leicht gemacht!

JÜRGEN SCHMITT

AKTIEN KANN JEDER

Vermögensaufbau leicht gemacht!

FBV

Bibliografische Information der Deutschen Nationalbibliothek
Die Deutsche Nationalbibliothek verzeichnet diese Publikation in der Deutschen Nationalbibliografie. Detaillierte bibliografische Daten sind im Internet über http://dnb.d-nb.de abrufbar.

Für Fragen und Anregungen
info@m-vg.de

1. Auflage 2024

Co-Autor: Can Luca Oral
Redaktion: Judith Engst
Korrektorat: Christine Rechberger
Umschlaggestaltung: Marc-Torben Fischer
Umschlagfoto: Claudius Seng
Satz: inpunkt[w]o, Wilnsdorf (www.inpunktwo.de)
Druck: CPI books GmbH, Leck
Printed in the EU

ISBN Print 978-3-95972-763-1
ISBN E-Book (PDF) 978-3-98609-485-0
ISBN E-Book (EPUB, Mobi) 978-3-98609-486-7

Weitere Informationen zum Verlag finden Sie unter
www.finanzbuchverlag.de
Beachten Sie auch unsere weiteren Verlage unter www.m-vg.de

INHALT

Vorwort 7

Teil 1: Die Börse und ihre Dynamik – Über Chancen und Risiken des Aktienmarktes. 13

Aktien kann jeder – Prolog 14
Augen auf – Nicht nur im Straßenverkehr! 20
Aktien – nicht mehr als eine Pommesbude? 29
Technologie-Hype und stabile Dividenden – der Aufbau des eigenen Depots 35
Das Haus als Aktie der Deutschland AG – Warum wir unsere Sichtweise auf die Börse überdenken sollten 43
Die Börse – Am Ende eine Frage der Begeisterung 53
Der Mensch als Herdentier – Wie unsere Natur das Handeln an der Börse beeinflusst 59
Die zwei Extreme: Was Gier und Angst mit deinem Verhalten als Anleger zu tun haben 63
Fehler macht jeder – auch ich! 70
Die Pleite – Warum sie ganz normal ist und was wir aus ihr lernen können 81

Teil 2: Aktien und die Medien – Warum es wichtig ist, sich und andere für Aktien zu begeistern 91

Aktien und Medien – ein unzertrennliches Paar? 92
Darf unser Wissen uns reicher machen? Vom größten Paradoxon im Börsenumfeld 98
Der Börsenbrief – Abzocke oder sinnvolles Investment? 102

Aktien und YouTube – geht das? 105
Ein Mikrokosmos im Mikrokosmos – Wie die Aktienlust zu unserer kreativen Spielwiese wurde 111
»Aktien kann jeder« – die Rückkehr zum analogen Medium 119

Teil 3: Und jetzt DU! Mein Guide für DEINE ersten Schritte an der Börse 123

Wie beginnt DEIN Weg an der Börse? 124
Schritt 1: Führe eine Bestandsaufnahme durch! 126
Schritt 2: Finde heraus, welcher Anlegertyp du bist! 129
Schritt 3: Finde heraus, wie du die Börse in dein Leben integrieren möchtest! 132
Schritt 4: Eröffne ein gut strukturiertes Depot! 138
Schritt 5: Führe regelmäßige Depot-Checks durch! 146
Schritt 6: Richte ein Dividenden-Depot ein! 151
Schritt 7: Der Weg ist nicht zu Ende – plane dein Leben mit Aktien! 156

Teil 4: 100 spannende Unternehmen, in die DU investieren könntest! 159

Die 100 160

Teil 5: Ausblick – So könnte die Börse in der Zukunft aussehen ... 213

Die Börse lebt – auch in der Zukunft? 214
»Früher war alles besser!« oder unnötige Angst vor Neuem? 222
Teleportation und fliegende Autos – nur eine Frage der Zeit? 228
Crypto, Metaverse & Künstliche Intelligenz – lasst uns offen für Neues sein! 235
Die Börse in hundert Jahren – was erwartet den Menschen in der Zukunft? 241
Egal, was passiert: Es wird weitergehen 249

VORWORT

Schon wieder irgendein Börsenbuch, in dem man als Leser angeblich erfährt, wie man möglichst schnell und einfach reich wird. In etwa das werden viele von euch denken, wenn sie jetzt das Buch aufgeschlagen haben und gerade diese Zeilen lesen. Auch ich habe mir die Frage gestellt, ob ich überhaupt ein Buch über die Börse schreiben soll, als man mit dieser Idee an mich herangetreten ist. Hm, dachte ich. Braucht es das wirklich? Denn ganz ehrlich: Ich selbst habe noch kein einziges der vielen Bücher über Anlagestrategien oder Ähnliches gelesen. Warum? Zum einen, weil ich schon immer eher nach dem Motto »Learning by doing« verfahre. Zum anderen, weil ich nicht weiß, was ich da erfahren soll, was mich wirklich weiterbringt. Auch mein Buch wird dir als Leser jetzt nicht sofort verraten, wie du in drei Jahren aus 1000 Euro 100.000 Euro machen kannst. Noch nicht einmal in fünf Jahren! Weil eben niemand in diesem Universum – vielleicht mit Ausnahme des obersten »Manitu« – eine Glaskugel besitzt.

In diesem Buch wirst du auch nichts über Formeln oder fundamentale und technische Analysemethoden lesen, mit denen du deinem künftigen Reichtum auf die Sprünge helfen kannst. Dieses Buch ist kein wissenschaftlich-mathematischer Code, den du nur anwenden musst, um ruckzuck reich zu werden. Das liegt nicht nur daran, dass ich das extrem langweilig fände. Ich glaube schlichtweg nicht daran, dass ein solches Buch oder seine Inhalte langfristig wirklich weiterhelfen würden. Ja, es gibt auch erfolgreiche Trader, die nach dem »goldenen Schnitt«, sogenannten Fibonacci-Retracements, oder wie das ganze Zeugs auch heißt, investieren. Doch der potenzielle Erfolg solcher Methoden hängt halt ausschließlich daran, wie »Börsen-Programmierer« ihre computergesteuerten Handelssysteme eben programmieren. Will ich mich auf so etwas einlassen oder auf so etwas vertrauen? Willst du das? Oder willst du lieber mit einfachen, nachvollziehbaren Überlegungen und Gedanken durchs Leben gehen, die du jederzeit auf die finanzielle Ebene übertragen kannst?

Das war und ist jedenfalls schon immer mein Weg gewesen – und damit bin ich bis heute auch sehr gut gefahren. Für mich heißt es eben nicht nur »Augen auf im Straßenverkehr!«, sondern ebenso »Augen auf!« in Bezug auf Wirtschaft und Börse.

Daher soll dieses Buch dir in erster Linie zeigen, wie es dir gelingen kann, dein eigenes Leben mit der Börse und daher auch mit Anlage-Chancen zu verknüpfen. So wirst du letztendlich nicht nur Erfolg, sondern zudem in allererster Linie Spaß haben. Natürlich erklärt all das noch immer nicht, warum ich mich am Ende wirklich entschieden habe, dieses Buch zu schreiben. Immerhin steckt viel Arbeit und Zeit dahinter, die ich beide übrigens für die mit Abstand kostbarsten Ressourcen auf diesem Planeten halte. Schließlich ist eines gewiss. In spätestens 100 Jahren wird jeder, der jetzt dieses Buch liest, nicht mehr auf der Erde verweilen. Ich schon gar nicht. Umso wichtiger ist es doch, die verbleibenden Jahre möglichst gut und sinnvoll zu gestalten. Und ob man das nun gut findet oder nicht: Geld spielt dabei für uns alle eine nicht ganz unwichtige Rolle.

Wie wir alle wissen, macht Geld allein niemanden von uns nachhaltig glücklich. Daher sollte es auch gar nicht dein Ziel sein, möglichst schnell Millionär zu werden. Deine zentralen Ziele sollten andere sein. Geh einem tollen Beruf nach, der dir Freude bereitet. Pflege die Freundschaften zu Menschen, die dir wichtig sind. Beschäftige dich mit Hobbys, an denen du Spaß hast. Bereise Länder, die du unbedingt einmal gesehen haben willst. Vielleicht erkennst du dein Glück ja irgendwann auch darin, eine Familie zu gründen oder ein eigenes Heim zu beziehen – wer weiß das schon? Was wir wissen: Es gibt viele Dinge, die Menschen glücklich machen können. Geld gehört nicht dazu. Geld ist lediglich das Mittel, das wir benötigen, um uns all diese Wünsche eventuell irgendwann erfüllen zu können. Was wir uns jedoch vor Augen führen sollten: In den meisten Fällen braucht es dazu keine Millionen. Es braucht eine gesunde Basis, die ausreicht, um sorgen- und bedenkenlos leben zu können.

Doch wo genau liegt eine solche Basis? Es gibt Glücksforscher, die sich genau damit beschäftigt haben und zu einer teilweise überraschenden Erkenntnis gekommen sind. Demnach wachse die Zufriedenheit der Menschen mit dem monatlich zur Verfügung stehenden Einkommen bis zu einem bestimmten Kipppunkt, ab welchem die Zufriedenheit wieder abnimmt. Und weißt du was? Diesen Kipppunkt erreichst du nicht erst irgendwo bei 100.000 Euro im Monat. Er befindet sich bereits im Bereich zwischen 5000 und 6000 Euro pro Monat. Wie erklärt sich das? Im Wesentlichen hängt das damit zusammen, dass ein größeres Vermögen auch mit einer größeren Verantwortung einhergeht. Je größer das Vermögen eines Menschen wird, desto größer wird auch die Sorge dieses Menschen, sein Vermögen wieder zu verlieren. Auch nimmt die Vorfreude auf Investitionen ab. Jemand, der erst mal ein paar Monate sparen muss, um sich einen Wunsch zu erfüllen, wird es dann auch entsprechend genießen und wertschätzen, wenn dieser erfüllt wird. Wer sich jedoch ohnehin alles leisten kann, ist schnell satt und der Dinge überdrüssig.

Das gilt natürlich nicht für alle, aber für die meisten. Jeder von uns ist dem Risiko ausgesetzt, irgendwann gesättigt und unzufrieden zu sein, weil keine weiteren Wünsche und Herausforderungen mehr auf uns warten. Daher sollte es auch dein Ziel sein, dir möglichst schnell eine gesunde Basis in deinem Leben zu schaffen und sie zu erhalten. Auf diese Art und Weise wirst du dann in der Lage sein, dir deine eigentlichen Lebensziele und -wünsche möglichst komfortabel und sorgenfrei zu erfüllen – und das, ohne negativen Gefühlen wie Übersättigung und Unzufriedenheit ausgesetzt zu sein. Auf genau diesem Weg soll dir dieses Buch eine Hilfe sein – wobei auch das nicht final erklärt, warum ich dieses »Werk« tatsächlich in die Buchhandlungen der Republik bringen will.

Im Grunde gibt es zwei Aspekte, die mich letztendlich dazu bewegt haben, mich auf das Abenteuer des eigenen Buches einzulassen. Einer davon: die Liebe zum Schreiben. Wenngleich ich nicht Goethe oder Voltaire bin oder mir in irgendeiner Weise anmaße, Schriftstellerqualitäten zu besitzen, genieße ich es durchaus, meinen Gedanken in schriftlicher Form Ausdruck zu verleihen. So nutze ich zum Beispiel meinen Facebook-Account regelmäßig, um auf manchmal auch satirische und sarkastische Weise über unsere Gesellschaft und unsere Politik zu schreiben. Manchmal rege ich mich »offiziell« auf, manchmal bin ich »amüsiert«, manchmal auch »verwirrt«. Und diese geistigen »Ergüsse« haben inzwischen sogar eine kleine Fan-Gemeinschaft, die einfach gern liest, was mir so alles Queres durch die Birne geht.

Der zweite der beiden angesprochenen Aspekte: Ich sehe mit Sorgen auf die Entwicklung in unserem Land. Ja, ich könnte es mir theoretisch einfach machen und auswandern. Doch wohin? Schließlich habe ich noch schulpflichtige Kinder, familiäre Bande und auch einen Bekannten- und Freundeskreis, den ich nicht missen möchte. Und natürlich fühle ich mich auch dort emotional zu Hause, wo ich eben zu Hause bin. Zudem bin ich tief in meinem Herzen Optimist und glaube fest daran, dass wir in Deutschland auch wieder Boden unter die Füße kriegen und in die Erfolgsspur zurückkommen. Doch dazu bedarf es nicht nur einiger Reformen und einer wieder stärkeren Fokussierung auf unsere Wirtschaft. Nein, nötig ist auch ein neues Denken über die Altersvorsorge und somit im Wesentlichen über Aktien.

Aktien sind hierzulande noch immer eine Randerscheinung. Gerade einmal rund 18 Prozent der Bevölkerung halten direkt oder über irgendwelche Vehikel Anteile an Unternehmen. Viele davon unwissentlich. Und wenn sie es wüssten, würden sie schleunigst zusehen, diese Anteile wieder in Geldwerte zu wechseln. Ganz anders ist hingegen die Einstellung und auch Beziehung zu Aktien in anderen Ländern. In den USA setzen über 50 Prozent der Bürger nicht nur bei der Altersvorsorge auf Aktien, sondern auch für ihren Wohlstand, ein passives Einkommen über Dividenden (Ausschüttungen) etc. Da müssen wir auch hinkommen, denn schon heute platzt unser Sozialstaat aus allen Nähten. Somit wird der Staat über Rentenzahlungen immer weniger in der Lage sein, seinen Bürgern im Alter ein komfortables Auskommen zu ermöglichen.

Daher solltest auch du so früh wie möglich selbst ein Aktien-Depot aufbauen. Denn Aktien kann jeder. Genau das will und werde ich in diesem Buch aufzeigen. Man muss dazu keineswegs schon vermögend sein. Selbst Schüler und Studenten können zumindest die ersten Schritte machen, um sich aus eigener Kraft selbst eine finanzielle Basis zu schaffen, dieses fantastische und wunderbare Leben auch ausleben und genießen zu können. Wenn du also darüber nachdenkst, selbst an der Börse tätig zu werden, oder sogar schon erste Schritte in die Richtung unternommen hast, wird dieses Buch dir eine große Hilfe dabei sein. Davon bin ich fest überzeugt.

TEIL 1:

DIE BÖRSE UND IHRE DYNAMIK – ÜBER CHANCEN UND RISIKEN DES AKTIENMARKTES

AKTIEN KANN JEDER – PROLOG

Über Geld spricht man nicht. Zumindest ungern. Es gibt kaum ein Credo, das so tief in unserer Gesellschaft verankert ist wie dieses. Dies liegt zum einen daran, dass wir in einer Neidgesellschaft leben, wird aber sicherlich auch etwas damit zu tun haben, dass der Umgang mit Geld grundsätzlich ein sensibles Thema ist. Und das gilt nicht nur für die klassische Mitte der Gesellschaft. Auch im Börsenumfeld, in dem ich mich seit Jahrzehnten aufhalte, ist die Vorstellung bis heute noch allgegenwärtig, Geld wäre ein Tabu. Man spricht nicht wirklich darüber, meidet das Thema, geht ihm stellenweise sogar aus dem Weg. Auch ich versuche, sehr bewusst mit den Themen Geld, Aktien und Börse umzugehen. So würde ich beispielsweise nie auf die Idee kommen, mein Engagement an der Börse aktiv in einer Freundschaft anzusprechen oder gar mit Tipps oder Ratschlägen auf Freunde zuzugehen. Wer will schon in seiner Freizeit von seinen Freunden mit Ratschlägen rund um die Börse genervt werden? Dementsprechend war und bin ich auch sehr froh darüber, dass es in meinem Freundes- und Bekanntenkreis eigentlich kaum jemanden gab, der von mir jemals irgendwelche Tipps zu seinen Investments haben wollte. Diese gebe ich nämlich grundsätzlich eher ungern. Wozu auch? Die Börse ist kurzfristig schlichtweg nicht kalkulierbar und das Risiko ist einfach zu hoch, eine Freundschaft durch einen Ratschlag zu belasten, der im Nachhinein nicht im gewünschten Gewinn resultiert. Somit verfahre ich im Hinblick auf meinen Umgang mit dem Thema Börse in Freundschaften eigentlich schon immer nach einem ganz speziellen Credo: Ich beantworte gerne Fragen und berichte von Erfahrungen, verzichte jedoch bewusst auf gezielte Tipps oder leere Versprechungen.

******

Diese Einstellung, Börse und Finanzen nicht zum Thema in Freundschaften zu machen, habe ich mir bereits vor einiger Zeit angeeignet. So erinnere ich mich beispielsweise noch sehr genau daran, dass ich schon vor der Jahrtausendwende eher ungern Ratschläge rund um das Thema gegeben habe. Glücklicherweise war es damals aber ohnehin so, dass das Thema Börse für den größten Teil der Gesellschaft keine Rolle spielte. Es gab zwar bereits erste Magazine, die man hätte kaufen können, doch allein dadurch, dass sich in TV, Radio und Printmedien niemand so recht für das Thema zu interessieren schien, existierte eigentlich kaum ein alltäglicher Zugang zu relevanten Informationen. Vielmehr war die Börsenwelt ein in sich geschlossener Mikrokosmos, mit dem sich trotz des sich anbahnenden Höhepunkts der damaligen Börsenblase rund um die Jahrtausendwende nur die Menschen auseinandersetzten, die sich aktiv dazu entschieden hatten. Vor allem jüngere Leute hatten zu Beginn der Neunziger noch verstärkt den Eindruck, dass Börse eher eine Sache für Vermögende war, für die sie sich nicht zu interessieren brauchten. Ein großer Teil dieser jungen Leute wird sich vermutlich gar nicht mit dem Thema befasst haben, bis die Deutsche Telekom 1996 mit *Tatort*-Kommissar Manfred Krug als Werbegesicht an die Börse ging und für ein großes Medienecho sorgte. Auch in meinem privaten Freundeskreis war ich zu dieser Zeit immer der einzige gewesen, der sich für Aktien und Investments interessierte. Der Rest meiner Freunde bekam zwar mit, dass ich mich damit auseinandersetzte, hatte dies aber nie wirklich verstanden oder hinterfragt. Umso einprägsamer war es, als rund um die Jahrtausendwende Joachim, ein guter Freund von mir, mit einem börsenbezogenen Anliegen auf mich zukam.

»Jürgen, ich spreche ja sonst nicht so mit dir darüber, würde jetzt aber auch mal gerne in Aktien investieren. Hast du da Tipps für mich?«

Zum damaligen Zeitpunkt wunderte es mich sehr, dass ausgerechnet Joachim mit einem solchen Anliegen auf mich zugekommen war. Ich kannte Joachim sehr gut, da wir schon zu Jugendzeiten gemeinsam um die Häuser gezogen waren, und ich wusste, dass er mit dem Thema Börse bis dato rein gar nichts am Hut gehabt hatte. Joachim war Handwerker, leitete seinen eigenen Elektrofachbetrieb und war von Haus aus ein eher konservativer, sparsamer Typ, der auf mich nie den risikofreudigsten Eindruck gemacht hatte. Dass ausgerechnet er nun mit dem Gedanken spielte, in Aktien zu investieren, empfand ich beinahe als Warnsignal, welches mir verdeutlichte, welche Ausmaße der Börsen-Boom inzwischen angenommen hatte. So nach dem Motto: Wenn DER sich jetzt schon dafür interessiert, muss es echt in der breiten Masse angekommen sein. Gleichermaßen amüsiert wie überrascht reagierte ich also zunächst auf Joachims Anliegen.

»Ach so, du willst investieren? Ja, da kommst du aber früh drauf!«

Ich erklärte Joachim, dass es vermutlich keinen viel schlechteren Einstiegszeitpunkt gebe als jenen, den er sich ausgesucht hatte, und versuchte ihn dafür zu sensibilisieren, was ein Investment an der Börse zu diesem Zeitpunkt bedeuten würde.

»Pass auf. Wenn du investieren möchtest, dann nur, wenn du wirklich Geld übrig hast. Geld, auf das du verzichten kannst. Zehn Jahre, vielleicht sogar fünfzehn Jahre. An der Börse zählt Langfristigkeit. Da kannst du nicht mal eben innerhalb von ein paar Jährchen ein Vermögen aufbauen.«

Wenn ich dann doch mal Tipps gebe, ist dies bis heute einer der ersten Hinweise, den Freunde und Bekannte von mir hören. Es ist wichtig zu verstehen, dass der Handel mit Aktien kein kurzfristig kalkulierbares Geschäft ist, das dich innerhalb weniger Monate reich macht. Wer wirklich an die Börse gehen möchte, sollte stets nur mit Geldern hantieren, auf die er notfalls auch auf unabsehbare Zeit verzichten kann. Auf diesen Tipp werde ich im weiteren Verlauf dieses Buches immer wieder zurückkommen. Trotz meines Versuches, ihn für die Risiken zu sensibilisieren, die der Börsenmarkt zum damaligen Zeitpunkt mit sich brachte, ließ Joachim nicht locker – er wollte unbedingt investieren. Ich beschloss, ihm zumindest einen groben Ratschlag mit auf den Weg zu geben.

»Alles klar, pass auf: Wir haben hier ja Börsenbriefe, wir haben Depots. Es sind Aktien, die wir da auf dem Schirm haben. Ich will keine konkreten Empfehlungen aussprechen, aber wenn du unbedingt investieren willst – orientiere dich daran.«

So hatte ich meinem Freund zwar keinen konkreten Tipp zum Anlegen gegeben, wusste aber, dass die Quellen, mit denen er sich auseinandersetzen würde, immerhin solche waren, hinter denen ich guten Gewissens stehen konnte.

******

Erwartungsgemäß blieb unsere Konversation rund um Joachims Anlagepläne bis auf Weiteres das letzte unserer Gespräche, in dem die Börse auf irgendeine Art und Weise konkret thematisiert wurde. Weder kam Joachim noch einmal mit der Bitte nach Ratschlägen auf mich zu, noch informierte er mich darüber, ob er sich in Folge unseres ersten Gesprächs für oder gegen ein Investment entschieden hatte. Unsere Freundschaft hingegen ging einfach ganz normal weiter – so, als hätten wir uns nie wirklich über das Thema unterhalten. Umso überraschter war ich, als Joachim mich im Jahre 2016 anrief und mich auf das Anliegen ansprach, mit dem er geschlagene 16 Jahre zuvor auf mich zugekommen war. Er erzählte mir, dass er infolge unseres Gesprächs ein Depot bei der Comdirect Bank eröffnet, dieses aber völlig vernachlässigt hatte, nachdem kurz darauf alles in sich zusammengekracht war. Einige Jahre später war dann der postalische Informationsweg seitens der Banken eingestellt und durch elektronische Kommunikationswege ersetzt worden. Dadurch hatten auch die jahrelang genutzten TAN-Listen ihre Gültigkeit verloren. Aus diesem Grund hatte Joachim dann offenbar endgültig aufgehört, sich um die 10.000 Euro zu scheren, die er damals in das Depot gesteckt hatte. Aus den Augen, aus dem Sinn, sozusagen. Nun wollte er von mir wissen, ob es sich nicht doch vielleicht lohnen würde, die Mühen auf sich zu nehmen, die nötig sein würden, um sich für einen neuerlichen Zugang zu seinem eigentlich längst vergessenen Depot zu registrieren. Da er mir bis hierhin nie von seinem Investment erzählt hatte, musste ich natürlich zunächst in Erfahrung bringen, welche Aktien in besagtem Depot lagen.

»Na, ob sich das lohnt, kommt natürlich ganz darauf an, was für Aktien du damals gekauft hast.«

»Du, das weiß ich natürlich nicht mehr so ganz genau, ich habe da ja auch jahrelang keine Infos bekommen. Das waren auf jeden Fall zehn Aktien. Nokia. Cisco. Amazon …«

Ich wartete gar nicht erst ab, ob er sich an weitere der Aktien erinnern konnte, und schritt sofort ein. Allein auf der Basis meiner eigenen Erfahrung mit den entsprechenden Unternehmen hatte ich schon genug gehört.

»Also, wenn du damals wirklich Amazon gekauft hast, solltest du deine Zugänge unbedingt mal reaktivieren.«

Es dauerte knapp 14 Tage, bis mich ein völlig überraschter Joachim erneut anrief, um mir vom Resultat seiner Bemühungen zu erzählen. Offenbar war knapp die Hälfte der Aktien, in die er 16 Jahre zuvor investiert hatte, gar nicht mehr existent, da die zugehörigen Unternehmen inzwischen aufgekauft worden waren oder im Laufe der Jahre Insolvenz angemeldet hatten. Zwei weitere hatten sich leicht ins Minus begeben, zwei konnten kaum bemerkbare Gewinne verzeichnen. Wie von mir erwartet war es jedoch die Amazon-Aktie, die so stark gestiegen war, dass die 10.000 Euro, die Joachim ursprünglich investiert hatte, inzwischen einen Gegenwert von beinahe 17.000 Euro hatten. Ein Umstand, der Joachim, welcher sich noch daran erinnern konnte, dass der Wert des Depots während des großen Crashs zwischenzeitlich auf unter 1000 Euro gesunken war, völlig überraschte. Er erzählte mir, dass er eigentlich nur vorgehabt hatte, seinen fünfzigsten Geburtstag ein wenig größer zu feiern und dazu die paar Euros, die er noch in seinem Depot vermutete, zusammenkratzen wollte, nun aber unsicher sei, ob er überhaupt verkaufen solle oder nicht. Ich erwiderte, dass ich fest davon überzeugt sei, dass Amazon weiter steigen würde, es aber letztendlich darauf ankomme, ob er das an das Depot gebundene Geld in naher Zukunft brauche oder nicht. Um ehrlich zu sein, weiß ich bis heute gar nicht, welche Teile des Depots Joachim schlussendlich verkaufte. Denn wie bereits beim letzten Mal sollte es auch diesmal einige Zeit dauern, bis Aktien und Investments in unseren Gesprächen wieder eine Rolle spielten. So ist es gar nicht mal so lange her, dass Joachim bei einem unserer Treffen sein Bedauern darüber äußerte, die Amazon-Aktie, die inzwischen natürlich weiter gestiegen war, nicht länger in seinem Depot behalten zu haben.

******

Im Grunde bildet die Geschichte meines Jugendfreundes Joachim, der zum denkbar schlechtesten Zeitpunkt eingestiegen war und trotz zwischenzeitlichem Börsencrash mit einem Gewinn aus seinem Investment ging, genau das ab, was ich eigentlich jedem, mit dem ich mich über die Börse unterhalte, auf den Weg geben möchte: Aktien kann jeder. Egal, wie du denkst. Egal, wie du drauf bist. Egal, wann du damit anfängst. Das gilt auch für dich als Leser dieses Buches. Solange du die nötige Geduld aufbringst, dich mit der Thematik auseinanderzusetzen und sie zu verstehen, wird dich ein Engagement an der Börse langfristig nicht unglücklich machen. Im Hinblick auf Joachim und seinen Umgang mit meinem Engagement an der Börse bleibt final hingegen nur eines zu sagen: Wir sprechen zwar immer noch nicht darüber, doch er nimmt mich inzwischen ernster.

AUGEN AUF – NICHT NUR IM STRASSENVERKEHR!

Wenn du wirklich das Ziel hast, langfristigen Erfolg an der Börse zu haben, wirst du dir früher oder später ein ausreichendes Verständnis für Aktien und ihre Eigenarten aneignen müssen. Auf dem Weg dorthin gelangst du beinahe automatisch an den Punkt, an dem du beginnst, dich mit den größten Erfolgsgeschichten der Börsenhistorie auseinanderzusetzen. Denn genau das ist ja eine der Fragen, die sich jeder, der sich mit Börse auseinandersetzt, irgendwann stellen wird: Was sind denn überhaupt die erfolgreichsten Aktien? Schaut man sich Listen der erfolgreichsten Aktien genauer an, kristallisiert sich schnell heraus, dass sie eigentlich immer von Unternehmen sind, die das gesellschaftliche Leben entscheidend prägen. Egal, ob wir über Getränkehersteller wie Coca-Cola, Fast-Food-Ketten wie McDonald's oder Beauty-Konzerne wie L'Oréal sprechen. Sie alle haben eine zentrale Gemeinsamkeit: Sie bieten uns Zugang zu Produkten, die wir im Alltag täglich nutzen, täglich konsumieren. Produkte, die auf die eine oder andere Art nicht entbehrlich sind und somit auch in Krisenzeiten nicht untergehen. Im Gegenteil. Die Unternehmen, mit denen wir im Leben am meisten zu tun haben, sind letztendlich auch deshalb die erfolgreichsten und wertstabilsten Unternehmen, weil sie Krisenzeiten nicht nur überleben, sondern sogar als Gewinner daraus hervorgehen. Wenn wir uns beispielsweise mit Inflationsprozessen befassen, die uns ja gerade innerhalb der letzten Jahre permanent begleitet haben, ist es grundsätzlich so, dass die größten, erfolgreichsten Unternehmen mit der Inflation gar nicht zu kämpfen haben. Dafür können sie viel eher die Preise anheben als Hersteller, die keine bekannten und beliebten Marken haben. Bleiben wir bei einem der Beispiele, die ich bereits aufgeführt habe. Vor wenigen Jahren kostete das berühmte Big-Mac-Menü bei McDonald's noch 7,99 Euro. Einige Zeit später waren es 8,99 Euro, inzwischen bereits knapp über 10 Euro. Und dennoch rennen die Leute weiterhin in die Burgerläden und bestellen es. Weil sie es schon kennen, sich bereits daran gewöhnt haben. Weil es schnell geht. Weil sie wissen, was sie für ihr Geld bekommen. Und weil es letztendlich immer noch günstiger und komfortabler ist, als in ein herkömmliches Restaurant zu gehen und über 20 Euro für ein Mittagessen zu bezahlen. Für McDonald's selbst bedeutet dies dann nicht nur höhere Gewinne, sondern auch eine gewisse Stabilität an der Börse. Eine Stabilität, die jedoch nicht immun gegen Schwankungen ist. Dass auch die besten Aktien in ihrem Kurs schwanken, ist ein natürlicher Prozess und in keiner Weise ein Geheimnis. Somit kann und wird es auch passieren, dass Menschen, die sich auf die prägendsten und erfolgreichsten Unternehmen unserer Zeit konzentrieren, Kurseinbrüche miterleben. Doch langfristig ist es eben genau die Konzentration auf diese erfolgreichen und prägenden Unternehmen, die über Jahre hinweg zum Aufbau von Vermögen führt. Denn eins sollte ohnehin jedem bewusst sein: Verluste sind erst dann Verluste, wenn sie durch einen Verkauf realisiert werden. Doch dazu später mehr.

******

Ausgehend von der Annahme, dass jene Unternehmen, die das alltägliche Leben am meisten prägen, die sind, die an der Börse langfristig Vermögen schaffen, stellt sich natürlich die Frage, woran wir diese Unternehmen möglichst frühzeitig erkennen. Eine zentrale Problematik besteht hierbei darin, dass die meisten Leute ihr Leben leben, ohne dabei einen Bezug zur Börse zu haben, ohne sich darüber Gedanken zu machen. Dies ist darauf zurückzuführen, dass die Börse im Leben der meisten Menschen schlichtweg keine wichtige Rolle spielt. Wozu solltest du dir auch über etwas Gedanken machen, mit dem du im Alltag gar nicht in Berührung kommst? Mein Leben war hingegen schon immer geprägt davon, dass ich mich auch in meinem alltäglichen Handeln aktiv nach neuen Trends umgesehen habe. Trends, die ich im Nachgang auf börsenrelevante Fragen untersuchen konnte: Wie langfristig ist der Trend? Gibt es da Unternehmen, in die sich investieren ließe? Dabei war es auch egal, in welchem Lebensbereich der jeweilige Trend stattfand. Essen, Trinken, Sport, Freizeit, Konsum – scheißegal. Sehr häufig bin ich dabei in Situationen auf Trends gestoßen, die mit dem Thema Börse auf den ersten Blick nicht viel zu tun hatten. So zum Beispiel im Jahr 1994. Ich war mit meiner damaligen Freundin, die inzwischen meine Ehefrau ist, ins Kino gegangen, wo wir uns einen kürzlich erschienenen Film ansehen wollten. Eine Situation, wie sie so gut wie jeder schon einmal erlebt hat. Die meisten Menschen würden aber kaum auf die Idee kommen, in einer solch alltäglichen Situation irgendeine Art von Börsenrelevanz zu erkennen. Wieso auch? Du gehst ja nicht ins Kino, um dir eine Inspiration für deine nächsten Investments einzuholen, oder? Du willst ja einen Film sehen. Dennoch existiert diese Börsenrelevanz in nahezu jedem Film, den du dir im Kino ansehen kannst. Bei dem Film, den meine Frau und ich uns ansahen, handelte es sich um *Forrest Gump* – ein Film, welcher in meinen Augen das beste Beispiel dafür ist, dass jedem Menschen börsenrelevante Chancen im Alltag auf dem Silbertablett serviert werden. Um genau zu sein, beinhaltet der Film gleich zwei Szenen, in die man bei genauerer Betrachtung Börsenrelevanz hineininterpretieren kann. In der ersten der beiden Szenen erhält Forrest Gump, der im Film von Tom Hanks gespielt wird, einen Schuhkarton, in dem sich neue Turnschuhe der Marke Nike befinden. Auffällig hierbei: die Inszenierung der Schuhe, während der Hauptcharakter sie auspackt. Das auffällige, rote Logo auf den Schuhen selbst, der geschwungene »NIKE«-Schriftzug auf dem Karton: Bilder, die im Kopf bleiben. Du gehst nach dem Film aus dem Kino und erinnerst dich noch ganz genau daran, wie der Schuh aussah, den der Hauptcharakter in einer der Schlüsselszenen in der Hand hielt. Und zack – ist Nike in deinem Kopf. Ähnlich verhält es sich mit der zweiten Szene, die ich im Kopf habe – wobei sie sogar einen expliziten Bezug zur Börse aufweist. Wer den Film gesehen hat, wird sich denken können, dass ich auf die Szene anspiele, in der ein Brief des heutigen Technik-Giganten Apple geöffnet wird und wenig später der Witz gemacht wird, Forrest habe in »irgendwas mit Obst« investiert. Auch in diesem Fall äußert sich die Börsenrelevanz wieder visuell: das bunte Apple-Logo auf dem Brief wird gekonnt in Szene gesetzt, seine Einzigartigkeit durch den Obst-Witz sogar explizit hervorgehoben. Der Effekt: Obwohl Nike und Apple 1994 noch weit von ihrem heutigen Standing entfernt waren, wusste plötzlich jeder Kinobesucher von ihrer Existenz. Ein Umstand, der ob der damaligen Ausgangslage beider Unternehmen nicht zu unterschätzen ist. Während Nike damals noch eine aufstrebende Sportartikelmarke war, die vor allem in den USA sehr beliebt war, konnte man Apple bereits als etabliertes Unternehmen bezeichnen, welches in gewisser Weise schon ein Star an der Wall Street war. Zwar gab es noch keine iPhones, allerdings grenzte sich Apple bereits damals durch Innovation von anderen Computerherstellern ab. Die Geräte waren schicker, stylischer und anwenderfreundlicher, außerdem wurde bereits früh auf eine komfortable Einbindung ins eigene Geräteuniversum gesetzt. Durch die Platzierung in *Forrest Gump* wurden beide Unternehmen dann einem deutlich größeren Publikum vorgeführt. Einem Publikum, das natürlich auch eine ganze Menge potenzielle Investoren beheimatete – die breite Masse, sozusagen. Wirklich jeder, der *Forrest Gump* damals im Kino gesehen hatte, hätte den Kinosaal theoretisch mit der Idee verlassen können, nun selbst einmal in »Obst« und Turnschuhe zu investieren. Und jeder, wirklich jeder, hätte diese Idee auch in die Tat umsetzen und das eigene Leben damit für immer verändern können. Denn wer 1994 nach einem Kinobesuch ein paar Tausend Euro in Turnschuhe und »Obst« gesteckt hat, wird im Falle von Nike bis heute an die 50.000 Dollar gemacht haben, bei Apple eben eine Million. Die Crux ist, dass nur die wenigsten auf die Idee kamen, genau das zu tun.

******

Selbstverständlich wird sich nicht jeder Kinobesuch als Inspirationsquelle für die nächste Investition an der Börse erweisen. Das soll er aber auch gar nicht. Vielmehr soll die Geschichte rund um *Forrest Gump* veranschaulichen, wie alltäglich die Situationen sind, in denen man mit börsenrelevanten Trends konfrontiert werden kann. Und was 1994 galt, gilt auch noch heute: Wer mit offenen Augen durchs Leben geht und lang anhaltende Trends frühzeitig erkennt, kann und wird langfristig davon profitieren. Meine konkrete Empfehlung lautet also: Beobachte deine Umgebung! Anfangen solltest du dabei im besten Fall bei jungen Menschen. Denn es sind die jungen Menschen, die in den nächsten Jahren den gesellschaftlichen Konsum prägen und dadurch mitbestimmen werden, was langfristig erfolgreich sein wird und was nicht. Auch deshalb beobachte ich beispielsweise das Konsumverhalten meiner Kinder besonders aufmerksam. Und dieses unterscheidet sich vor allem dadurch vom Konsumverhalten meiner Generation, dass es deutlich stärker digital geprägt ist. Das fängt schon auf einer ganz alltäglichen Ebene an: der des Fernsehens. Anders als noch vor einigen Jahren spielt das klassische Live-Fernsehen im Leben von Kindern und Jugendlichen praktisch gar keine Rolle mehr. Wenn es nicht gerade um Sportveranstaltungen geht, die eben zu bestimmten Uhrzeiten live ausgestrahlt werden, setzt sich keins meiner Kinder vor den Fernseher, weil um 20:15 Uhr irgendwas beginnt. Völlig egal, ob es sich dabei um eine Reality Show, eine Serie oder was auch immer handelt. Stattdessen haben sie sich im Laufe der letzten Jahre das Streamen von Inhalten angeeignet. Auch haben sie gelernt, Dinge bei YouTube zu suchen. Hat man sich Wissen früher noch über themenspezifische Bücher oder TV-Formate angeeignet, reicht nun die Eingabe weniger Schlagworte in die YouTube-Suchleiste, um rasant schnell Zugriff auf ein schier unendliches Arsenal an Inhalten zu erlangen. Um erneut ein Beispiel aus meinem Privatleben zur Veranschaulichung anzuführen: Mein Sohn angelt gerne, schaut sich dementsprechend regelmäßig Videos zum Thema Angeln auf YouTube an. Meine Tochter spiegelt dieses Verhalten in Bezug auf andere Themenbereiche. Das klassische Fernsehen spielt in unserem Haushalt derweil gar keine Rolle mehr, es wurde vollständig verdrängt. Und da endet der Bereich, den eine einzige Plattform wie YouTube theoretisch abdecken könnte, ja noch nicht einmal. Online-Suchmaschinen wie YouTube oder Google sind schuld daran, dass viele Dinge, die vor einigen Jahren noch ganz normal für uns waren, großen

Teilen der Gesellschaft inzwischen beinahe völlig egal sind. Ich meine, wer schaut denn heutzutage noch in eine Bedienungsanleitung, wenn es mal ein Problem mit irgendeinem Haushaltsgerät gibt? Richtig, kaum jemand. Stattdessen werden einfach ein paar Schlagworte wie »Waschmaschine klemmt was tun« bei YouTube oder Google eingetippt und das Problem wird auf diese Weise gelöst. Der Trend zeigt also: Die Menschen streben danach, ihr Leben digital begleiten zu lassen. Ausgehend von diesen Beobachtungen stellt sich natürlich die Frage, welche Unternehmen es im direkten Zusammenhang zu diesem Phänomen genauer zu durchleuchten gilt. Hierbei stößt neben den etablierten Streaming-Plattformen wie YouTube, Netflix und Co. vor allem Meta ins Auge. Meta vereint mit Facebook, Instagram und WhatsApp gleich drei der relevantesten Schauplätze der digitalen Welt, hat inzwischen weltweit über drei Milliarden Nutzer. Drei Milliarden Nutzer, die regelmäßig Zeit auf einer der besagten Plattformen verbringen. Da muss man sich ja nur einmal ausrechnen, was passiert, wenn das Unternehmen irgendwann anfängt, diese Nutzer über Abo-Modelle oder andere kostenpflichtige Features zu monetarisieren. Und da müssen wir ja noch nicht davon sprechen, dass irgendeine der Apps plötzlich einen hohen Fixpreis bei der Anmeldung berechnet. Stellen wir uns einfach mal vor, Meta würde damit beginnen, Whatsapp nur als Teil eines Abos anzubieten, das dich 99 Cent pro Monat kosten würde. Selbst wenn daraufhin die Hälfte aller Kunden wegbrechen würde, würden die knapp 12 Euro Umsatz, die Meta jährlich mit jedem verbleibenden Kunden generieren würde, sich zu einer nicht unerheblichen Summe aufsummieren. Dass sich ein solch plötzlich erfolgender Zuwachs auch auf den Kurs der Meta-Aktie auswirken würde, sollte klar sein. Das Beispiel Meta zeigt: Auch in Zeiten der Digitalisierung kommen wir täglich mit Eindrücken und Inspirationsquellen in Berührung, die eine gewisse Börsenrelevanz mit sich bringen. Die Art der Inspiration mag sich dabei stetig verändert haben, der grundlegende Prozess bleibt jedoch der gleiche. Die Möglichkeiten, die 1994 für manche Menschen aus einem Kinobesuch resultierten, können heute aus der Beobachtung jüngerer Mitmenschen oder der Beschäftigung mit dem eigenen Konsumverhalten resultieren.

Die Inspirationsquellen existieren also noch immer. Man muss sie nur als solche wahrnehmen.

******

Viel wichtiger als das bloße Erkennen eines börsenrelevanten Trends ist es derweil, den jeweiligen Trend entsprechend einzuordnen. Hierbei halte ich vor allem die Faktoren Dauerhaftigkeit und Langlebigkeit für essenziell wichtig. Es bringt nichts, einen Trend zu erkennen und langfristig in diesen zu investieren, wenn er sich im Nachhinein nur als Modeerscheinung erweist, für die sich nach kurzer Zeit niemand mehr interessiert. Deshalb sollte man sich nach dem Identifizieren eines möglicherweise börsenrelevanten Trends auch nicht kopflos in voreilige Investments stürzen, sondern sich immer die Frage stellen, wie lange er voraussichtlich noch überleben wird. Wer zu der Erkenntnis gelangt, dass es sich beim entsprechenden Produkt lediglich um eine kurzweilige Modeerscheinung handelt, kann die betreffende Aktie zwar zum Traden (also einem kurzfristigen Handel) verwenden, sollte jedoch darauf verzichten, durch große Investitionen auf langfristige Gewinne zu spekulieren. Denn allein die jüngste Vergangenheit hat vermehrt bewiesen, wie schnell auch börsenrelevante Trends wieder in der Versenkung verschwinden können. Ein sehr gutes Beispiel hierfür ist das US-amerikanische Unternehmen Peloton Interactive, das vor allem für seine Fitness-Bikes bekannt ist. Als 2020 kurz nach dem Ausbruch der Corona-Pandemie weltweit Lockdowns ausgerufen und Fitnessstudios geschlossen werden mussten, waren genau diese Fitness-Bikes von einem Moment auf den anderen in aller Munde. Denn die Leute wollten ja dennoch weiter Sport machen. Plötzlich kauften also alle diese Home-Räder und die Peloton-Aktie ging durch die Decke. Erfahrene Investoren hätten an diesem Punkt bereits die nötige Weitsicht gehabt, um zu erkennen, dass der Peloton-Hype nicht lange andauern würde. Denn kaum wurden in den Folgejahren die Corona-Maßnahmen gelockert, wollten die Menschen wieder in Fitnessstudios oder auf dem herkömmlichen Fahrrad raus in die Natur. Den Markt für Peloton-Räder wird es natürlich weiterhin geben, doch der Hype, den das Unternehmen zu Beginn der Pandemie erlebt hatte, wird so schnell wohl nicht mehr erreicht werden. Selbstverständlich lässt sich diese Analogie auch auf Positivbeispiele übertragen. Bleiben wir mal bei zwei Konstanten, auf die ich mich bereits im Vorfeld bezogen habe: Smartphones und Hamburger. Oder noch ein bisschen spezifischer: Apple und McDonald's. Möchte man die Langlebigkeit dieser beiden Unternehmen beurteilen, muss man sich vor allem eine zentrale Frage stellen: Werden die Menschen auch in zehn Jahren noch Smartphones benutzen und Burger und Fritten essen? Ich sage: ja. Gerade in Bezug auf Smartphones bin ich mir sehr sicher, dass wir noch ziemlich lange solche Geräte nutzen werden. Selbst wenn es Apple wirklich gelingen sollte, VR-Brillen zum Massenprodukt zu machen, wäre ich mir nicht sicher, ob eine solche Brille das Smartphone ersetzen könnte. Ähnlich verhält es sich mit dem Mittagessen bei McDonald's. Sollte es den Klima-Klebern aus irgendeinem Grund gelingen, innerhalb des nächsten Jahrzehnts den Verzehr von Rindfleisch zu verbieten, so würde selbst dies nicht das Ende von Schnellrestaurants wie McDonald's bedeuten. Zu häufig hat das Unternehmen in der Vergangenheit bewiesen, dass es auf Veränderungen und Trends reagieren und beispielsweise mit der Einführung veganer Ersatzprodukte mit der Zeit gehen kann. In meinem spezifischen Szenario würden die Menschen dann eben keine Hamburger aus Rindfleisch mehr bei McDonald's essen, sondern Ersatzprodukte aus Mais, Kichererbsen oder irgendeinem anderen Gemüse. Weil es immer noch mehr oder weniger günstig ist. Weil es immer noch schnell geht. Und weil die jahrelange Gewohnheit dafür gesorgt hat, dass du immer noch das Gefühl hast, dass du in egal welcher Filiale weißt, was du für dein Geld bekommst. Was ich mit alldem sagen möchte: Aktien kann nicht nur jeder, Aktien begegnen auch jedem im Alltag. Es muss dir nur gelingen, diese Begegnungen als solche wahrzunehmen. Wer in einen McDonald's geht, um einen Burger zu essen, wird dort auch nur einen Burger essen. Nicht mehr und nicht weniger. Wer die Filiale jedoch mit einem offenen Auge für das Unternehmen und seine Rolle an der Börse betritt, wird dieses Wissen irgendwann für sich nutzen können. Ich kann dir also nur raten: Achte darauf, was du trägst, was du nutzt, was du konsumierst. Achte darauf, was deine Kinder, deine Familie, deine Freunde konsumieren. Mach den Kühlschrank auf und schaue dir die Produkte an, die sich darin befinden. Achte darauf, welche Unternehmen und Produkte die Massen elektrisieren. Halte die Augen offen – nicht nur im Straßenverkehr.

AKTIEN – NICHT MEHR ALS EINE POMMESBUDE?

Aktien sind im Grunde nichts anderes als eine Pommesbude. Die wenigsten verstehen sofort, was ich meine, wenn ich diesen Vergleich aufführe, doch er ist tatsächlich realitätsnaher, als man zunächst denken würde. Denn natürlich wird ein offenes Auge für Trends und Entwicklungen nicht ausreichen, um aus einem einfachen Mann einen erfolgreichen Aktionär zu machen. Nicht jedes Unternehmen, das zu einem gewissen Zeitpunkt im Trend liegt, eignet sich automatisch für langfristige Investments. Dafür lässt sich jedes Unternehmen unterm Strich auf ein Gedankenexperiment runterbrechen, das ich gerne durchführe, wenn ich meinen Mitmenschen erklären möchte, wie Aktien eigentlich funktionieren. Dieses Gedankenexperiment möchte ich an dieser Stelle gerne auch mit dir als Leser dieses Buches durchführen. Stell dir dazu einmal vor, du kommst regelmäßig an einem Bahnhof vorbei, an dem seit einigen Jahren eine Pommesbude steht. Keine Fast-Food-Kette und kein Restaurant, sondern eine ganz klassische Pommesbude, an der lediglich Fritten verkauft werden. Wer diese Bude besucht, weiß, dass er dort auf die Schnelle und ohne viel Schnickschnack eine Tüte Pommes mit Ketchup oder Mayo bekommt. Dieser Imbiss steht nun zum Verkauf. Wenn du auf die Idee kommen solltest, die Pommesbude zu kaufen – welche Fragen müsstest du dir vor dem Kauf prinzipiell stellen? Was würdest du wissen wollen, bevor du final bewertest, ob sich ein Kauf für dich lohnen würde oder nicht? Bevor du weiterliest, nimm dir gerne einen Notizblock zur Hand oder öffne die Notizen-App deines Smartphones und halte kurz fest, welche Überlegungen du vor dem

Kauf einer solchen Pommesbude anstellen würdest. Sei dabei möglichst konkret und formuliere die Fragen aus, auf die du vor einem Kauf Antworten benötigen würdest. Sobald du dies getan hast, kannst du weiterlesen.

******

Als ich das Gedankenexperiment rund um die Pommesbude vor einiger Zeit letztmals mit einem Bekannten durchgeführt habe, kam die Antwort wie aus der Pistole geschossen:

»Was kostet die Bude denn?«

Diese Frage wird vermutlich einigen sofort in den Sinn gekommen sein, allerdings wirst du in der Realität rein gar nichts damit anfangen können, wenn dir der Besitzer der besagten Pommesbude einen Preis als Antwort auf diese Frage nennt. Natürlich wirst du bei einem Preis von einer Million Euro zunächst denken: Mensch, das ist aber viel!, während dir ein geringerer Betrag wie beispielsweise 20.000 Euro zunächst einmal deutlich weniger vorkommen würde. Im Hinblick auf eine tatsächliche Kaufentscheidung würde dich allerdings keine dieser Summen auch nur irgendwie weiterbringen. Denn bevor du nicht die wichtigsten Grundsatzüberlegungen angestellt hast, die festlegen, unter welchen Bedingungen ein Kauf der Bude überhaupt infrage käme, sind diese Zahlen zunächst einmal nur Schall und Rauch. Eine dieser Grundsatzüberlegungen ist die Frage nach dem angebotenen Produkt und seiner dauerhaften Beliebtheit. Im Falle der Pommesbude müsstest du dir demnach die Frage stellen, ob das Produkt, also die Pommes-Tüte, überhaupt interessant für mögliche Käufer ist – und ob es das auch in zehn Jahren noch sein könnte. Im gewählten Beispiel bräuchte man beispielsweise kein Genie zu sein, um zu erkennen, dass Pommes seit gefühlten Ewigkeiten zu den beliebtesten Snacks überhaupt gehören und auch in einigen Jahren noch ein gewisses Publikum anziehen werden. Auch inflationsbedingte Schwankungen wären mit einer Pommesbude auf verschiedene Art und Weise zu bekämpfen – beispielsweise durch leichte Preisanpassungen oder eine Verkleinerung der verkauften Portionen. Da schüttet man dann einfach ein paar Pommes weniger in die Tüte und der alte Gewinn ist wiederhergestellt. Kannst du diese Grundsatzfragen also mit einem »Ja« beantworten, geht es im nächsten Schritt darum, sich mit der Konkurrenzsituation vertraut zu machen. Ist »deine« Pommesbude die einzige in unmittelbarer Nähe zum Bahnhof, macht das einen möglichen Kauf natürlich deutlich interessanter als den einer Pommesbude, die auf engstem Raum mit drei weiteren Buden um die jeweilige Käuferschaft konkurriert. Schließlich wüsstest du ja, dass jeder, der beim Warten auf seinen Zug Bock auf eine Portion Pommes hat, dazu deine Pommesbude aufsuchen müsste. In diesem Zusammenhang wären im Fall der besagten Pommesbude außerdem auch diverse Standortfaktoren zu beachten. Gehen wir beispielsweise davon aus, dass Menschen weiterhin mit der Bahn reisen werden und der Zugverkehr sogar noch gefördert wird, können wir zu dem Schluss kommen, dass auch in den kommenden Jahren immer noch genug Traffic rund um deine Pommesbude herrschen wird. Das heißt: Es wird weiterhin Menschen geben, die auf dem Weg zum Zug auf jeden Fall an deiner Pommesbude vorbeikommen werden. Wenn es dir dann also gelungen ist, diese zentralen Fragen zu beantworten, und wirklich erst dann, ist es an der Zeit, sich mit Zahlen auseinanderzusetzen. Im Rahmen unseres Beispiels sind vor allem zwei Arten von Zahlen von großer Bedeutung: Kosten und Umsatz. Berichtet der Besitzer des Ladens beispielsweise davon, im Vorjahr für 1,2 Millionen Euro Pommes verkauft und Kosten in Höhe von einer Million gehabt zu haben, kannst du von einem Jahresgewinn von knapp 200.000 Euro ausgehen. Erst, wenn dir diese Information vorliegt, hast du die nötigen Grundparameter, um dir die wichtigste Frage schlechthin zu stellen: Was ist dir der Laden überhaupt wert? Denn nur anhand der dargestellten Parameter kannst du bestimmen, ob die Summe X, die der Besitzer für seinen Laden veranlasst, dir hoch oder niedrig erscheint. Verlangt er beispielsweise den zweifachen Jahresumsatz, also 2,4 Millionen Euro, bräuchtest du bei gleichbleibendem bis leicht ansteigendem Gewinn in etwa 12 Jahre, um dein Investment wieder reinzuholen. Bei einer Rendite von knapp 10 Prozent und der Berücksichtigung des Restrisikos, das du trägst, wäre dieser Deal zunächst einmal ganz in Ordnung. Möchte der Besitzer nun mehr als die besagten 2,4 Millionen Euro, würde das Geschäft natürlich deutlich weniger attraktiv werden. Möchte er jedoch nur 500.000 Euro, weil er den Laden einfach nur schnellstmöglich loswerden möchte, ist der Deal plötzlich superattraktiv. Zu diesen Schlüssen gelangst du allerdings nur, wenn du dich vorher ausreichend mit den oben beschriebenen Komponenten auseinandergesetzt hast. Denn nur sie bestimmen, ob ein Preis niedrig, okay, hoch oder zu hoch ist. Der Preis allein ist nicht aussagekräftig.

******

Die gleichen einfachen Überlegungen, die ich rund um den Kauf einer imaginären Pommesbude aufgeführt habe, lassen sich nahezu identisch bei der Bewertung von Aktien heranziehen. Denn unterm Strich lässt sich jedes börsennotierte Unternehmen auf die Grundsatzüberlegungen runterbrechen, die jeder vernunftbegabte Mensch anstellen würde, wenn er eine Pommesbude am Bahnhof kaufen wollen würde. Natürlich sind die Kostenstrukturen im Regelfall anders und meist komplexer, doch im Endeffekt kommt es auch bei jedem anderen Unternehmen am Ende des Tages auf einen zentralen Faktor an: den Gewinn. Er bestimmt letztendlich die Rendite und kann so – einfach gesprochen – die Frage beantworten, ob ein Investment in ein Unternehmen attraktiver ist, als sein Geld einfach auf dem Sparbuch zu parken. Denn genau darum geht es ja im Grunde: Sind die Renditen, die dir eine Aktie verspricht, erwartbar niedriger als die Zinsen, die dir die gleiche Summe ohne jegliches Restrisiko auf dem Sparbuch einbringen würde, lohnen sich die Unwägbarkeiten, die der Kauf der Aktie mit sich bringt, ganz einfach nicht. Und analog zum Kauf der Pommesbude kannst du auch bei jedem anderen Unternehmen die gleichen Grundsatzüberlegungen anstellen, bevor du dich für oder gegen den Kauf einer Aktie entscheidest. Nehmen wir uns beispielsweise mal Adidas vor. Wie im Fall der Pommesbude kannst du dir auch bei Adidas zunächst die Frage stellen, für wie interessant du die Produkte hältst, die das Unternehmen anbietet, und wie lange sie mutmaßlich noch gefragt sein werden. Kommst du hierbei zu dem Schluss, dass Adidas höchstwahrscheinlich weiterhin erfolgreich Sportartikel, Sneaker und Trikots verkaufen können wird, kannst du dich im nächsten Schritt an die Bewertung setzen. Hierzu kannst du dir die Finanzen des Unternehmens anschauen oder dich damit auseinandersetzen, wie Analysten die Lage einschätzen – zum Beispiel in Form von Prognosen. Stehst du einer möglichen Kaufentscheidung weiterhin offen gegenüber, folgt nun der wichtigste Schritt: die Auseinandersetzung mit dem Kurs-Gewinn-Verhältnis. Jede Aktie hat ja bekanntlich einen Kurs. Außerdem lässt sich der Gewinn eines Unternehmens herunterbrechen auf die einzelne Aktie – das nennt sich schlicht »Gewinn pro Aktie«. Die diesem Prozess zugrunde liegende Rechnung lässt sich sehr einfach anstellen. Kostet eine Aktie beispielsweise 100 Euro und entfallen auf diese Aktie 10 Euro Gewinn, entspricht dies einem Kurs-Gewinn-Verhältnis von 10. Kannst du nun aufgrund deiner bereits angestellten Analyse davon ausgehen, dass der Gewinn in kommenden Jahren gleich bleibt oder sogar steigt, heißt das: Beim aktuellen Kurs würde es etwa zehn Jahre dauern, bis allein die Gewinne des Unternehmens dein Investment bezahlt hätten. Das gilt am Aktienmarkt als vergleichsweise attraktiv.

Man könnte aber auch mit der Rendite argumentieren: Wenn eine 100-Euro-Aktie 10 Euro Gewinn pro Jahr macht, beträgt die Rendite ein Zehntel des eingesetzten Geldes, also 10 Prozent. Das ist deutlich attraktiver als ein Sparbuch, das vielleicht nur 4 Prozent abliefert. Aber natürlich sind die Gewinne mit einer Aktie nicht so sicher wie die auf dem Sparbuch. Die Frage lautet also, ob die Aussicht auf die erhöhte Rendite das Risiko eines Kursverlusts wettmacht.

Ein Sparbuch sieht bei diesem Vergleich mit seinen 4 Prozent schlecht aus, bringt aber kein Risiko mit sich, weil es nicht zu Kursverlusten kommen kann. Umgekehrt erscheinen 10 Prozent Aktienrendite nur so lange attraktiv, wie keine gravierenden Verlustgefahren existieren. Bei einem langfristigen Investment und einem Unternehmen, dessen Aussichten gut sind und gut bleiben, ist dieses Risiko überschaubar. Aber angenommen, wir müssten davon ausgehen, dass Sport- und Lifestyle-Artikel von Adidas irgendwann aus der Mode kämen. Dann wären sinkende Gewinne und somit Renditen die Folge, und Adidas käme beim Vergleich mit dem Sparbuch nicht mehr so gut weg. Das Gute ist: Adidas ist glücklicherweise nicht das einzige Unternehmen, in das investiert werden kann. Und analog zum Kauf einer Pommesbude werden dir die simpelsten Grundüberlegungen im Hinblick auf Kurs-Gewinn-Verhältnis, Rendite und Langlebigkeit auch bei jedem anderen Unternehmen dabei helfen, eine Entscheidung für oder gegen den Kauf einer Aktie zu treffen. Mit dem Unterschied, dass du dir dabei nicht direkt eine Pommesbude am Bahnhof ans Bein bindest.

TECHNOLOGIE-HYPE UND STABILE DIVIDENDEN – DER AUFBAU DES EIGENEN DEPOTS

Ist das eigene Verständnis für Aktien und die Art, wie sie funktionieren, ausgereift genug, steht jeder potenzielle Anleger irgendwann vor der Entscheidung, welche Aktien die interessantesten für ihn und seine individuelle Situation sind. Wenn ich nämlich behaupte, dass Aktien jeder kann, dann meine ich damit auch jeden. Und da ist es nur logisch, dass nicht jeder von uns mit den gleichen Voraussetzungen, Möglichkeiten und Zielen an die Sache herangehen kann. Sonst müssten wir ja grundsätzlich davon ausgehen, dass wir uns alle auf die gleiche Pommesbude stürzen würden, da sie für uns alle gleichermaßen interessant sein dürfte. Da jedoch jeder Mensch individuell ist, muss es darum gehen, diese individuellen Vorlieben und Voraussetzungen an der Börse bestmöglich einzusetzen. Um dies möglich zu machen, müssen wir uns als Anleger mit den Komponenten beschäftigen, die zu berücksichtigen sind, wenn es darum geht zu bestimmen, welche Aktien eigentlich spannend für uns sind. Grundsätzlich lassen sich dabei neben persönlichen Interessen drei Komponenten als jene identifizieren, deren Zusammenspiel hauptverantwortlich dafür ist, welche Aktien zu welchem Anleger passen und umgekehrt: vorhandene Mittel, Alter und Risikobereitschaft. Während letztere in vielerlei Hinsicht maßgeblich von den beiden anderen abhängig ist, lassen sich zumindest im Hinblick auf vorhandene Mittel und Alter klare Grundsätze formulieren, die Anleger bei ihrem Handeln an der Börse nicht aus den Augen verlieren sollten.

******

Bedenkt man, dass die Börse am Ende des Tages in erster Linie immer noch ein Geschäft ist, ist es recht naheliegend, dass die eigenen finanziellen Mittel eine große Rolle spielen, wenn es darum geht, ob und wie man auf dem Aktienmarkt agieren möchte. Unabhängig von sämtlichen anderen Komponenten gibt es in diesem Zusammenhang einen ultimativen und absolut unabdingbaren Grundsatz, den ich bereits zu Beginn dieses Buches kurz aufgegriffen habe: Wer an der Börse tätig ist, sollte dort – unter egal welchen Umständen – ausschließlich Geld investieren, auf das er für mindestens fünf, besser zehn Jahre verzichten kann. Hast du beispielsweise vor, 10.000 Euro in Aktien zu investieren, solltest du das auf keinen Fall tun, wenn du weißt, dass du diese 10.000 Euro in fünf Jahren brauchen wirst, um dir ein Auto für 15.000 Euro kaufen zu können. Denn klar ist eines: So etwas kann gut gehen, wird sogar in vielen Fällen gut gehen. Von einem gesunden Investment sprechen wir an diesem Punkt jedoch nicht mehr. Solche Arten des Investments sind vor allem eins: Glücksspiel. Erwischst du nämlich den falschen Zeitpunkt oder die falsche Aktie, sind aus den 10.000 Euro innerhalb der besagten fünf Jahre ruckzuck 5000 Euro geworden und der Traum vom neuen Auto ist vorerst ausgeträumt. In diesem Zusammenhang lohnt es sich erneut, sich das Beispiel meines Kumpels Joachim anzusehen, welches ich bereits ausführlich dargestellt habe. Dass er nach knapp 16 Jahren mit einem Gewinn aus seinem Investment herausgehen konnte, lag vor allem daran, dass er in besagten 16 Jahren nie die dringende Notwendigkeit gesehen hatte, auf das investierte Geld zurückzugreifen. So konnte die Amazon-Aktie, die ja bekanntlich den größten Anstieg verzeichnete, weiterwachsen und schlussendlich dafür sorgen, dass Joachims Investment ein Erfolg war. Es hätte jedoch genauso gut auch anders laufen können. Hätte Joachim Geld investiert, auf das er keine 16 Jahre hätte verzichten können, wäre es vielleicht so gewesen, dass er während des Börsencrashs mit einem dicken Minus dagestanden hätte. Deshalb noch einmal: Wenn du an der Börse investieren willst, investiere nur Geld, bei dem es dir nicht wehtut, wenn du es bis auf Weiteres nicht anderweitig verplanen kannst.

******

Ein weiterer wichtiger Faktor, der oftmals in einem engen Bezug zu den eigenen finanziellen Mitteln steht, ist das Alter eines potenziellen Anlegers. So hängt ein großer Teil der Faktoren, die die Erfolgsaussichten an der Börse mitbestimmen, von der Frage ab, wie alt die handelnde Person eigentlich ist. Beginnen wir einmal mit den jüngeren Menschen unter uns. Die meisten jungen Menschen merken heutzutage schon recht früh, dass es nicht immer die klügste Herangehensweise ist, sich darauf zu verlassen, dass der Staat ihnen im Alter sicherlich genug Rente zahlen wird. Der Sozialetat des Staats bläht sich immer weiter auf, während die Möglichkeiten der gesetzlichen Rentenversicherung, dem Bürger hohe Renten zu zahlen, stets kleiner werden. Für junge Leute bedeutet das: Die Notwendigkeit, selbst Vorsorge zu betreiben, wird immer größer. Nicht wenige sehen dann die Börse als geeignete Möglichkeit, um sich um diese Vorsorge zu kümmern. Hier gibt es dann einige Faktoren, die sie von älteren Anlegern abgrenzen. Allen voran: die Zeit. Gehen wir mal von einem jungen Menschen aus, der irgendwann zwischen seinem 20. und 25. Lebensjahr auf die Idee kommt, seine ersten Gehversuche an der Börse zu unternehmen. Anders als Anleger, die sich schon in ihren Sechzigern oder Siebzigern befinden, hat dieser junge Mensch den Großteil seines Lebens noch vor sich. Ein junger Mensch hat also viel mehr Zeit, um zu investieren, zu sparen und die Entwicklung seiner Investments zu beobachten. Er kann sich dabei verschiedene Zielhorizonte setzen. Es muss nicht zwingend darum gehen, sich die eigene Rente aufzubessern. Der Zielhorizont kann genauso gut in den eigenen Fünfzigern liegen. Die Zielsetzung kann darin bestehen, sich bis zu diesem Zeitpunkt ein gewisses Vermögen aufgebaut zu haben, um den eigenen Lebensstandard zu verbessern und die eine oder andere Anschaffung oder Reise zu ermöglichen, für die nicht jeder Euro umgedreht werden muss. In jedem Fall ist es für junge Leute gerade aufgrund dieser Langfristigkeit ihrer Investments sinnvoll, sich bei ihren Investments auf junge Unternehmen des Alltags zu konzentrieren. Wenn ich nämlich als junger Mensch so früh anfange, dass ich gesichert davon ausgehen kann, noch mindestens 20 bis 30 Jahre an der Börse vor mir zu haben, kann ich es mir erlauben, mich auf diese Unternehmen zu konzentrieren und dabei die Chance wahrzunehmen, die nächste Amazon- oder Apple-Aktie zu erwischen. Denn ich wüsste ja, dass ich aufgrund meines Alters deutlich längere Durststrecken mitmachen könnte als jemand, der vielleicht schon 65 oder 70 ist. Würde ich beispielsweise eine blöde Phase erwischen, unter Umständen inklusive großem Börsencrash, könnte ich es deutlich besser verkraften, dass es mal für fünf bis zehn Jahre doof wäre, Aktien zu verkaufen, als jemand, der sich langsam, aber sicher auf seinen Lebensabend zubewegt. Entsprechend sinnvoll ist es also, sich als junger Mensch jene Trend-Unternehmen wie Alphabet oder Meta ins Depot zu legen, die langfristige Gewinne versprechen. Besonders attraktiv wird es dann, wenn es sich bei diesen Trend-Unternehmen um Unternehmen handelt, die jetzt schon erfolgreich sind und parallel viel Geld in Forschung und Entwicklung investieren. Denn die Statistik zeigt, dass die Unternehmen, deren Aktien am besten performen, meistens die sind, die am meisten in Forschung und Entwicklung, also ins eigene Wachstum, investieren. Es lohnt sich damit für junge Menschen, auch diese Unternehmen beim Aufbau des eigenen Depots in den Fokus zu rücken.

******

Vergleicht man die Voraussetzungen, die junge Menschen auf den Aktienmarkt mitbringen, mit jenen, die für Menschen in etwas fortgeschrittenerem Alter maßgeblich sind, tun sich bereits auf die grundsätzlich erwartbaren Lebensumstände wichtige Unterschiede auf. Während junge Menschen den Großteil ihres Lebens noch vor sich haben und im Regelfall am Anfang ihrer beruflichen und privaten Laufbahn stehen, können wir bei börseninteressierten Menschen, die etwa in ihren Vierzigern oder Fünfzigern sind, in den meisten Fällen davon ausgehen, dass sie bereits auf ein langjähriges Berufsleben zurückblicken und möglicherweise sogar schon einen gewissen Lebensstandard gefestigt haben. In ihrem Leben existiert in der Regel bereits Struktur, sie haben vielleicht schon eine Familie gegründet und sind fest eingebunden in bestimmte berufliche Strukturen. Ihnen wird es also weniger darum gehen, sich langfristig etwas aufzubauen oder für die Rente vorzusorgen, als darum, den aktuellen Lebensstandard zu erhalten oder gar zu verbessern. Ähnliches gilt für Menschen, die möglicherweise bereits im Rentenalter sind. Logisch, dass dementsprechend auch der Umgang mit dem eigenen Depot anders sein muss. Beinhaltet das Depot eines Menschen in seinen Sechzigern beispielsweise Amazon-Aktien, wäre dies für die betreffende Person gar nicht so rentabel, wie man zunächst annehmen mag. Denn grundsätzlich wäre es ja schon relativ blöd, eine solche Aktie zu verkaufen, da man ja davon ausgehen kann, dass sie vor allem langfristig weiterwachsen und dafür viel Geld brauchen wird. Die betreffende Person hätte also eine Aktie, von der man langfristiges Wachstum erwarten kann, würde aber aufgrund ihres Alters nicht wirklich davon profitieren, weil die Gewinne eher einbehalten als ausgeschüttet werden. Anstatt also die gleiche Taktik zu verfolgen, die ich jungen Menschen empfohlen habe, halte ich es bei Menschen, die bereits ein wenig älter sind und gefestigt im Leben stehen, für sinnvoller, sich Unternehmen ins Depot zu holen, die ordentliche Dividenden auszahlen. Als Dividenden bezeichnet man den Anteil des Gewinns eines Unternehmens, der in regelmäßigen Abständen an die jeweiligen Teilhaber des Unternehmens ausgeschüttet wird, in Deutschland nach der Hauptversammlung, bei US-Unternehmen hingegen viermal im Jahr zu bestimmten Stichtagen. Das bedeutet: Als Anleger erhalten wir neben dem Gegenwert, den uns die Aktie an sich bereits bietet, eine Art passives Einkommen, welches uns – solange wir die entsprechende Aktie in unserem Depot halten – regelmäßige Ausschüttungen bietet. Dieser Prozess ist nur logisch: Als Teilhaber gehört uns der Laden ja, zumindest zu einem minikleinen Prozentsatz, sodass die Dividendenausschüttung sozusagen die Belohnung dafür ist, dass wir uns an dem Unternehmen beteiligen. Man kann Dividenden also grundsätzlich als eine Art Lohn verstehen. Speziell in Deutschland gibt es glücklicherweise einige sehr schöne Dividenden-Papiere, bei denen wir im Schnitt locker 5 Prozent als Dividende kassieren können – und das auch relativ sicher. Wobei es natürlich auch hier Unterschiede zwischen den einzelnen Dividenden-Papieren gibt. So gibt es Aktien mit hohen Dividenden, die allerdings nicht konstant sind und hohe Schwankungen aufweisen. Gleichzeitig gibt es aber Unternehmen wie die Münchener Rück, die ihren Teilhabern ununterbrochen seit 1969 eine Dividende zahlt und diese seit mindestens 25 Jahren nicht mehr gekürzt und meistens sogar erhöht hat. Das ist dann der sogenannte Dividenden-Adel. Überhaupt gelten die Versicherer und Rückversicherer in Deutschland als sehr sehr solide Dividenden-Zahler. Nehmen wir uns als Beispiel einmal die Allianz vor. Wenn du heute als Anleger 10.000 Euro in Allianz-Aktien investierst, kriegst du ungefähr 600 Euro Dividende im Jahr. 600 Euro Cash. Im Vergleich dazu würde dir das klassische Sparbuch auf der Bank vielleicht 200 Euro einbringen – wenn's denn gut läuft. Wie rentabel eine derart starke Dividenden-Aktie tatsächlich sein kann, wird noch deutlicher, wenn wir uns die Allianz-Aktie und ihre Entwicklung innerhalb der letzten zehn Jahre noch einmal in der Retrospektive anschauen. Natürlich liegt es auf der Hand, dass eine Aktie wie die der Allianz niemals so stark im Wert gestiegen sein wird wie gehypte Technologie-Aktien vom Kaliber einer Amazon. Wer jedoch vor zehn Jahren 10.000 Euro in Allianz-Aktien investiert hat, hat seither ungefähr Dividenden in der gleichen Größenordnung kassiert – und besitzt darüber hinaus die Aktie noch, die inzwischen mehr als doppelt so teuer ist.

******

Spätestens die Auseinandersetzung mit der Allianz-Aktie und ihrer Bedeutung für Investoren sollte vorerst gezeigt haben: Es braucht nicht zwingend die gehyptesten Technologie-Aktien, um das eigene Vermögen durch geschickte Investitionen an der Börse zu vergrößern. Abhängig von verschiedenen Grundvoraussetzungen kann es auch genügen, sich auf wertstabile Dividenden-Papiere zu verlassen. Womit wir wieder beim Thema Alter und Mittel wären. Denn genau dies sind die Faktoren, die letztendlich bestimmen, wo sich einzelne Anleger im Hinblick auf Dividendenzahler im eigenen Depot positionieren. Junge Menschen sind darauf in der Regel nicht angewiesen; bei Menschen in höherem Alter können die Dividenden derweil dazu dienen, sich ein weiteres Standbein aufzubauen – gerade, wenn man sich des Älterwerdens bewusst ist und möglicherweise das eigene Arbeitseinkommen ohnehin etwas abnimmt. Und natürlich gibt es am Ende des Tages auch jene Anleger, die überhaupt keine Dividenden-Aktien brauchen. Hier sprechen wir in der Regel von enorm vermögenden Menschen, die bereits auf andere Art und Weise vorgesorgt haben und beispielsweise durch Mieteinnahmen oder Gewinne aus Immobiliengeschäften ein hohes passives Einkommen generieren. Diese Menschen sind natürlich nicht darauf angewiesen, sich konstant gute Dividendenzahler ins eigene Depot zu legen. Der Otto-Normalverbraucher, der in Aktien investiert, tut jedoch grundsätzlich gut daran, sich ab einem gewissen Zeitpunkt mit Dividenden-Aktien zu beschäftigen und sie gegebenenfalls in seinen Fahrplan zu übernehmen. Wann und unter welchen Umständen das passieren sollte, werde ich im weiteren Verlauf dieses Buches noch einmal konkreter erläutern.

******

Der Blick auf Grundvoraussetzungen wie Alter und finanzielle Mittel zeigt zunächst einmal ganz allgemein, dass es definitiv nicht die eine Anleitung gibt, die auf jeden Anleger gleichermaßen zutreffen kann. Es gibt kein Schema F, dem du entsprechen musst, um an der Börse erfolgreich sein zu können. Denn Aktien kann wirklich JEDER. Egal, wie alt du bist, welchen ökonomischen Hintergrund du hast und welche Ziele du damit verfolgst. Es gilt lediglich, sich intensiv mit deinen Zielen zu beschäftigen und abzuwägen, inwiefern diese mit deinen Grundvoraussetzungen in Einklang zu bringen sind. Wie wir bereits festgestellt haben, lassen sich trotzdem ein paar allgemeingültige Grundsätze formulieren. Beispielsweise, dass du niemals Geld in Aktien stecken solltest, das du in Kürze dringend brauchen wirst, oder dass du als Mensch in deinen Sechzigern darauf verzichten solltest, Investments zu tätigen, die sich eventuell erst in 40 Jahren auszahlen könnten. Ich habe jedoch eingangs auch erwähnt, dass Alter und vorhandene Mittel nicht die einzigen Komponenten sind, welche die eigene Positionierung auf dem Aktienmarkt maßgeblich beeinflussen. Die dritte Komponente, von der ich sprach, stellt deine Risikobereitschaft dar. Auch hier lassen sich im Großen und Ganzen wieder grundsätzliche Muster und Tendenzen erkennen, wenn es um das Zusammenspiel mit den zuvor bereits dargestellten Komponenten geht. So tun sich junge Menschen oftmals leichter damit, gewisse Risiken am Aktienmarkt einzugehen – primär, weil sie es sich aufgrund ihres jungen Alters noch eher erlauben können. Schließlich hast du als junger Mensch zum einen weniger zu verlieren und zum anderen deutlich mehr Zeit, um eigene Fehler auf Strecke wieder auszubügeln. Bei älteren Menschen greift derweil häufiger der Wunsch, das aufgebaute Vermögen bewahren zu wollen und einer grundsätzlichen Neigung zur Vorsicht zu entsprechen. Ganz nach dem Motto: Ich neige eher dazu, das, was ich mir bereits aufgebaut habe, zusammenzuhalten, als das Risiko einzugehen, es zu verspielen beim Versuch, es zu vermehren. Diese Muster und Tendenzen stimmen zwar häufig, sind aber trotzdem nicht universell. Denn es gibt sicherlich auch junge Leute, die sehr risikoscheu sind, sowie ältere, die nicht so vorsichtig sind und kein Problem damit haben, größere Risiken einzugehen. Unabhängig davon ist die eigene Risikobereitschaft jedoch definitiv ein Faktor, mit dem du dich im Hinblick auf deine Positionierung am Aktienmarkt intensiv auseinandersetzen solltest. Auch auf die Frage, wie du das am besten tun kannst, werde ich im weiteren Verlauf dieses Buches noch einmal ausführlicher eingehen.

DAS HAUS ALS AKTIE DER DEUTSCHLAND AG – WARUM WIR UNSERE SICHTWEISE AUF DIE BÖRSE ÜBERDENKEN SOLLTEN

Bei all den Chancen und Möglichkeiten, die der Aktienmarkt offensichtlich mit sich bringt, bleibt die Frage offen, warum sich so viele Deutsche dennoch so schwer mit dem Thema tun und bis heute Berührungsängste haben, wenn es um das Thema Börse geht. Warum schrecken so viele Menschen vor einem Engagement an der Börse zurück, obwohl es so viele Belege dafür gibt, dass es kaum bessere und langfristig lohnendere Investitionsmöglichkeiten gibt? Meiner Meinung nach hängt das mit einer Angst zusammen, die wir Deutsche uns sicherlich auch mit anderen Europäern teilen: der Angst vor Verlusten. Sie ist so tief in unserer DNA verankert, dass sie unsere Wahrnehmung des Aktienmarkts als Ganzes maßgeblich beeinflusst und verfälscht. Dies resultiert bei vielen Menschen im – nach meiner Ansicht – größten Fehler, den man rund um das Thema Aktien machen kann: Sie begreifen Aktien nicht als Sachwert, sondern setzen sie eher mit Papier in Verbindung – daher auch die häufige Verwendung des meiner Meinung nach völlig blödsinnigen Begriffs »Wertpapier«. Die Verwendung dieses Wortes weckt in uns die Vorstellung, dass Aktien etwas sind, das nicht greifbar ist. Es impliziert: Aktien können einfach verbrennen und – zack! weg sind sie. Und genau so ist es eben nicht. Eine Aktie ist erst dann »weg«, wenn du dich als Anleger bewusst und aktiv dazu entscheidest, sie zu verkaufen.

Solange du dies nicht tust, kann dein »Wertpapier« auch nicht verbrennen. Was müssen wir also tun, um unsere Sichtweise auf das Thema Aktien entscheidend zu verändern? Anstatt Aktien mit Papier gleichzusetzen und sie als brandgefährliches Wertpapier zu verstehen, sollten wir damit beginnen, sie mit Dingen gleichzusetzen, die greifbar sind. Ob es letztendlich Immobilien oder Rohstoffe sind – lasst uns Aktien mit Dingen vergleichen, die wir sehen und anfassen können. Denn dieses Sehen und Anfassen ist es, was uns das Gefühl gibt, dass wir etwas in der Hand haben, das einen Wert hat. Und genau das ist ja bei Aktien der Fall! Sobald ich als Anleger Anteile eines Unternehmens kaufe, bin ich automatisch Miteigentümer dieses Unternehmens – mir gehört also ein Teil dieses Unternehmens. Natürlich ist dieser Teil sehr klein, doch ich habe letztlich etwas in der Hand, das einen bestimmten Wert hat. Und sobald wir anfangen, das zu beherzigen und unsere Sichtweise auf Aktien zu verändern, verändert sich auch automatisch unsere Einstellung dazu.

******

Um die Relevanz des gerade geäußerten Credos zu verdeutlichen, möchte ich gerne auf ein Beispiel zu sprechen kommen, das zeigt, wie absurd die öffentliche Wahrnehmung und Einordnung der Börse in vielen Fällen eigentlich ist: den Immobilienmarkt. Immobilien sind bekanntlich des Deutschen liebstes Kind. Und komischerweise halten sich die Berührungsängste der Deutschen mit diesem Markt meist in mehr als überschaubaren Grenzen. Hier scheinen sich die wenigsten die Gedanken zu machen, die sie möglicherweise davon abhalten, an der Börse tätig zu werden. Oftmals liegt das an den Gefühlen, die der Kauf einer Immobilie bei den meisten Menschen mit sich bringt. Kaufen wir beispielsweise ein Haus, dann haben wir das Gefühl, etwas Reales gekauft zu haben. Etwas, das wir sehen und anfassen können. Während die Aktie als Wertpapier etwas ist, das mal eben verbrennen und sich in Asche verwandeln kann, steht unser Haus stabil an Ort und Stelle. Wir können dahin fahren, wo das Haus steht, uns das Haus angucken und sehen, wie es um das Haus bestellt ist. Das löst bei vielen Menschen ein Gefühl von Sicherheit aus, welches sie beim Kauf von Aktien möglicherweise nicht haben. Denn das Haus steht ja da, es ist offensichtlich unbeschädigt. Genau das ist jedoch der Punkt, an dem wir unsere Sicht auf die Dinge ein wenig verändern sollten. Denn das Gefühl von Sicherheit, das viele von uns beim Anblick einer von ihnen gekauften Immobilie verspüren, dürfen und sollten wir genauso verspüren, wenn wir uns mit den Unternehmen auseinandersetzen, deren Aktien wir gekauft haben. Ich behaupte: Es macht sogar deutlich mehr Sinn, dieses Gefühl bei Aktien zu haben. Habe ich beispielsweise in McDonald's-Aktien investiert, dann darf ich mir beim nächsten Besuch eines McDonald's-Restaurants guten Gewissens vor Augen führen, dass ein ganz kleiner Teil meines bezahlten Geldes langfristig wieder in meine Tasche wandert. Natürlich sprechen wir in einem solchen Fall von ganz anderen Dimensionen als beim Kauf eines Hauses, doch am Ende des Tages ist der Erfolg des Restaurants aufgrund meines Aktienkaufs auch irgendwo mein Erfolg. Gehe ich also in einen McDonald's und sehe, dass der Laden gut besucht ist, darf ich mir sehr wohl denken: Hey, hier läuft es gut, der Laden ist voll – das tut MEINEM Unternehmen gut. Denn am Ende des Tages besitze ich ja einen Anteil an dem Unternehmen, den mir niemand wegnehmen kann und der dafür sorgt, dass ich etwas davon habe, wenn das Geschäft mit Burgern und Fritten gut läuft und sich positiv auf den Aktienkurs auswirkt. Zu diesem Denken gelangen wir jedoch nur, wenn es uns gelingt, unsere Perspektive auf Aktien nachhaltig zu verändern.

******

Wenn man es ganz genau nimmt, beginnen die Parallelen zwischen dem Kauf einer Immobilie und der Investition in Aktien bereits lange bevor der Eigentümer vor seinem Haus steht oder der Anleger ein McDonald's-Restaurant betritt, um einen Burger zu essen. Tatsächlich weisen bereits die Prozesse, die vor dem jeweiligen Kauf in Kraft treten, verblüffende Ähnlichkeiten auf. In den vorherigen Kapiteln habe ich bereits aufgezeigt, welche Planspiele gut geschulte Anleger vor dem Kauf einer Aktie für gewöhnlich durchgehen sollten. Schauen wir uns nun etwas genauer an, wie der Kauf einer Immobilie in der gängigen Praxis abläuft, wird uns schnell auffallen, dass wir grundsätzliche Analogien zwischen den beiden Prozessen feststellen können. Im Normalfall beginnen diese bereits lange vor dem eigentlichen Kauf – um genau zu sein sogar lange vor der eigentlichen Kaufentscheidung. Denn wenn ich als Privatperson in Deutschland eine Immobilie kaufen möchte, dann habe ich – ähnlich wie beim Kauf von Aktien – gewisse Parameter, die mich in meiner Kaufentscheidung beeinflussen. Dazu gehören in erster Linie recht simple Fragen, auf die ich vor dem Kauf klare Antworten gefunden haben sollte. Um welche Immobilie handelt es sich? Was kostet sie mich? Welche Einnahmen kann ich damit erzielen? Welche laufenden Kosten habe ich? Welche Risiken habe ich in Bezug auf potenzielle Mieter? Die Liste ist lang und die Fragen, die darauf stehen, unterscheiden sich, wie du siehst, nicht sonderlich von jenen, die wir uns stellen, bevor wir in die Aktien eines Unternehmens investieren. Denn analog zum Aktienkauf müssen diese Parameter auch beim Kauf einer Immobilie zunächst in Bezug zum eigenen Investment eingeordnet werden, bevor eine Kaufentscheidung getroffen werden kann. Schließlich kannst du ja auch nicht einfach ein Haus kaufen, das du dir eigentlich nicht leisten kannst. Dazu kommt dann auch noch der große Nachteil, dass der Kauf einer Immobilie diverse Pflichten mit sich bringt. Pflichten, die vor allem an dir als Käufer hängen bleiben. In der Theorie klingt es ja erst mal ganz angenehm, in eine Immobilie zu investieren und dann passiv daran zu verdienen – beispielsweise durch Mieteinnahmen. Doch ganz so einfach ist das in der Praxis nicht. Kaufst du nämlich in Deutschland ein Haus, geht das mit der Verantwortung erst richtig los. Denn rund um so ein Haus musst du dich ja um diverse Dinge kümmern. Das fängt bereits damit an, dass du selbst in der Verantwortung stehst, wenn es darum geht, dich für mögliche Mieter zu entscheiden. Das übernimmt weder der Staat noch irgendein Unternehmen für dich. Hast du dann jemanden gefunden, dem du das Haus – oder die Wohnung – vermieten möchtest, liegt es erneut an dir, dich um gültige Mietverträge zu kümmern. Kommt es dann einmal dazu, dass deine Mieter nicht pünktlich zahlen, bist wieder du es, der ihnen im Zweifelsfall hinterherrennen muss. Wobei »hinterherrennen« in diesem Zusammenhang noch sehr milde ausgedrückt ist. Ich wünsche niemandem die Kopfschmerzen, die du einkalkulieren kannst, wenn einer deiner Mieter von jetzt auf gleich beginnt, die Miete unpünktlich oder gar nicht zu zahlen und du möglicherweise sogar den Rechtsweg einschlagen musst, um an dein Geld zu kommen. Das bedeutet dann nämlich in jedem Fall: Arbeit, Arbeit, Arbeit. Ähnliches gilt, wenn rund um das Haus irgendwas nicht stimmt und dafür gesorgt werden muss, dass mal ein Handwerker vorbeischaut und sich der Sache annimmt. Ich könnte die Liste endlos weiterführen, doch unterm Strich bleibt eine zentrale Erkenntnis: Kaufst du dir eine Immobilie, kaufst du damit auch eine Reihe von Verantwortungen und Aufgaben. Das ist bei Aktien anders. Natürlich werden die Unternehmen, an denen du dich durch einen Aktienkauf beteiligst, im Grunde genommen das Gleiche machen wie Eigentümer von Häusern oder anderen Immobilien. Doch für diese Aufgaben und Tätigkeiten haben diese Unternehmen Menschen angestellt, die sich beruflich damit befassen. Menschen, die auch die Qualitäten und Erfahrungen mitbringen, um sich damit zu befassen. Du als Käufer der Aktie hast damit jedoch nichts zu tun. Dir gehört ja nur ein Teil. Und wenn du – aus welchem Grund auch immer – kein Interesse mehr daran hast, die jeweilige Aktie zu halten, dann kannst du sie mithilfe eines Knopfdrucks innerhalb von Sekunden wieder verkaufen. Ein Knopfdruck und – peng! weg ist die Aktie. Möchtest du sie dir zu einem späteren Zeitpunkt wieder ins Depot holen, reicht dafür erneut ein Knopfdruck. Ein Knopfdruck und – peng! die Aktie ist wieder da. Auch das ist beim Handel mit Immobilien anders. Möchtest du beispielsweise ein Haus wieder verkaufen, weil du das Geld möglicherweise anderweitig benötigst oder keine Zeit mehr hast, um dich darum zu kümmern, musst du dafür erst mal einen Prozess auslösen. Da gehören dann Makler dazu, Besichtigungen, Verhandlungen, die Unterzeichnung des Kaufvertrags beim Notar – also weitaus mehr als ein Knopfdruck. Und doch ist es in Deutschland so, dass sich die meisten Menschen wohler damit fühlen, ein Haus zu kaufen und das Gefühl von Sicherheit zu verspüren, wenn sie davorstehen und sehen, dass es noch nicht in sich zusammengefallen ist oder vom Sturm weggetragen wurde. Ein Gefühl, das die gleichen Leute aus irgendwelchen Gründen nicht haben, wenn sie eine McDonald's-Aktie kaufen und am nächsten Tag in einem der Restaurants zu Mittag essen. Und das, obwohl sie genau dieses Gefühl mit Fug und Recht haben könnten. Umso wichtiger also, dass wir die Perspektive auf Aktien verändern und begreifen, dass die dahinterstehenden Prozesse und Mechanismen in beiden Fällen genau die gleichen sind.

******

Inzwischen sollte deutlich geworden sein, für wie wichtig ich es halte, die Perspektive auf den Handel mit Aktien nachhaltig zu verändern und auch für die Menschen unter euch, die gar nichts mit Aktien zu tun haben, greifbarer zu machen. Dazu möchte ich ein weiteres Gedankenexperiment präsentieren, das sich erneut mit den Parallelen zwischen Aktien und Immobilien beschäftigt und aufzeigen soll, wie absurd die unterschiedlichen Wahrnehmungen dieser beiden Investments eigentlich sind. Bleiben wir einmal beim Kauf eines Hauses. Wenn es darum geht, ein Haus zu kaufen, denken die meisten Menschen dabei an ein reales Objekt. Etwas, das man sehen und anfassen kann. An der Börse ist das ja vermeintlich anders. Da kaufen wir ja Aktien. Aktien, die ja reines Papier sind und sich jederzeit in Luft auflösen können. Was aber, wenn ich dir sage, dass es sich eigentlich bei beidem um eine Aktie handelt? Das mag zunächst komisch klingen, trifft aber doch den Nagel auf den Kopf. Denn im Grunde kaufen wir bei einem Hauskauf lediglich eine Aktie einer viel größeren Aktiengesellschaft: der Deutschland AG. Richtig – wenn ich in Deutschland ein Haus, eine Wohnung oder ein Grundstück besitze, gehört mir quasi eine Aktie der Deutschland AG. Und abhängig davon, wie erfolgreich diese Deutschland AG weltweit ist, entwickelt sich dann auch der Wert meiner Aktie. In der Praxis zeigt sich das vor allem an den Parametern, die beim Kauf einer Immobilie entscheidend für die Attraktivität des Objekts sind. Nehmen wir beispielsweise einmal die Lage. Diese spielt ja beim Kauf von Immobilien immer eine besonders wichtige Rolle. Was ja auch logisch ist. Denn wenn ich investiere, muss ich vorher genau bestimmen, wo sich ein solches Investment überhaupt lohnen könnte. Schauen wir uns das Thema »Lage« einmal auf nationaler

Ebene an, zeigt sich bereits innerhalb Deutschlands, dass ein und dasselbe Haus sich je nach Lage im Wert unterscheiden kann. Steht das Haus am Stadtrand in unmittelbarer Nähe zur Natur, wird es mit an Sicherheit grenzender Wahrscheinlichkeit einen anderen Wert haben als ein identisches Haus, das mitten in der Großstadt steht. Dieser Wert bringt dann die Attraktivität der jeweiligen Lage zum Ausdruck. Dasselbe gilt, wenn man die Attraktivität der von mir aufgeführten Deutschland AG im internationalen Vergleich einordnet. Es sollte auf der Hand liegen, dass ein Haus im bolivianischen Urwald deutlich weniger wert ist als eines, das am Bodensee steht. Das liegt daran, dass Deutschland ein attraktiver Immobilienmarkt ist, es der Deutschland AG also besser geht als der Bolivien AG. Doch genau das ist der springende Punkt – ob ein Land ein attraktiver Markt für Immobilien bleibt, hängt letztlich davon ab, wie es dem jeweiligen Land geht. Wie es der Deutschland AG geht. Wie verändern sich die einzelnen Städte? Wie entwickelt sich die Wirtschaft? Wie wahrscheinlich ist es, dass Menschen weiterhin im betreffenden Land leben wollen? Wer bis hierhin aufmerksam gelesen hat, wird merken, dass hier eine offensichtliche Analogie zu klassischen Aktiengesellschaften zu erkennen ist. Denn die Fragen, die ich gerade in den Raum geworfen habe, sind im Grunde die gleichen Fragen, die wir uns auch vor dem Kauf von Aktien regelmäßig stellen sollten. Genauso, wie die Aktie eines Unternehmens im Wert sinken kann, wenn es dem Unternehmen schlechter geht, kann auch ein Haus im Wert sinken, wenn es dem Land schlechter geht, in dem es steht.

******

Die Tatsache, dass die meisten Menschen trotz all dieser Gemeinsamkeiten und Analogien mehr Vertrauen in Immobilien stecken als in Aktien, lässt sich ziemlich leicht auf ein zentrales Hauptproblem zurückführen: die Sichtbarkeit der Preisänderungen. Betrachten wir ein erworbenes Haus als Aktie der Deutschland AG, erkennen wir schnell, dass es einen elementaren Unterschied zu klassischen Aktien gibt: Da Immobilien nicht im gleichen Stil gehandelt werden wie herkömmliche Aktien, wird der Wert der Deutschland-Aktie nur in ganz, ganz wenigen Fällen überhaupt dargestellt – nämlich immer dann, wenn eine Immobilie gekauft oder verkauft werden soll. Während Besitzer von Apple-, Amazon- oder Mercedes-Aktien also sekündlich über den Kurs ihrer Anteile informiert werden und jederzeit kaufen und verkaufen können, kriegen Immobilienbesitzer nur dann mit, was ihre jeweilige Deutschland-Aktie gerade kostet, wenn sie im Begriff sind, diese zu verkaufen. Obwohl dies eigentlich ein offensichtlicher Nachteil des Immobilienmarktes ist, wird er von vielen Menschen unterbewusst als Vorteil empfunden. Das liegt daran, dass ihnen auf diese Weise das Gefühl suggeriert werden kann, es gäbe keine Faktoren, die dafür sorgen könnten, dass die teuer gekauften Immobilien an Wert verlieren. Doch das ist natürlich falsch. Ähnlich wie auf dem Aktienmarkt gibt es auch auf dem Immobilienmarkt verschiedene Faktoren, die täglich für Preisschwankungen sorgen würden, wenn Immobilien wie Aktien gehandelt werden würden und jedes Haus an der Börse gelistet wäre. Existiert beispielsweise plötzlich ein neues Baugebebiet in der Nähe und die freie Sicht ist von jetzt auf gleich verschwunden, sinkt entsprechend der Wert. Ähnliches gilt, wenn sich der Zustand des Hauses verschlechtert oder die Wohngegend durch politische Unruhen unattraktiver wird. Eventuell steigt ja auch der Gaspreis wieder und das Haus hat dummerweise eine Gasheizung eingebaut. Du siehst: Ähnlich wie bei Aktien gibt es auch bei Immobilien zahlreiche Faktoren, die quasi minütlich dafür sorgen können, dass der Wert einer Immobilie sich verändert. Nur, dass man das als Eigentümer einer Immobilie in der Regel gar nicht erst mitbekommt. Was aber, wenn das anders wäre? Was, wenn vor jedem Haus in Deutschland, also vor jeder Aktie der Deutschland AG, ein Schild stünde, das wie ein Liveticker minütlich aktuelle Informationen über den Wert des jeweiligen Hauses ausspucken würde? Ich bin mir sicher, dass viele Menschen dann anders denken würden. Einige würden vermutlich echt nervös werden, wenn sich der Preis innerhalb einer Woche mal um ein paar Tausend Euro nach unten bewegen würde. Nicht unwahrscheinlich, dass der eine oder andere den bevorstehenden Sommerurlaub dann für einen Moment hinterfragen würde. Und warum? Weil er das Gefühl hätte, gerade Geld zu verlieren. Denn das, was er da besitzt, ist ja nun weniger wert.

Also muss er auch weniger vermögend sein, oder? Tatsächlich ist dieser Gedankengang vor allem eins: Schwachsinn. Und das in beiden Fällen. Wenn es nämlich um Gewinn und Verlust geht, gibt es genau zwei Zeitpunkte, die entscheidend sind – der Zeitpunkt des Kaufs und der Zeitpunkt des Verkaufs. Denn nur diese beiden Zeitpunkte entscheiden darüber, ob ein Investment letztlich mit einem Gewinn oder einem Verlust endet. Da ist es dann im Falle eines Gewinnes auch egal, ob du mit derselben Aktie im Minus gelandet wärst, wenn du ein halbes Jahr zuvor verkauft hättest. Denn du hast ja nicht verkauft. Weil niemand dich zwingen kann, zu verkaufen. Und solange du nicht verkaufst, hast du auch nichts verloren. Wenn du beispielsweise 100 Siemens-Aktien hast, dann hast du 100 Siemens-Aktien. Völlig egal, ob diese dann gerade bei 100 oder bei 200 steht. Diese Aktien kann dir niemand wegnehmen. Und du musst sie ja auch nicht bei 100 verkaufen. Schließlich würde der Hausbesitzer analog dazu auch nicht auf die Idee kommen, sein Haus während einer Krise zu verkaufen – im Gegenteil. Eher noch würde er sich bei fallenden Preisen denken, dass es sich jetzt endlich mal wieder lohnen würde, in weitere Immobilien zu investieren. Der Hausbesitzer, dessen Schild ihn über den für den Moment gesunkenen Preis seiner Immobilie informiert, hätte also keinen Grund, seinen geplanten Sommerurlaub zu überdenken. Schließlich hat er das Haus ja nicht verkauft und somit auch keinen Verlust realisiert. Das Ironische an alldem ist jedoch ohnehin, dass er sich diese Gedanken in der Praxis gar nicht machen muss, weil es diese Schilder eben nicht gibt. Einzig deswegen kommen überhaupt so viele Leute auf die Idee, bei sinkenden Preisen in Immobilien zu investieren. Sie werden gar nicht darüber informiert, dass ihr Haus ein paar Wochen nach dem Kauf sogar noch weniger wert ist als vorher. Deswegen tun sie sich überhaupt nicht schwer damit, eine solche Investition zu tätigen. Am Aktienmarkt ist das leider anders: Hier sind die Leute permanent über Kursänderungen informiert und wollen dementsprechend aus der Angst heraus eher verkaufen, wenn es da mal nach unten geht – obwohl das Gegenteil eigentlich richtig wäre. Und warum besteht diese Angst dennoch? Weil die meisten Menschen Aktien aufgrund dieser permanenten Informationslage anders betrachten als Immobilien. Der Börse wird in der öffentlichen Wahrnehmung also ihre eigene Transparenz zum Verhängnis. Warum das so fatal ist, sollte ich inzwischen ausreichend erklärt haben. Denn letztendlich gilt in beiden Fällen: Solange du etwas hast, was dir nicht weggenommen werden kann, hast du keinen Verlust gemacht. Diesen machst du erst dann, wenn du dich dazu entscheidest, mit Verlust zu verkaufen. Was im Umkehrschluss bedeutet: Wer nicht verkauft, der kann auch keinen Verlust machen. Egal, ob es um eine McDonald's-Aktie oder ein Haus als Aktie der Deutschland AG geht.

DIE BÖRSE – AM ENDE EINE FRAGE DER BEGEISTERUNG

Bis heute hält sich bei vielen die Mär, dass Aktien nur Großverdiener und Geschäftsleute etwas angehen – ein Ansatz, den ich für falsch halte. Denn wie der Titel dieses Buches schon verlauten lässt, kann Aktien in meinen Augen wirklich jeder. Das ist meine absolute Überzeugung und einer der Hauptgründe, wieso ich dieses Buch geschrieben habe. Ich möchte dir als Leser zeigen, dass es – ganz egal, welche Voraussetzungen du mitbringst – absolut keinen Grund gibt, die Börse pessimistisch und misstrauisch zu betrachten. Ich möchte dir zeigen, dass auch du das Zeug hast, dein Leben mithilfe der Börse nachhaltig zu verändern. Das Einzige, was du dafür benötigst, ist Begeisterung. Diese will natürlich erst mal geweckt werden. Dass dies auch bei Menschen passieren kann, die mit der Börse überhaupt nichts zu tun haben, möchte ich am Beispiel meines eigenen Werdegangs veranschaulichen. Denn bevor mein Interesse an Aktien geweckt wurde, war mir alles, was in irgendeiner Art und Weise mit Börse zu tun hatte, völlig fremd. Überhaupt war es so, dass sich die Menschen in Deutschland in den frühen 1980er-Jahren nicht wirklich für die Börse interessierten. Vielmehr war die Welt der Aktien so etwas wie eine Diaspora, die wirklich noch den Vermögenden vorbehalten war. Das lag unter anderem daran, dass die Gebühren für den damals noch recht kompliziert ablaufenden Kauf von Aktien so hoch ausfielen, dass er sich meist erst ab gewissen Größenordnungen lohnte. Im Gegensatz zu heute musste ein Anleger zum damaligen Zeitpunkt nämlich erst einmal zur Sparkasse oder Genossenschaftsbank – theoretisch wäre noch die Deutsche Bank infrage gekommen, doch wurde ein Normalsterblicher gar nicht erst reingelassen. Bei den Banken selbst wurden dann beim Kauf von Aktien knapp 50 D-Mark zusätzlich zum Kaufpreis berechnet, welche Gebühren und Spesen beinhalteten. Diese 50 Mark mögen im ersten Moment nach nicht viel klingen, wirkten sich in der Praxis jedoch erheblich auf die getätigten Investments aus. Hätte ich zum damaligen Zeitpunkt beispielsweise 1000 Mark in Aktien investieren wollen, wären mit den 50 Mark Spesen und Gebühren ja ganze 5 Prozent meines Investments gleich von Anfang an weg gewesen. Da beim Verkauf von Aktien noch einmal 50 Mark Gebühren fällig wurden, hätten die von mir gekauften Aktien also um mindestens 12 bis 13 Prozent steigen müssen, um überhaupt die Bankgebühren wieder reinzuholen. Klar also, dass sich Investments von höheren Summen, bei denen 50 Mark Pauschalgebühren weniger ins Gewicht gefallen wären, da deutlich lukrativer anhörten. Dementsprechend war es üblich, dass die meisten Investments an der Börse erst bei rund 5000 D-Mark anfingen. Und wie wir wissen, waren 5000 D-Mark zum damaligen Zeitpunkt ungefähr das, was 20.000 Euro heute sind – zumindest gefühlt. Fakt ist in jedem Fall: Kleinanleger waren somit erst mal raus aus der Nummer. Und ich und meine Familie sowieso. Denn genau wie ich hatten auch meine Eltern, die beide aus klassischen Arbeiterfamilien stammen, mit Aktien überhaupt nichts am Hut. Statt an die Börse oder irgendwelche Investments zu denken, hatten sie sich seinerzeit hoch verschuldet, um ein Haus bauen zu können, sodass erst gar nicht das nötige Kleingeld da gewesen wäre, um an Investments an der Börse zu denken. Was mich jedoch glücklicherweise nicht daran hindern sollte, schon bald meine Begeisterung für die Börse zu entdecken und erste Investments zu tätigen.

******

Mein persönliches Interesse an der Börse erwuchs im Laufe meines sechzehnten Lebensjahres und somit Mitte der 1980er-Jahre. Da das Thema Aktien damals in den meisten Köpfen keinerlei Rolle spielte, war ich auf das Glück angewiesen, von einem Klassenkameraden angefixt zu werden, dessen Vater Banker war und somit einen ganz anderen Bezug zur Thematik hatte. Besagter Klassenkamerad, der selbst bereits ein gesteigertes Interesse an der Börse entwickelt hatte, machte mich in regelmäßigen Abständen darauf aufmerksam, dass immer mehr spannende Unternehmen an die Börse gingen. Konkret erinnere ich mich dabei noch an die Börsengänge von Hugo Boss und Puma. Während ich Hugo Boss damals noch als eher weniger spannend empfand, gelang es ihm mit Puma, mein Interesse zu wecken. Puma war 1986 an die Börse gegangen – kurz nachdem Boris Becker in Schuhen dieser Marke die Wimbledon Championships von 1985 gewonnen hatte. Für mich klang die Sache spannend und ich entschied mich auf Anraten meines Klassenkameraden dazu, mich erst einmal damit auseinanderzusetzen. Denn genau das war allein deshalb schon nötig gewesen, da ich ja bis hierhin noch gar keine Ahnung hatte, was an der Börse überhaupt so passierte. Aktien, Kurse, Depots – für mich war das alles noch komplett neu. Ich begann also damit, mich intensiver mit der Börse zu beschäftigen und nach und nach immer besser zu verstehen, was es überhaupt bedeutete, in Aktien zu investieren. Als ich mich für mein Empfinden gut genug informiert hatte, entschied ich mich schlussendlich tatsächlich dazu, Puma-Aktien zu zeichnen. Der Begriff des Zeichnens bedeutet in diesem Kontext, wenn man ihn auf das Wesentliche reduziert, dass mögliche Käufer ihr Interesse am Kauf einer Aktie bei der jeweiligen Bank anmelden – und zwar von einem Unternehmen, das erstmals an die Börse geht. Also im Grunde schlicht der eine Augenblick, in dem man sagt: »Ich hätte gerne welche.« Im Normalfall würde es dann einige Wochen dauern, bis man von der Bank postalisch darüber informiert wird, ob man die Aktien, die man gezeichnet hatte, auch erhalten würde. Allein das ist aus heutiger Sicht für Anleger, die diese Zeit nicht aktiv miterlebt haben, absolut undenkbar. In meinem Fall gab es aber vorher noch ganz andere Hürden. Da wäre zum einen die finanzielle Komponente. Als Schüler hatte ich selbstverständlich noch kein regelmäßiges Einkommen, sodass mein Budget für den Aktienkauf im Wesentlichen aus dem Geld bestand, das ich aus meinen ersten Ferienjobs angesammelt hatte. Dazu kamen noch die Überbleibsel dessen, was Familie und Freunde mir einige Jahre zuvor zu meiner Kommunion geschenkt hatten. So stand ich immerhin mit einem – für mein damaliges Alter recht beachtlichen – Budget von knapp über 900 D-Mark da. Nichtsdestotrotz stand ich weiterhin vor einem weitaus größeren Problem, an das einige vermutlich bereits gedacht haben werden: Ich war noch nicht voll geschäftsfähig. Da ich nicht beabsichtigte, bis zu meinem achtzehnten Geburtstag zu warten, bedeutete dies für mich, dass ich meinen Vater ins Boot holen musste. Meinen Vater, der bis zu diesem Punkt noch gar nichts mit Aktien zu tun gehabt hatte. Um genau zu sein, wusste er überhaupt nicht, was das bedeutete, als ich ihn wenig später darum bat, für mich zur Bank zu gehen und Puma-Aktien zu zeichnen. Dementsprechend war ein wenig Erklärungsarbeit vonnöten.

»Pass auf: Da musst du zur Bank und dann für mich die Puma-Aktie zeichnen. Die kommt zu 450 Mark an die Börse, mein Geld reicht also für zwei davon.«

Obwohl er weiterhin nicht wirklich wusste, was es hieß, dass sein minderjähriger Sohn jetzt an der Börse agieren wollte, stimmte er zu und machte sich wenig später auf den Weg zur örtlichen Bankfiliale. Dort wurde ihm vom zuständigen Bankberater natürlich erst mal von der Idee abgeraten. Das mit den Aktien sei ja viel zu riskant, viel zu spekulativ, das ganze Bla Bla Bla. Mein Vater bleib dennoch standhaft und beharrte auf seinem Vorhaben. Für ihn stand fest: Er würde nicht nach Hause kommen, ohne mir den Gefallen mit den beiden Puma-Aktien getan zu haben. Ganz nach dem Motto: Wenn mein Sohn mir einen Auftrag gibt, dann mache ich das auch. Damit war ich damals meinem ersten Etappenziel ein ganzes Stück näher gekommen. Aus heutiger Sicht muss ich darüber hinaus sagen: Chapeau, dass mein Vater es überhaupt zugelassen hat, dass sein Sohn in einem so jungen Alter eine solche Entscheidung treffen konnte!

******

Nach dem Bankbesuch meines Vaters dauerte es ein paar Tage, bis wir per Post darüber informiert wurden, dass ich die gezeichneten Puma-Aktien auch tatsächlich bekommen hatte. Ich war somit um 900 D-Mark und ein paar Spesen ärmer, besaß dafür aber nun die Aktien, die ich mir gewünscht hatte. Doch das bedeutete natürlich nicht, dass ich mich nun zufrieden zurückgelehnt hätte. Im Gegenteil: Für mich fing das Abenteuer Börse mit der Ankunft des Briefes erst so richtig an. Denn wer Aktien hat, muss sich natürlich auch irgendwo darüber informieren, was sie denn eigentlich wert sind. Was heute durch ein gezücktes Smartphone und ein paar Klicks möglich gemacht wird, gestaltete sich damals ein wenig komplizierter. Internet gab es keines und in Radio und Fernsehen spielten Aktien lediglich eine untergeordnete Rolle. Einzig im Hessischen Rundfunk wurden die aktuellen Kursentwicklungen täglich zur Mittagszeit durchgesagt: jeweils eine Stunde lang, alphabetisch von A bis Z. Für mich bedeutete das, dass meine Geduld nun in aller Regelmäßigkeit auf die Probe gestellt wurde. Wenn ich nämlich eingeschaltet hatte und gerade die Unternehmen, die mit B oder C anfingen, durchgesagt wurden, durfte ich mich erst mal eine halbe Stunde gedulden, bis meine Puma-Aktie an der Reihe war. Verpasste ich eine Sendung komplett, hieß es sogar warten bis zum nächsten Tag. Sekundenschnelle Updates über Apps und die Google-Suche? Dass ich nicht lache! Gerade in der Anfangszeit war ich also sehr stark auf die analoge Welt angewiesen, die glücklicherweise ein paar Wege bereithielt, um mich über die Entwicklungen von Aktien zu informieren. So gab es in den Schaufenstern von Banken einige Aushänge, auf denen die Kurse aufgelistet waren; auch die lokale Tageszeitung informierte über die jeweiligen Kursveränderungen. Doch leider nicht über alle. Die Leute wollten ja lesen, was in der Welt so passierte. Für Aktienkurse interessierte sich kaum jemand, sodass man froh sein konnte, wenn überhaupt die Kursverläufe der relevantesten und größten Unternehmen abgebildet wurden. Bei meiner Puma-Aktie dauerte es deshalb ein wenig, bis auch sie in die Liste der Aktien aufgenommen wurde, die täglich in der Zeitung abgedruckt wurden. Das war nämlich erst ab dem Zeitpunkt der Fall, als sie begann, sich positiv zu entwickeln. Und das tat sie irgendwann quasi täglich. Zunächst waren es 600 Mark, später 750, irgendwann 800 – die positive Entwicklung setzte sich rasant fort. Für mich war das alles komplettes Neuland. Was passierte hier? Vorher hatte ich noch Ferienjobs gemacht, um mir ein bisschen was dazuzuverdienen, und jetzt vermehrte sich mein Geld gefühlt von allein. Bei vielen

Menschen hätte die positive Entwicklung der Aktie vermutlich die Gier nach mehr getriggert, doch in meinem Fall dauerte es glücklicherweise nicht lange, bis ich beschloss, die Kuh vom Eis zu ziehen. Immerhin war ich immer noch ein Schüler und das Geld, das hier auf dem Spiel stand, für mich ein halbes Vermögen. Ich kann mich noch sehr genau daran erinnern, wie ich eines Tages mittags Radio hörte und die Durchsage kam, dass die Puma-Aktie inzwischen auf 1500 D-Mark gestiegen war. 1500 D-Mark? Alles klar, das musste reichen. Ich beschloss zu handeln und sagte meinem Vater Bescheid, dass er die Aktien doch bitte wieder verkaufen möge. Anders als heute ging das natürlich nicht mit nur einem Knopfdruck, doch als er es am nächsten Tag zur Bank schaffte, war die Aktie immerhin noch 1200 Mark wert. Ich weiß zwar bis heute nicht wirklich, warum genau ich mich in diesem Moment zum Verkauf entschieden hatte, doch ich hatte tatsächlich beinahe den idealen Zeitpunkt dafür gewählt. Denn die 1500 Mark, die noch am Vortag durchgesagt worden waren, sollten tatsächlich für viele Jahre der vorläufige Höhepunkt der Puma-Aktie bleiben. Für mich bedeutete das, dass sich meine eingesetzten 900 Mark innerhalb kurzer Zeit mehr als verdoppelt hatten - ein Umstand, der mir natürlich gefiel. Trotzdem folgte ich weiterhin dem Instinkt, erst mal das zu sichern, was ich nun hatte, und verzichtete zunächst auf weitere Investitionen dieser Art. Was jedoch nichts daran ändert, dass der Kauf meiner allerersten Puma-Aktie allein deshalb ein Schlüsselerlebnis in meinem Leben darstellt, da ich so meine Begeisterung für das Thema Börse entdeckte und lernte, dass sich wirklich JEDER für das Thema begeistern lassen und erfolgreich mit dieser Begeisterung umgehen kann.

DER MENSCH ALS HERDENTIER – WIE UNSERE NATUR DAS HANDELN AN DER BÖRSE BEEINFLUSST

Obwohl ich mit meiner ersten Erfahrung an der Börse den wohl perfekten Einstieg schlechthin hingelegt hatte, verspürte ich zunächst nicht den Drang, direkt weiter zu investieren. Vielmehr erfreute ich mich erst mal daran, ein bisschen mehr Geld auf dem Konto zu haben. De facto dauerte es mehrere Jahre, bis ich überhaupt wieder in einer geeigneten Position war, um an der Börse tätig zu sein. Dies verdankte ich diesmal mehr oder weniger dem Zufall. Ich hatte inzwischen angefangen, in Bamberg BWL zu studieren, und lernte an der Uni jemanden kennen, dessen Vater einen Vertrieb für Vielzweckleitern besaß – kleine Leitern, die man ausfahren und zu verschiedenen Zwecken verwenden konnte. Obwohl unter anderem die deutsche Post zu seinen Kunden gehörte und das Geschäft gut lief, suchte der Vater meines Kommilitonen rund um die Uhr nach weiteren Verkaufsmöglichkeiten. So kam sein Sohn eines Tages auf mich zu und fragte mich, ob ich mir vorstellen könnte, die Leitern bei Handwerkern vorzuführen, um Verkäufe zu generieren. Im Gegenzug würde ich eine Provision von 25 Prozent auf jeden der Verkäufe erhalten. Da ich schon damals immer das Bedürfnis hatte, selbst zu arbeiten und mein eigenes Geld zu verdienen, stimmte ich zu und machte mich auf die Suche nach geeigneten Käufern. Hierzu nutzte ich die Print-Version der gelben Seiten, die ich nach aktuellen

Telefonnummern verschiedener Handwerksbetriebe durchsuchte. Ich hatte Glück: Gleich mein erster Telefonkontakt, eine Montagefirma aus Bamberg, hatte Interesse und lud mich zu sich ein, um die Leitern vorzuführen. Ohne wirklich gebrieft worden zu sein, fuhr ich hin und handelte nach einer erfolgreichen Demonstration der Leitern einen knapp 10.000 Mark schweren Deal für 20 Leitern aus, für den ich dem Käufer einen Rabatt von 20 Prozent gewährte. Diesen musste ich zwar gemeinsam mit dem Vater meines Kommilitonen tragen, doch von meiner Provision blieb mir dennoch ein stattlicher Betrag, der hoch genug war, um mir einen erneuten Einstieg an der Börse zu ermöglichen. Hierbei konzentrierte ich mich zunächst auf deutsche Betriebe wie Siemens, die zum damaligen Zeitpunkt eigentlich immer gut liefen. Das war zwar langweilig, hat mir aber nachhaltig dabei geholfen, wieder einen Fuß in die Tür zu kriegen. Vor allem aber war es der Zeitpunkt, ab dem Aktien für immer ein Teil meines Lebens blieben.

******

Neben meinem Wiedereinstieg ins Aktiengeschäft gewährte mir meine neue Tätigkeit im Vertrieb auch Einblicke in Prozesse und Phänomene, die ich bis dato nicht gekannt hatte. Konkret erinnere ich mich an eine wegweisende Erfahrung, die aufgrund bestehender Analogien zum Aktiengeschäft auch meinen Blickwinkel auf die Börse nachhaltig prägen sollte. Gemeinsam mit dem Kommilitonen, dessen Vater das Unternehmen leitete, war ich im Anschluss an meine ersten Vermittlungen im Vertrieb nämlich hin und wieder auf Verbrauchermessen unterwegs, um dort weitere Käufer für unsere Leitern zu begeistern. Wir besuchten die größten Publikumsmessen der Umgebung, beispielsweise die gerade erst wieder eröffnete Messe in Leipzig, und hatten für gewöhnlich einen Stand, an dem wir unsere Leitern vorführten. Das lief dann in etwa so ab wie auf einem Fischmarkt, auf dem jeder Fischverkäufer seinen Fisch als attraktiv anpreisen und so möglichst viel Kundschaft gewinnen möchte. Man zeigte sein Produkt, hielt es den Leuten vor die Nase und hoffte, dass sich der eine oder andere dafür begeistern würde – wie ein Fischverkäufer eben. In der Regel waren es an die 50 Menschen, die sich gleichzeitig wie in einer Traube vor unserem Stand versammelten, um sich das Spektakel anzusehen. Hier galt es dann, den einen ausfindig zu machen, der sich am leichtesten von einem Kauf überzeugen ließ. Wenn das gelang, kam meistens ein Effekt zum Tragen, der sich nahezu identisch auch an der Börse beobachten lässt. Wann immer sich nämlich einer der Menschen merklich aus der Traube löste, um einen Kauf abzuschließen, folgten unmittelbar weitere Menschen, um es ihm gleichzutun. Ganz nach dem Motto: Wenn der das kauft, kann das so falsch nicht sein. Entfernten sich jedoch die ersten Menschen aus der Menge, ohne einen Kauf abzuschließen, hatte sich die Traube meist nach kurzer Zeit vollständig aufgelöst. Hier galt dann: Wenn die anderen schon gehen, muss da ja irgendwas faul sein! Und wieso sollte man selbst dann der eine Dummkopf sein, der sich etwas andrehen lässt, während alle anderen die Flucht ergreifen? Nun mag das Beispiel der von mir besuchten Verbrauchermessen ein sehr spezifisches sein, mit dem die meisten Leser vermutlich in dieser Form nicht in Berührung kommen werden. Doch es reicht bereits der Blick auf alltägliche Situationen, um analoge Verhaltensweisen unter unseren Mitmenschen zu erkennen. Nehmen wir beispielsweise einen spontanen Restaurantbesuch. Nicht wenige Leser werden das Gefühl kennen, auf der Suche nach einer spontanen Essensgelegenheit vor einem eher dürftig besuchten Lokal zu stehen und eher skeptisch hineinzublicken. So gut kann das Essen schließlich nicht sein, wenn der Großteil der Tische leer bleibt – oder? Andersherum machen wir uns diese Gedanken nicht, wenn wir vor einem Restaurant stehen, in dem es gerade so noch einen freien Tisch für uns gibt. Denn wieso sollten all die anderen Leute hier sein, wenn das Essen schlecht oder die Preise unangemessen wären? Für den einen mag all das nach Gruppenzwang klingen, ich führe es aber ganz einfach darauf zurück, dass es in der Natur des Menschen liegt, sich so zu verhalten. Der Mensch ist am Ende des Tages nämlich immer noch ein Herdentier, das sich vom Verhalten seiner Artgenossen beeinflussen lässt – im Positiven wie im Negativen. Dies gilt auch beim Thema Aktien. Schauen wir uns die Dynamik der Börsenwelt an, wird schnell klar, dass die Ähnlichkeiten verblüffend sind. Beginnen wir beim Thema Investments. Sobald das Thema Börse auf dem Vormarsch ist und immer mehr Menschen in Aktien investieren, lassen sich recht schnell weitere von dem Hype anstecken und tun es ihnen gleich. Denn wenn alle um mich herum Aktien kaufen, dann wird es schon nicht so doof sein, wenn ich das auch tue – oder? Ähnlich verhält es sich, wenn eine merkliche Anzahl an Menschen aus dem Markt rausgeht, also Aktien verkauft. Dann dauert es meist nicht lange, bis eine Vielzahl an Menschen ihnen nacheifert und sich ebenfalls von ihren Aktien trennt. Denn wenn alle anderen das vermeintlich sinkende Schiff verlassen, wäre es ja bescheuert, wenn ich es nicht auch täte – richtig? Dann wäre ich ja genau der eine Dummkopf, der sich auf einer Verbrauchermesse eine Leiter andrehen lässt, während alle anderen weitergehen. Was zunächst nach einem recht simplen Mechanismus klingt, ist im Wesentlichen auf zwei Emotionen zurückzuführen, die an der Börse ständig zum Tragen kommen und einen Großteil der Fehler, die im Umgang mit Aktien gemacht werden können, begünstigen oder gar begründen: Gier und Angst.

DIE ZWEI EXTREME: WAS GIER UND ANGST MIT DEINEM VERHALTEN ALS ANLEGER ZU TUN HABEN

Gier und Angst sind zwei Emotionen, die den meisten von uns aus verschiedenen Situationen des Alltags bekannt sind. Wir sind gierig, wenn wir die Möglichkeit auf eine Ressourcenmaximierung erkennen, und ängstlich, wenn wir mit irgendeiner Art von Gefahr in Berührung kommen. An der Börse sind Gier und Angst jedoch mehr als Emotionen, die wir im Alltag eben hin und wieder verspüren. Sie sind jene zwei Pole, die das menschliche Handeln an der Börse in verschiedene negative Extreme abdriften lassen können. Doch beginnen wir von vorn. Wer an der Börse investiert, wird schnell merken, dass dort in regelmäßigen Abständen Entscheidungen getroffen werden müssen. Welche Aktie möchte ich kaufen? Zu welchem Preis kaufe ich sie? Wann entscheide ich mich für einen Verkauf? Wann dagegen? All das sind Fragen, mit denen sich Menschen an der Börse beinahe täglich auseinandersetzen müssen. Und klar ist auch, dass sich nicht jede dieser Entscheidungen auf der Basis von rationalen Überlegungen treffen lässt. Der Mensch ist von Grund auf ein emotionales Wesen, Emotionen bestimmen also sein Handeln und seine Entscheidungen – auch an der Börse. Schon die Erkenntnis, dass wir uns als Herdentier vom Handeln unserer Mitmenschen beeinflussen lassen, zeigt: Ganz so rational und überlegt läuft unsere Entscheidungsfindung nicht immer ab. Wer sich dieses Umstands nicht bewusst ist, läuft schnell Gefahr, sich von den beiden Emotionen treiben zu lassen, denen dieses Kapitel gewidmet ist: Gier und Angst. Und eins sei gesagt: Beide führen rasch zu Fehlentscheidungen – wenn auch auf unterschiedliche Art und Weise. Die Gier tritt für gewöhnlich in Phasen in Erscheinung, in denen es besonders gut läuft. Der Börse geht es gut, die Kurse steigen, es ist kein Ende in Sicht – und zack, lassen wir uns vom Hype anstecken und kaufen in einer guten Phase zu viele Aktien für zu teures Geld, weil die Euphorie uns hohe Gewinne erwarten lässt. Dies tun wir, weil wir gierig sind. Gierig nach noch größeren, noch schnelleren Gewinnen. Wir sehen, dass es aktuell gut läuft, und blenden jede Art der Vernunft aus, die uns davon abhalten würde, uns kopflos in weitere Investments zu stürzen. Mit der Angst verhält es sich ähnlich – nur mit umgekehrten Vorzeichen. Geht es dem Markt mal schlecht und fallen die Kurse, geraten wir schnell in Panik, die uns dazu bringt, zu viel zu niedrigen Kursen zu verkaufen. Denn wir haben ja Angst, dass es noch weiter nach unten gehen könnte. Das lustige: Beide von mir beschriebenen Verhaltensmuster wirken auf den ersten Blick nicht wie Fehler. Denn auf kurze Sicht scheint es, als hätten die Menschen, die diesen Mustern folgen, gar nicht mal so Unrecht. Wer in einer Phase steigender Kurse Aktien kauft, wird dafür zunächst einmal belohnt werden. Denn die Boom-Phase läuft ja noch, andere tun das Gleiche. Die Wahrscheinlichkeit, mit besagten Aktien nach 14 Tagen im Plus zu sein, ist also relativ hoch. Erst wenn sich der Markt wieder einpendelt und die Aktie langfristig wieder sinkt, wird deutlich, wie überzogen der Einkaufspreis eigentlich war. Deshalb schwören auch so viele Experten darauf, Aktien während einer Depression und Regression zu kaufen. Hier gilt nämlich das Gleiche. Der Markt sinkt und die Wahrscheinlichkeit ist hoch, dass wir mit unserem Investment zunächst einmal im Minus landen werden. Jene, die zu diesem Zeitpunkt aus der Angst heraus ausgestiegen sind, denken dann erst mal, alles richtig gemacht zu haben. Schließlich haben sie ja – zumindest für den Moment – einen noch größeren Verlust verhindert. Erholt sich der Markt jedoch langfristig wieder, wird oftmals ersichtlich, dass genau das der richtige Zeitpunkt gewesen wäre, um zu kaufen oder eigene Aktien im Depot zu halten. Dann steigen die Kurse nämlich wieder und wir denken uns: Wie konnte ich nur so blöd sein, Aktie XY so günstig abzugeben?! Wer sich also an der Börse von Angst und Gier leiten lässt, macht in den allermeisten Fällen vor allem eines: Fehler.

******

Doch woran liegt es, dass Menschen so stark dazu neigen, sich von Gier und Angst beeinflussen zu lassen? Einen Teil der Antwort auf diese Frage habe ich schon im vorangegangenen Kapitel gegeben. Denn wie ich bereits gesagt habe, ist der Mensch ein Herdentier. Und als solches neigt er dazu, sein Verhalten an seine Mitmenschen und seine Umgebung anzupassen. Vor allem letzteres kommt im Börsenumfeld oftmals besonders stark zum Tragen. Zu anderen Anlegern und Menschen aus dem unmittelbaren persönlichen Umfeld gesellt sich in diesem Kontext nämlich noch eine Variable, die es nicht zu unterschätzen gilt: die Medien. Sie begleiten das Börsengeschehen rund um die Uhr und tragen damit ihren Teil dazu bei, wie verschiedene Entwicklungen und Veränderungen von den einzelnen Akteuren wahrgenommen werden. Macht die Börse als Ganzes beispielsweise eine schwere Zeit durch, sind die Kurse im Keller und ist die Wirtschaft geschädigt, spiegelt sich dies auch in der allgemeinen Nachrichtenlage wider. Ein negativer Bericht jagt den nächsten, eine schlechte Prognose folgt auf die andere – kein Wunder, dass auch viele Anleger sich von dieser ständigen Konfrontation mit negativer Berichterstattung beeinflussen lassen und möglicherweise noch eher dazu neigen, in Panik zu verfallen. Es ist nicht leicht, einen kühlen Kopf zu bewahren, wenn im direkten eigenen Umfeld mit großen Fanfaren der Untergang der Börse verkündet wird. Zu omnipräsent ist das Szenario, in dem du der eine Typ bist, der alle vermeintlich offensichtlichen Warnzeichen ignoriert und am Ende dumm dasteht. Umgekehrt ist es das gleiche Spiel: Steigt der Markt gerade, macht sich dies auch in der medialen Berichterstattung bemerkbar. Plötzlich sind Aktien super, die Börse geil und die aus diesen Berichten resultierende Euphorie bei vielen Konsumenten so groß, dass sie sich schnell anfixen lassen und selbst investieren wollen. Umso wichtiger ist es, dass wir als mögliche Anleger uns nicht nur der Gefahr von Angst und Gier bewusst sind, sondern auch der Einflüsse, die sowohl die Menschen in unserem Umfeld als auch die Medienwelt auf uns haben.

******

Um uns vor Augen zu führen, wie schwerwiegend sich die Kombination aus extremen Gefühlen wie Angst und Gier und medialer Berichterstattung auf das Geschehen an der Börse auswirken kann, reicht ein Blick in die nicht allzu weit entfernte Vergangenheit. Denn die Historie zeigt, wie so etwas enden kann. Genau genommen handelt es sich bei dem Ereignis, welches ich gleich anführe, um eines von der Art, das sich auszeichnet durch einen plötzlichen Interessensanstieg an der Börse und ein gieriges Kaufverhalten innerhalb eines Börsen-Booms, gefolgt von vorschnellen Verkäufen aus Angst. Es hat damit beide von mir umrissenen Szenarien zu bieten. Zugetragen hat sich das Ganze in den Jahren vor der Jahrtausendwende. Nachdem sich zuvor wenige für das Thema Börse interessiert hatten, ging 1996 zunächst die Telekom mit Manfred Krug und später auch AOL mit Boris Becker als Werbegesicht an die Börse. Inspiriert von diesen Börsengängen ließen sich immer mehr Menschen für das Thema begeistern, sodass die Börse schon bald DAS große Thema in Deutschland war – zumindest neben dem sich immer mehr auf dem Vormarsch befindenden Internet.

Das wirklich Gefährliche war die Mischung aus beidem, kombiniert mit der Tatsache, dass viele Menschen, die sich damals für die Börse begeistern ließen, vorher noch rein gar nichts damit zu tun gehabt hatten. 1997 wurde mit dem Neuen Markt ein Börsensegment eingerichtet, das analog zum US-amerikanischen NASDAQ den Fokus auf junge, technologieorientierte Unternehmen setzte. Und das funktionierte. Der Hype rund um den Neuen Markt war so groß, dass zwischen 1998 und 1999 zahlreiche Anleger immer mehr der sogenannten Internet-Aktien kauften – und das teilweise völlig hirn- und gedankenlos. Stellenweise schien es den Leuten sogar egal zu sein, was die jeweiligen Unternehmen überhaupt machten – Hauptsache, es hatte irgendwas mit dem Internet zu tun. Der Hype war bald so groß, dass vereinzelte Firmen sich die

Endung ».de« an den Namen hängten, um den Eindruck zu vermitteln, eine Internet-Company zu sein, und so vom großen Andrang der Anleger profitieren zu können – eine Taktik, die zu allem Unglück auch noch aufging. Leute investierten in Unternehmen, deren Namen auf ».de« endeten, weil sie dachten, dass es sich dabei um Internet-Firmen handelte. Gemessen an diesen Umständen muss man kein Genie sein, um darauf zu kommen, dass ein großer Teil der »Irgendwas-mit-Internet«-Investitionen enorm spekulativ und wenig durchdacht war. Kein Wunder, resultierten die Käufe ja nicht aus einer nachhaltigen Auseinandersetzung mit dem Thema, sondern schlicht aus der immer größer werdenden Gier auf die Gewinne, die der Neue Markt und die immer weiter steigenden Internet-Aktien vermeintlich versprochen hatten. Gewinne, die bei vielen allein deshalb nicht realisiert werden konnten, weil sie ihre Käufe zu einem Zeitpunkt getätigt hatten, zu dem die Börse schon längst im Begriff war, aus dem Ruder zu laufen. Die Preise waren entsprechend maßlos überhöht und die nächste größere Korrektur nach unten nicht weit entfernt. Besagte Korrektur kam dann zwischen 2000 und 2003 in Form der sogenannten Technologie-Baisse. Als Baisse bezeichnet man im Börsenjargon einen negativen Trend mit fallenden Kursen, der bei vielen das Vertrauen in die Börse sinken und im Umkehrschluss die Angst vor weiteren oder größeren Verlusten steigen lässt. Wer sich intensiver mit dem Ablauf der Technologie-Baisse auseinandersetzt, dem fallen einige der Mechaniken ins Auge, die ich in den vorherigen Kapiteln aufgeführt habe. Alles begann mit fallenden Kursen, die von den meisten Anlegern noch für eine »normale« Korrektur gehalten wurden. Eine normale Korrektur, während der die wenigsten sich gezwungen sahen, sich frühzeitig von ihren Investitionen zu trennen. Wenn überhaupt, so dachten vermutlich die meisten, wäre nun der Zeitpunkt gekommen, um ordentlich nachzukaufen. Schließlich war ja davon auszugehen, dass die Kurse sich schnell wieder erholen würden. Als dies jedoch nicht geschah und die Baisse sich – auch durch internationale Unruhen wie die Anschläge von 2001 oder den Irak-Krieg – weiter in die Länge zog, wuchs dann bei vielen die Skepsis. Was, wenn es diesmal doch anders war als bei den anderen Konsolidierungen, nach denen sich die Börse schnell wieder erholt hatte? Befeuert wurde das Ganze natürlich von der erwartbaren Begleitmusik seitens der Medien und Analysten: ganz viel »Oh je, oh je!« und eine Reihe an Schreckensszenarien, die beinahe täglich an die Wand gemalt wurden – und das in einer solchen Fülle, dass aus der anfänglichen Skepsis bei vielen schnell pure Angst wurde. Angst davor, alles zu verlieren und am Ende komplett blank dazustehen. Diese Angst führte bei nicht wenigen zu Panik und im Anschluss zur Kapitulation. Dies bedeutete in diesem Fall: alles hinschmeißen und retten, was noch zu retten ist. Ein Verhaltensmuster, das viele der Betroffenen wenig später für einen Fehler halten würden. Denn als die Börse vor der sich bereits abzeichnenden Wirtschaftskrise wieder einen Aufschwung erlebte, dachten nicht wenige: Verdammt, ich war blöd. Ich hätte doch drinbleiben sollen! Also wurde unmittelbar vor einer der größten Finanzkrisen unserer Zeit wieder fleißig eingekauft, um die vermeintlichen Fehler zu korrigieren. Was das dann ab 2008 für die betroffenen Anleger bedeutete, muss ich vermutlich nicht weiter ausführen.

******

Das Beispiel der Technologie-Baisse von 2000 zeigt eindrucksvoll, wie stark das Wechselspiel von extremen Emotionen wie Angst und Gier das gesamte Börsenklima beeinflussen kann. Erst waren die Menschen gierig, dann ängstlich, kurze Zeit später wieder gierig. In der Gierphase wurde unbedacht Geld in einen völlig überhitzten und überteuerten Markt gepumpt, in der Angstphase wurden dann Aktien zu viel zu niedrigen Kursen verkauft, um nicht noch größere Verluste einzufahren. Wenig später machte das Gros der Anleger dann den gleichen Fehler noch mal und ließ sich erneut von der Gier leiten. Für Außenstehende stellt sich da natürlich die Frage, ob man die einzelnen Entwicklungen der Baisse in irgendeiner Weise hätte vorhersehen können. Ich sage: teilweise. Um dies weiter auszuführen, möchte ich auf eine Erfahrung zu sprechen kommen, die ich mitten im Hype rund um die Internet-Aktien gemacht habe. Ich besuchte damals einen Vortrag des bekannten Finanzexperten Hans Achim Bernecker. Bernecker war schon damals ein hoch angesehener Analyst in Deutschland, heute wird er von vielen als Urgestein angesehen und mit über 80 Jahren immer noch gerne interviewt. Der Saal, in dem Bernecker seinen Vortrag halten sollte, war proppenvoll. Klar, schließlich beherrschte das Thema Internet-Aktien die Börsenberichterstattung und die Menge der Interessierten war riesig. Bernecker selbst sah dies jedoch schon vor dem Eintreten der Technologie-Baisse kritisch. Anstatt den Hype rund um das Thema Internet-Aktien weiter zu befeuern und die Leute zum Investieren aufzufordern, legte er den Zuhörern das Gegenteil ans Herz.

»Haben Sie Internet-Aktien? Dann gehen Sie morgen zur Bank und verkaufen Sie alles. Denn das ist eine Blase, die bald platzen wird.«

So in etwa klang das, was Bernecker uns Zuhörern damals auf den Weg gab. Tendenziell lag er damit bekanntlich richtig. Aber: Die absolute Übertreibungsphase lag zum Zeitpunkt von Berneckers Vortrag tatsächlich noch vor uns. Darin verfünffachten sich viele der Internet-Aktien beinahe unmittelbar vor dem Beginn der Baisse noch einmal, teilweise haben sie sich sogar verzehnfacht. Wer also tatsächlich nach Berneckers Vortrag seine Internet-Aktien verkaufte, verpasste die allerbeste Phase bei vielen der Aktien. Berneckers Fall zeigt, dass der Hype rund um das Thema Internet-Aktien so riesig war, dass selbst erfahrene Analysten die aufkommende Euphorie ein Stück weit unterschätzt haben. Und das ist kein Einzelfall. Die absoluten Übertreibungsphasen dauern nämlich meistens länger an, als man zunächst erwarten würde – im Positiven wie im Negativen. Auch darauf kommen wir später noch einmal ausführlicher zu sprechen.

FEHLER MACHT JEDER – AUCH ICH!

»Oh je, bei so vielen Fehlerquellen muss ich ja unbedingt darauf achten, an der Börse bloß nichts falsch zu machen!« Wer nach dem Lesen der letzten Kapitel einen solchen Gedanken hatte, sollte ihn sich ganz schnell wieder aus dem Kopf schlagen. Natürlich sind die Fehler, die an der Börse gemacht werden, mit besonders folgenschweren Konsequenzen verbunden. Schließlich geht es um etwas, das uns beeinflusst wie kaum etwas anderes: Geld. Wir benötigen Geld zum Überleben und bauen einen großen Teil unseres Lebensstandards darauf auf. Wer läuft schon gerne Gefahr, diese Ressource aufgrund eines eigenhändig gemachten Fehlers zu verspielen? Nicht umsonst sind gerade wir Deutschen für die Mentalität bekannt, unser Geld möglichst sicher anzulegen und dann darauf zu warten, dass es sich durch Zinsen vermehrt. Ich würde so weit gehen, zu behaupten, dass dieses Denken nahezu in unseren Köpfen manifestiert ist. Kein Wunder also, dass die wenigsten Deutschen Lust darauf haben, ausgerechnet dort Fehler in Kauf zu nehmen, wo ihr hart erarbeitetes Geld auf dem Spiel steht. Tatsächlich ist es aber viel lohnenswerter, sich vor Augen zu halten, was Fehler an der Börse überhaupt bedeuten. Dazu gehört, dass sie sich – wie auch in allen anderen Lebensbereichen – gar nicht vollständig vermeiden lassen. Fehler sind etwas ganz Natürliches und auch an der Börse wichtig, um daraus lernen zu können. Denn es ist wie in jedem anderen Beruf auch: Aus Fehlern lernt man. Nur wer Fehler macht, kann sich damit auseinandersetzen und sich langfristig auf einem bestimmten Gebiet verbessern. Learning by doing also. Dazu kommt, dass Fehler im Bereich Aktien eine Besonderheit aufweisen: Ihre Fallhöhe ist begrenzt. Wenn wir uns entscheiden, an der Börse zu investieren, können wir als Resultat möglicher Fehler 100 Prozent unseres Investments verlieren. 100 Prozent, aber nicht mehr. Das ist das Risiko, dem wir uns aussetzen und dessen wir uns bewusst sein sollten, sobald wir eine bestimmte Summe an der Börse investieren: einen Verlust von 100 Prozent, also unseres ganzen Investments. Investierst du 5000 Euro, kannst du auch 5000 Euro verlieren – maximal. Keinen Cent mehr. Nach oben hin sieht das jedoch anders aus: Da gibt es keine Grenze. Nicht bei 100 Prozent, nicht bei 200 Prozent und auch nicht bei 500 Prozent. Wer an der Börse investiert, hat die Möglichkeit, ein unbegrenzt hohes Vielfaches seines Investments zu verdienen. Und wer 1994 die 1000 Dollar in Apple investiert hat, der ist heute Millionär. Dieses Verhältnis zwischen Verlust- und Gewinnmöglichkeiten sollten wir uns klarmachen, wenn wir vorhaben, an der Börse zu agieren. Denn nur, wer sich dieser Dynamik bewusst ist, wird einsehen können, dass man an der Börse auch einfach bereit sein muss, Verluste zu tolerieren. Du wirst nicht mit 5000 Euro an die Börse gehen, nur gewinnen und nach ein paar Jahren mit dem Vielfachen deines Einsatzes dastehen. Das wäre realitätsfern. Irgendwann wirst du zwangsläufig erleben, was es heißt, Verluste zu machen. Und diese resultieren, wenn es um Aktien geht, nun mal häufig aus Fehlern. Schließlich ist die Börse kein Casino, in welchem du dein Geld verlierst, wenn du auf die Zahl 17 gesetzt hast und sie leider wieder einmal nicht gekommen ist. Das wäre dann ja Glücksspiel. Mit Glücksspiel hat die Börse jedoch – zumindest, wenn du gesund anlegst – nichts zu tun. Sie bietet lediglich einen Marktplatz, auf dem mit Anteilen von Unternehmen gehandelt werden kann. KANN. Das ist in diesem Zusammenhang ein absolutes Schlüsselwort. Nimmst du diesen Marktplatz, den die Börse darstellt, nämlich nicht in Anspruch, kannst du auch keine Verluste machen – selbst dann nicht, wenn deine gekauften Aktien plötzlich weniger wert sind als zu dem Zeitpunkt, zu dem du sie gekauft hast. Das wären dann zunächst sogenannte »Buchverluste«. Zu realen Verlusten werden sie erst, wenn du agierst und auf besagtem Marktplatz den jeweiligen Verlust realisierst, sprich deine Aktien verkaufst. Und wenn du dann mal einen solchen realen Verlust einfährst, ist es wichtig, aus den Fehlern zu lernen, die diesem vorausgingen. Davon bleibt an der Börse niemand verschont. Auch ich musste diese Erfahrung im Laufe meines Lebens das ein oder andere Mal machen.

******

Das erste Mal, dass ich in der Folge berufsbezogener Fehler so richtig auf die Nase gefallen bin, hat zwar nur bedingt etwas mit der Börse zu tun, zeigt dafür aber eindrucksvoll jene Dynamik und jene Phasen auf, die auch bei börsenbezogenen Fehlern häufig zum Tragen kommen. Ihre Wurzeln hat die Geschichte, auf welche ich gleich zu sprechen komme, in der Zeit, zu der ich noch gemeinsam mit meinem Uni-Kumpel auf Verbrauchermessen Leitern vorführte und nebenbei wieder erste Investitionen an der Börse tätigte. Dabei war ich äußerst erfolgreich. Es ging ständig nur nach oben und alles in allem fühlte sich die Phase, die ich da gerade durchlebte, erst einmal durchweg traumhaft an. Natürlich gab es auch hier und da ein paar Dellen, doch da ich nie hektisch verkaufte, gelang es mir, diese erfolgreich auszusitzen. In meiner Freizeit begann ich derweil damit, mich mit allen Inhalten zum Thema Börse zu befassen, die ich finden konnte. Ich hatte sämtliche Börsenbriefe abonniert und war voll dabei, als bald die ersten interessanten TV-Formate zum Thema Börse ins Leben gerufen wurden. Es gab eigentlich kaum einen börsenrelevanten Inhalt, den ich nicht konsumierte, und ich war nach kurzer Zeit so fit, dass es mir sogar gelang, eine Kombination verschiedener börsenbezogener Medien zu meinem eigenen Vorteil zu nutzen. So gab es mit der 3SatBörse ein seit 1989 bestehendes TV-Format, das lange Zeit als Zugpferd für alle fungierte, die neu in Aktien investiert hatten. Besonders die Rubrik »Börsenspiel« stieß bei vielen auf großes Interesse. Im Rahmen dieses Spiels traten verschiedene Anleger mit einem virtuellen Kapital gegeneinander an, um zu sehen, wer innerhalb eines bestimmten Zeitraumes die größten Gewinne einfahren würde. Die Rubrik war bei Börseninteressierten so populär, dass sich die einzelnen Entwicklungen innerhalb des Spiels bald auch in der realen Welt widerspiegelten. So kam es nicht selten vor, dass jene Aktien, in die Teilnehmer des Spiels investierten, bald auch Kursgewinne an der realen Börse verzeichnen konnten. Ein Umstand, den ich mir zunutze machte. Ich wusste, dass die im Rahmen des Börsenspiels getätigten Investitionen in Börsenbriefen abgebildet wurden, und begann damit, mir diese per Post zu bestellen. Dies gab mir die Möglichkeit, schon vor den meisten anderen auf die in den Börsenbriefen enthaltenen Informationen zuzugreifen und bereits in die für das Börsenspiel relevanten Aktien zu investieren, bevor der Rest überhaupt wusste, welcher der Teilnehmer in welche Aktie investieren würde. Ich hatte also einen Zeitvorsprung, durch den ich reales Geld verdienen konnte. Alles in allem agierte ich zu dieser Zeit so erfolgreich an der Börse, dass ich irgendwann zum ersten Mal Börsenmillionär war. Eigentlich kein Umstand, der auf einen baldigen Rückschlag schließen lassen würde, oder?

******

Je mehr Raum das Thema Börse in meinem Leben einnahm, desto eher gerieten andere Komponenten meines Alltags immer mehr in den Hintergrund. Allen voran: mein Studium. Ich beendete es zwar erfolgreich, allerdings muss ich mir eingestehen, dass es die letzten paar Semester eher so nebenbei gelaufen war. Denn mein Fokus lag zu diesem Zeitpunkt, also Mitte der 1990er-Jahre, bereits ganz woanders. Ich wollte Geld verdienen. Und das ging nun mal an der Börse, nicht an der Uni. Dennoch verfolgte ich zu diesem Zeitpunkt nie die zentrale Absicht, im Börsenumfeld zu arbeiten, um weiter in Aktien investieren zu können. Mein Grundgedanke war eher: Ich muss IRGENDWAS machen, um Geld zu verdienen, welches ich dann an der Börse würde anlegen können. Das war meine Denke. Ob dieses »Irgendwas« dann an der Börse, auf Verbrauchermessen oder ganz woanders stattfinden würde, war im Grunde egal – Hauptsache, es verschaffte mir die Ressourcen, die ich brauchte. Auch aufgrund dieser allgemeinen Einstellung im Hinblick auf Arbeit, Geld und Börse freute es mich, als ich im Rahmen meines Studiums jemanden kennenlernte, der ebenfalls in Aktien investierte und sich auf einem ähnlichen Level mit der Materie auseinandersetzte wie ich. Auch der Betreffende arbeitete nicht hauptsächlich im Börsenumfeld, sondern bot als IT-Experte Schulungen für Ausbilder verschiedener Firmen an. Er war also sozusagen ein Ausbilder von Ausbildern. Nachdem wir uns eine Zeit lang regelmäßig ausgetauscht hatten, kam er eines Tages mit einem Vorschlag auf mich zu.

»Jürgen! Lass uns doch eine Firma gründen, die sich nur mit Aktien beschäftigt!«

Ich wusste, dass auch sein IT-Geschäft über ein eigens dafür gegründetes Unternehmen lief, und stand der Idee somit grundsätzlich offen gegenüber. Und tatsächlich: Nach einigen effektiven Gesprächen entschlossen wir uns wirklich dazu, gemeinsam eine solche Firma zu gründen. Hierzu holten wir auch seinen Bruder ins Boot, den ich bereits vorher vom gemeinsamen Fußballspielen gekannt hatte. Zu dritt gründeten wir eine Gesellschaft, die zunächst einmal nur auf der Idee basierte, selbst unter besseren Bedingungen agieren zu können. Wir hatten unser eigenes Büro mit einer stabileren Internetleitung und somit schon einmal grundsätzlich eine stabilere und alles in allem bessere Infrastruktur, die dem Ganzen einen etwas professionelleren Touch gab. Erst nach einiger Zeit kam uns die Idee, dass wir doch eigentlich auch mehr tun könnten, als im gemeinsamen Büro die Nasen in allerlei Börsenbriefe zu stecken und Geld in Aktien zu investieren. Durch den ständigen Umgang mit dem Thema Börse hatten wir inzwischen ein so breit gefächertes Wissen auf dem Gebiet, dass wir uns bald die Frage stellten, wieso wir es nicht auch mit anderen teilen sollten. Wir wollten im Grunde das tun, was mein Kumpel bereits lange Zeit mit seinem IT-Unternehmen machte: Kunden beraten, unser Wissen weitergeben und ihnen zu größerem Erfolg an der Börse verhelfen. Da wir auch die Absicht verfolgten, im Namen unserer Kunden an der Börse zu agieren und im Rahmen ihrer Interessen Käufe und Verkäufe zu tätigen, besuchten wir also bald eine örtliche Kanzlei, die uns entsprechende Verträge zur Bevollmächtigung aufsetzen sollte. Dies geschah recht zügig und wir konnten uns schon wenig später um die Kundenakquise kümmern, die sich aufgrund unseres bestehenden Netzwerkes als wenig kompliziert erwies. Wir erklärten den jeweiligen Kunden unser Geschäftsmodell und zeigten ihnen auf, inwiefern es lohnenswert sein würde, uns für sie an der Börse agieren zu lassen. Ganz nach dem Motto: Wir wissen ja, wie das geht, also können wir das auch für euch machen. So gelang es uns bereits nach kurzer Zeit, knapp 100 Kunden von unserem Konzept zu überzeugen. 100 Kunden, die uns fortan dafür bezahlen würden, dass wir in ihrem Namen an der Börse agierten – Wahnsinn!

******

Aller anfänglichen Euphorie zum Trotz ließ der Einsturz unseres noch jungen Geschäftsmodells nicht allzu lange auf sich warten. Alles begann damit, dass mich ein Herr aus dem Umfeld des Bundesamts für Finanzen anrief, der auf unser Geschäft aufmerksam geworden war und sich nun danach erkundigen wollte, wer uns denn anwaltlich vertreten würde. Ich wunderte mich. Wozu sollte man uns denn anwaltlich vertreten müssen? Ich erkundigte mich, weswegen das von Belang sei, woraufhin der Anrufer entgegnete, dass das, was wir machten, nicht rechtens sei. Nicht rechtens? Für mich klang das erst mal nach Schwachsinn. Immerhin hatten wir uns doch extra an eine Kanzlei gewandt, die uns beraten und die Kundenverträge für uns aufgesetzt hatte – eben weil uns so wichtig gewesen war, dass alles sauber laufen würde. Was genau sollte nun also nicht rechtens sein? Nichtsdestotrotz entschieden wir uns dazu, zu einer ebenso renommierten wie teuren Kanzlei nach Frankfurt zu fahren, um uns im Hinblick auf die Weiterführung unseres Geschäfts beraten zu lassen. Wir zahlten einen für damalige Verhältnisse horrenden Stundensatz von 400 D-Mark, um gleich zu Beginn eines mehrstündigen Gesprächs mit der Hiobsbotschaft schlechthin konfrontiert zu werden: Der Anrufer hatte recht. Uns fehlte offenbar tatsächlich die Berechtigung, um unser Geschäftsmodell nach unserem aktuellen Konzept weiter durchziehen zu können. Stattdessen wurde uns freundlich nahegelegt, für eine schnellstmögliche Rückabwicklung der bereits abgeschlossenen Verträge zu sorgen.

»Herr Schmitt, das tut uns sehr leid, aber wir empfehlen Ihnen jetzt ganz dringend: Geben Sie allen Kunden das Geld zurück. Die Verträge sind ohnehin ungültig.«

Auf gut Deutsch: Wir sollten den Laden dichtmachen. Natürlich war unser erster Impuls, dass die Kanzlei, die uns beim Aufbau des

Unternehmens beraten hatte, für den entstandenen Schaden haften sollte. Wozu hatten wir rechtliche Beratung in Anspruch genommen, wenn sie sich im Nachhinein als völlig nutzlos erweisen würde? Doch auch dieser Zahn wurde uns in der Frankfurter Kanzlei recht schnell wieder gezogen.

»Passen Sie auf, Sie haben jetzt zwei Möglichkeiten. Entweder sie haken das jetzt einfach ab, oder sie gehen in einen Rechtsstreit. Da dürfen Sie dann aber nicht vergessen: Das ist eine Kanzlei, die hat den längeren Atem. Der Prozess wird Jahre dauern, das kostet richtig viel Geld und Zeit. Wir sehen ja, dass Sie eifrig und motiviert sind. Nutzen Sie die Zeit lieber sinnvoller.«

Auch auf unseren Einwand, dass wir dann immerhin die Rechnung der anderen Kanzlei nicht bezahlen wollten, hatten die Anwälte dort das passende Gegenargument parat.

»Vergessen Sie es. Auch da fallen Sie hinten runter. Die haben zwar schlecht geleistet, aber sie haben geleistet. Zahlen Sie es und der Fall ist erledigt.«

Egal, wie wir es drehten und wendeten: Das Kind war in den Brunnen gefallen und wir waren mit unserer Geschäftsidee krachend gescheitert. Für mich bedeutete das, dass ich im Geschäftsleben zum ersten Mal einen Fehler gemacht hatte, dessen Folgen wirklich wehtaten. Doch auch daraus konnte ich etwas lernen. Wenn auch nur, dass es im Geschäftsleben so richtig teuer werden kann, wenn man einmal nicht aufpasst oder sich nicht ausreichend informiert.

******

Auch mein erster wirklich folgenschwerer strategischer Fehler an der Börse hätte vermutlich verhindert werden können, wenn ich mich vorher ein wenig intensiver mit den Produkten des Unternehmens auseinandergesetzt hätte, in das ich investieren wollte. Besagter Fehler ereignete sich gegen Ende der 90er-Jahre. Einige Jahre zuvor war die European Association of Securities Dealers Automated Quotation, kurz EASDAQ, ins Leben gerufen worden, um als Europäisches Pendant zur amerikanischen Börse NASDAQ zu fungieren. Für uns Europäer war das natürlich unglaublich aufregend, sodass ich als börseninteressierter Mensch die News rund um die Gründung der EASDAQ förmlich inhalierte. Ich schaute Berichte, las Artikel und sah mir TV-Interviews der verantwortlichen Personen an. Im Rahmen eines solchen TV-Interviews wurde der damalige Chef der EASDAQ dann nicht allzu lange vor der Jahrtausendwende darum gebeten, eine Aktie vorzustellen, welche er für besonders interessant und lukrativ hielt. Als Antwort auf die Frage verwies er auf die Turbodyne-Aktie. Bei Turbodyne handelte es sich um eine Technologie, die dazu dienen sollte, den Ausstoß von Diesel-Partikeln zu filtern und so den Schadstoffausstoß zu minimieren. Ein Diesel-Auspuff, aus dem saubere Luft kommt? Heute wären die Leute vermutlich völlig aus dem Häuschen. Und obwohl das Bewusstsein der Menschen für Umwelt und Nachhaltigkeit zum damaligen Zeitpunkt nicht im Ansatz so geschärft war wie heute, war die Turbodyne-Aktie an der Börse durchaus gehypt. Auch ich entschied mich im Nachgang an das Interview des EASDAQ-Chefs dazu, mich einmal über das Ganze zu informieren. Schließlich konnte ich mir schon ausrechnen, dass umweltfreundliche Technologien auf absehbare Zeit ein riesiges Thema werden könnten. Und tatsächlich: Nahezu überall wurde in den höchsten Tönen über Turbodyne berichtet. Eine tolle Story inklusive riesiger Erfolgsversprechen jagte die nächste, auch von einer engen Zusammenarbeit mit Mercedes war die Rede. Zu meiner Verteidigung muss ich sagen: Die Berichte waren wirklich authentisch und glaubhaft. Sie stammten nahezu ausschließlich von seriösen Quellen, und ich weiß bis heute nicht, ab welchem Punkt ich auf irgendeine Art und Weise hätte dahinterkommen können, wie falsch die Entscheidung sein würde, die ich hier gerade traf. Gerade die Zusammenarbeit mit Mercedes war für mich ein Proof. Wenn sogar Mercedes mit Turbodyne arbeitete, dann konnte es nicht allzu lange dauern, bis die Dinger wirklich überall eingebaut werden würden. Ich war überzeugt: Diese Aktie wird explodieren! Und wie es dann halt hin und wieder so ist, wurde aus dieser Überzeugung schnell Gier. Klar, schließlich wurden mir die vermeintlichen Gewinne, die Turbodyne versprach, von sämtlichen Seiten nahezu runtergebetet. Aus der Aussicht auf genau diese Gewinne heraus erwuchs dann auch die Entscheidung, einen sechsstelligen Betrag in Turbodyne zu stecken.

******

Ich erinnere mich noch sehr genau an den Tag, an dem ich erstmals darauf aufmerksam gemacht wurde, dass irgendwas an der ganzen Turbodyne-Geschichte faul sein könnte. Ich hatte gerade in einem Café in Darmstadt gesessen, wo meine heutige Frau damals Architektur studierte, als mein Handy klingelte. Mein Banker war dran und wollte mich darüber informieren, dass Turbodyne gerade verlieren würde. Na gut, dachte ich. Kann ja mal passieren, kein Grund zur Panik.

»Wie viel verliert sie denn?«, fragte ich.

»30 Prozent.«

»Bitte was?«

Ich war völlig schockiert. In Anbetracht der Tatsache, dass Turbodyne eines meiner absoluten Schwerpunktinvestments war und immer noch ein sechsstelliger Betrag in der Aktie steckte, fühlte sich mein Kaffee von einem Moment auf den anderen an wie der teuerste Kaffee meines Lebens. Und er sollte nicht günstiger werden, als sich die Lage rund um Turbodyne wenig später immer weiter zuspitzte. Es begann mit einem Bericht darüber, dass der Börsendetektiv Nachweise zu frisierten Bilanzen rund um Turbodyne aufgedeckt habe. Plötzlich hieß es, dass die gesamte Turbodyne-Geschichte eine einzige Betrugsstory sei. Wenig später folgte das offizielle Dementi seitens Turbodyne und es entwickelte sich ein Hin und Her, das nur schwer zu durchschauen war. Natürlich versuchte ich sofort, an glaubhafte Informationen zu den Vorwürfen sowie den daraus resultierenden Entwicklungen zu gelangen, doch die Recherche gestaltete sich äußerst schwierig. Das Internet steckte noch in den Kinderschuhen und anders als heute war es schlichtweg nicht möglich, nur durch ein paar Klicks auf Hunderte belastbare Quellen zuzugreifen. Wenn heute irgendein nennenswertes Unternehmen Dreck am Stecken hat, liest du das in der Regel nach ein paar Tagen auf sämtlichen Mainstream-Portalen. Damals war das leider nicht so. Anstatt mir also innerhalb von ein paar Minuten ein umfangreiches Bild machen zu können, musste ich mich auf die wenigen Berichte in analogen Medien sowie einzelne Beiträge auf N-TV und Co. verlassen. Dies führte dazu, dass die Gemengelage nicht nur wenig übersichtlich, sondern grundsätzlich kaum überschaubar war. Entsprechend schwer tat ich mich damit, das Ganze vernünftig einzuordnen. Die einen berichteten das eine, Turbodyne behauptete das Gegenteil. Deshalb war ich ausgesprochen unsicher bei der Frage, wie ich mit den Turbodyne-Aktien verfahren sollte, in die ich investiert hatte. Ich war schon damals kein großer Freund des voreiligen Abstoßens von Aktien gewesen, doch die allgemeine Berichterstattung rund um Turbodyne hatte mir eigentlich genug Gründe zur Sorge gegeben. Nichtsdestotrotz entschied ich mich letztlich dazu, drinzubleiben – ein folgenschwerer Fehler, wie sich bald darauf herausstellen sollte. Denn die Aktie, die in der Spitze noch bei 40 gewesen war, fiel immer weiter und war zu dem Zeitpunkt, zu dem ich dann doch endlich die Notbremse zog und verkaufte, bereits unter 9 angelangt. Ich hatte also deutlich zu spät verkauft und damit die größte Bruchlandung meiner bisherigen Börsenlaufbahn hingelegt.

******

Wenn ich das Fiasko rund um mein Turbodyne-Investment aus der Retrospektive betrachte, kann ich zwei zentrale Fehler als Ursache für den letztendlichen Verlust ausmachen: die Art des Kaufs und den Zeitpunkt des Verkaufs. Beginnen wir bei ersterem. Wenn ich heute davon berichte, was beim Aktienkauf zu beachten ist, bete ich quasi andauernd die gleichen Komponenten runter. Setz dich mit den Unternehmen, in die du investierst, auseinander. Schau dir die Produkte an. Check die Bilanzen. All diese Komponenten sind Teile meines Credos, das ich schon damals stringent verfolgte – eigentlich. Denn als es darum ging, in Turbodyne zu investieren, nahm ich es damit offensichtlich nicht ganz genau. Ich kannte niemanden rund um Turbodyne persönlich, nutzte die Produkte selbst nicht und hatte auch keinen wirklichen Zugriff auf die Bilanzen. Im Grunde fehlte mir also jeglicher Zugang zu den Hard Facts, kaum ein Bestandteil meines Credos war in irgendeiner Art und Weise umsetzbar. Ich war im Begriff, in ein Unternehmen zu investieren, mit dessen Produkten ich rein gar nichts am Hut hatte. Dennoch vertraute ich quasi blind auf das, was ich an Versprechungen und Lobhudeleien über Turbodyne gelesen hatte. Und das aus einer Gier heraus, die ich nicht ausreichend hinterfragte. Später war ich dann zu stur, um durch einen frühzeitigen Verkauf der Aktie rechtzeitig den Kopf aus der Schlinge zu ziehen. Vermutlich lag dies daran, dass ich nicht dazu bereit war, mir meinen Fehler einzugestehen und mit Verlust zu verkaufen. Hätte ich verkauft, hätte ich meinen Fehler zwar zugegeben, damit aber den weitaus größeren Verlust vermieden, den ich so letztendlich realisieren musste. Glücklicherweise gelang es mir im Nachgang recht schnell, aus meinem bis dato größten Fehler an der Börse zu lernen und die Turbodyne-Katastrophe auch in finanzieller Hinsicht gut zu überwinden und gestärkt aus dieser Erfahrung hervorzugehen. Und glücklicherweise war ich einige Zeit später, also kurz vor dem absoluten Höhepunkt des Börsen-Hypes, reflektiert genug, um diesen Hype realistisch einzuschätzen und mich nicht erneut von der Gier zu überzogenen Investments hinreißen zu lassen. Stattdessen traf ich in Folge eines ebenso witzigen wie skurrilen Ereignisses im Ski-Urlaub in Oberstdorf sogar die Entscheidung, zeitweise nahezu komplett aus der Börse auszusteigen. Dort hatte ich nämlich am Tresen einer Kneipe gesessen und mitgehört, wie zwei Pizza-Bäcker sich am Nebentisch die Aktientipps um die Ohren knallten. Da wusste ich dann: Wenn der Börsen-Hype so groß ist, dass Aktien zum Kneipenthema werden, dann kann das einfach nicht gut gehen.

DIE PLEITE – WARUM SIE GANZ NORMAL IST UND WAS WIR AUS IHR LERNEN KÖNNEN

Wenn wir an André Kostolany denken, denken wir für gewöhnlich an einen der renommiertesten Börsen-Altmeister, den die Aktienwelt je gesehen hat. Den meisten Deutschen primär aus Talkshows und anderen Fernsehformaten bekannt, hat sich der gebürtige Ungar vor allem dadurch ausgezeichnet, dass er unverblümt und knallhart ehrlich über seine Erfahrungen an der Börse berichtete. Dabei schreckte er auch vor sensibleren Themen wie der Gefahr möglicher Pleiten nicht zurück. Von Kostolany stammte auch die These, dass an der Börse nur derjenige, der mindestens einmal pleite gewesen sei, vermögend werden könne. Natürlich ist diese These nicht wörtlich zu verstehen. Vielmehr handelt es sich dabei um eine bewusst überspitzte Formulierung, die die Absicht verfolgt, den Maximalschock beim Zuhörer zu erreichen. »Vermögend« und »pleite« in einem Satz zu verwenden – das zieht natürlich. Was damit eigentlich ausgedrückt werden soll: Auch an der Börse muss man Fehler machen, um daraus lernen und es in Zukunft besser machen zu können. Und auch eine Pleite kann im Zweifelsfall heilend und hilfreich sein, wenn es darum geht, langfristig und nachhaltig Erfolg zu haben. Leider ist es jedoch oftmals so, dass du erst dann zu einer solchen Erkenntnis gelangst, wenn du die Erfahrung selbst bereits gemacht hast. Wenn du etwa ein Zitat wie jenes von Kostolany hörst, denkst du ja nicht wirklich daran, dass der von ihm umrissene Umstand auch dich eines Tages betreffen könnte. So war es zumindest in meinem Fall. Pleite? Ich?

Ach, Quatsch! Wie viel Wahrheit in Kostolanys Worten steckte, bekam ich nicht allzu viel später am eigenen Leib zu spüren.

******

Mit meiner Entscheidung, in Folge des Ereignisses in Oberstdorf den allergrößten Teil meiner Aktien zu verkaufen, hatte ich nahezu den perfekten Zeitpunkt erwischt, um vorerst aus der Börse auszusteigen. Der Zeitraum zwischen den 90er-Jahren sowie dem Anfang der 2000er war ein goldenes Zeitalter für die Börse gewesen und hatte es mir ermöglicht, mich zum Zeitpunkt meines zwischenzeitlichen Ausstiegs als Börsenmillionär bezeichnen zu können. Dies hatte ich auch dem Umstand zu verdanken, dass ich von Haus aus dazu erzogen worden war, ein weitestgehend bescheidenes Leben zu führen. Es war mir stets fremd, nach außen hin irgendwas darstellen zu wollen, was ich eigentlich nicht war. So lief ich im Gegensatz zu vielen anderen aus meinem damaligen Umfeld auch nie Gefahr, mir von meinem an der Börse erwirtschafteten Geld großartig irgendwas leisten zu wollen. Dicke Autos, Designerklamotten, teure Uhren – all das spielte in meinem Leben nie eine Rolle, weil ich einfach keinen Sinn darin sah. Ich hätte am Ende nur unnötig viel Geld für Dinge ausgegeben, die ohnehin nicht zu mir als Typ gepasst hätten. Da ließ ich es lieber ganz bleiben. Gepaart mit dem Umstand, dass mein Ausstieg rechtzeitig vor dem Platzen der Dotcom-Blase vonstatten ging, sorgte diese Lebensweise dafür, dass ich mich nach meinem Ausstieg besser nicht hätte fühlen können. Während viele andere schnell mit den eklatanten Folgen der nächsten Baisse zu kämpfen hatten, war es mir rechtzeitig gelungen, den Großteil meiner Investments gewinnbringend aufzulösen, und es bestand eigentlich in keiner Weise die Notwendigkeit, überhaupt an einen Wiedereinstieg zu denken. Ich hätte mich einfach zurücklehnen und die Börse Börse sein lassen können. Für mich stand jedoch fest, dass mein Ausstieg nur von temporärer Natur sein würde. Denn an meiner Begeisterung und Leidenschaft für das Thema hatte sich ja nach wie vor nichts geändert. Das sind bis heute die Dinge, die mich entscheidend antreiben und motivieren. Und so sollte es ja auch sein – in allen Bereichen, nicht nur beim Thema Aktien. Wer in irgendeinem Geschäftsfeld genug Leidenschaft, Motivation und Wissen mitbringt, um weiterhin erfolgreich sein zu können, wird sich ja nicht dagegen entscheiden, nur weil er es vermeintlich nicht mehr nötig hat. Da reicht ja schon der Blick in populäre Sportarten wie den Fußball. Lass es einen Messi, einen Ronaldo, oder wen auch immer sein – die hören ja auch nicht auf Fußball zu spielen, solange sie noch ausreichend Motivation und Leidenschaft für den Sport aufbringen können. Stattdessen verdienen sie so lange weiterhin mit ihrem Können Geld, wie sie damit erfolgreich sind. Und so war es nach meinem zwischenzeitlichen Ausstieg auch bei mir. Natürlich hätte ich mich entspannen und erst mal etwas anderes machen können. Doch allein aufgrund meiner unbändigen Leidenschaft für die Börse stand für mich schon am Tag meines Ausstiegs fest, dass ich mein Geld auch langfristig weiterhin an der Börse investieren wollte. Etwas anderes stand für mich nie zur Debatte. Warum auch, nachdem ich mich nach meinem Ausstieg zum beinahe idealen Zeitpunkt wie ein König gefühlt hatte?

******

Die zentrale Schwierigkeit lag in der Zeit nach meinem zeitweiligen Ausstieg aus dem Aktiengeschäft darin, den richtigen Zeitpunkt für den Wiedereinstieg abzupassen. Denn als der Markt kurz nach dem Erreichen des Höhepunktes zu rutschen begann, wusste niemand so recht, wie weit – und lange – er letztendlich rutschen würde. Es kam schon damals nicht selten vor, dass die Dauer von Übertreibungsphasen – im Positiven wie im Negativen – unterschätzt wurde, sodass es im Grunde doppelt schwer war, eine Antwort auf die eine, zentrale Frage zu finden: Wie weit geht das Ganze? Gerade für mich war das keine leichte Ausgangssituation. Nachdem ich mich nach meinem nahezu perfekt getimten Ausstieg wie ein absoluter König und Versteher des Börsenmarkts gefühlt hatte, hegte ich natürlich den Anspruch, beim Wiedereinstieg erneut ein glückliches Händchen zu beweisen. Ich meine, wer will nicht als König wieder einsteigen, nachdem er als König ausgestiegen ist? Genährt wurde dieser Anspruch vor allem dann, wenn Aktien, mit denen ich bereits vorher viel Geld verdient hatte, neue Tiefpunkte erreichten. Da juckte es mich oftmals in den Fingern. Insbesondere bei den Unternehmen, von deren Produkten oder Geschäftsmodellen ich ohnehin überzeugt gewesen war, dachte ich dann schnell: Mensch, die kosten nur noch die Hälfte. Ist es nicht immer gut, Aktien zum halben Preis zu kaufen? Ein gutes Beispiel für einen solchen Fall stellte die Amazon-Aktie dar. Sie war zeitweise von 100 US-Dollar auf gerade einmal 40 gefallen. Da ich – aus heutiger Sicht auch völlig zurecht – mehr als nur begeistert vom Amazon-Geschäftsmodell war, begann ich ab diesem Punkt, wieder Aktien einzusammeln. Ich ging zwar davon aus, dass die jeweiligen Aktien zunächst noch weiter sinken würden, wusste aber gleichzeitig, dass der Markt sich ab einem gewissen Punkt wieder erholen würde. Und auf genau diesen Punkt wollte ich warten. Schließlich hatte ich ja genug gelernt, gelesen und auch erlebt, um zu wissen, wie ich die grundsätzlichen Merkmale einer Baisse zu deuten hatte. Um mich breitflächiger aufzustellen, ergänzte ich mein Depot neben der Amazon-Aktie um weitere Aktien, denen ich langfristig eine merkliche Erholung zutraute. Diese wollte ich – genau wie die Amazon-Aktien – so lange halten, bis der Kurs sich erholt haben würde. Ein Plan, an dem es – auch im Nachhinein – absolut nichts auszusetzen gab. Wäre ich tatsächlich genau diesem Plan gefolgt und hätte ich meine gekauften Aktien bis zur Erholung des Marktes gehalten, hätte ich nämlich tatsächlich alles richtig gemacht. Ich hätte mir wenige Jahre später auf die Schulter klopfen und mich erneut wie ein König fühlen können. Vor allem aber hätte ich mich nicht an den Rand einer Pleite begeben.

******

Wie es sich viele Leser bereits denken können, endete die Episode, von der ich gerade erzähle, nicht mit dem erhofften Schulterklopfen. Wenn dem so gewesen wäre, gäbe es vermutlich keinen Grund, dieses Kapitel zu schreiben. Doch leider gibt es einen. Denn aufgrund meines so erfolgreichen Ausstiegs und mit der Aussicht auf einen ebenso erfolgreichen Wiedereinstieg war ich etwas zu schnell zu der Annahme gelangt, den Markt durchschaut zu haben. Die Taktik, mit der ich an meinen Wiedereinstieg herangegangen war, war zweifelsohne schlau gewesen. Sehr schlau sogar. Ich kaufte bei immer weiter sinkenden Kursen immer weiter nach und hoffte darauf, bei einer baldigen Erholung des Marktes satte Gewinne verzeichnen zu können. Ich kannte ja die Dynamik des Marktes und wusste, was einzelne Phänomene zu bedeuten hatten. Und all die Dinge, die ich jetzt beobachten konnte, hatte es zuvor in ähnlichen Situationen bereits gegeben. Die fallenden Kurse. Die Angst der Leute, die bald in Panik umschlug. Die Tatsache, dass auch andere bereits schlau genug waren, wieder zu kaufen. Ich fühlte mich voll und ganz bestätigt. Einfach alles sprach dafür, dass sich die Märkte zeitnah wieder erholen und meine getätigten Investments sich als richtig herausstellen würden. Und genau das wäre auch passiert. Viel schlauer hätte ich es also kaum machen können. Doch das reichte mir nicht. Ich wollte noch schlauer sein als der Rest und mich erneut wie ein König fühlen. Und genau dieses Ziel geriet in Gefahr, als meine verfügbaren Ressourcen nach einiger Zeit aufgebraucht waren, der Markt jedoch weiter rutschte. Das stellte mich vor ein unschönes Dilemma. Ich wusste mit uneingeschränkter Sicherheit, dass es in der Aussicht auf eine baldige Genesung des Marktes schlau sein würde, weitere Aktien nachzukaufen, hatte aber gleichzeitig eigentlich kein Geld mehr übrig, das ich in weitere Investments hätte stecken können. Also ging ich einen Weg, der sich im Nachhinein als einer der größten Fehler meines Lebens herausstellen sollte: den Weg über Wertpapierkredite und Optionsscheine. Optionsscheine sind Wertpapiere, bei denen es auf die korrekte Prognose einer Aktienkursentwicklung ankommt und die besagte Kursentwicklung hebeln, also nach oben oder unten verstärken. Gerade der Zugang zu Wertpapierkrediten hätte zum damaligen Zeitpunkt viel leichter nicht sein können. Im Grunde brauchte ein Anleger einfach nur ein Depot, um auf einen entsprechenden Gegenwert in Form eines Teils dieses Depots günstige Wertpapierkredite zu nehmen. Gelockt wurde er dabei mit Sollzinsen von 4 bis 5 Prozent. 4 bis 5 Prozent? Das waren derart lächerliche Zinssätze, dass sie kaum jemand ernstnahm. Da lag der Gedanke dann oftmals nahe: Wenn ich 20 Prozent verdiene, was sind dann schon diese 4 bis 5 Prozent? Die habe ich ja dann auf der linken Arschbacke abgesessen! Kein Wunder also, dass sich in diesem Zeitraum extrem viele börsenaffine Leute in derartige Kredite stürzten, um weiter in Aktien investieren zu können. Als wäre das nicht schon schlimm genug, entschieden sich einige sogar dafür, ihre Immobilien zu beleihen. Leider machte auch ich den Fehler, mich von den vermeintlich günstigen Wertpapierkrediten locken zu lassen. Mein Plan war es, die Kredite zum Kauf weiterer Aktien zu nutzen und sie dann ganz entspannt zurückzuzahlen, sobald meine Investmentpläne aufgegangen sein würden. Im Grunde verlieh ich also meine Bestände, um mit Geld handeln zu können, das ich eigentlich gar nicht hatte. Ich kaufte auf Pump. Als auch das nicht mehr reichte, griff ich zusätzlich auf Optionsscheine zurück. Auch das tat ich, um noch mehr Geld in Aktien stecken zu können. Denn ich war mir sicher: Das KANN ja alles gar nicht mehr so lange dauern. Irgendwann MUSS es ja wieder bergauf geben. Und dann wäre der Zeitpunkt gekommen, ab dem sich die Risiken, die ich eingegangen war, endlich gelohnt hätten. So zumindest der Plan. Leider kam in diesem spezifischen Fall alles ein wenig anders, als ich es zu jenem Zeitpunkt erwartet hätte.

******

Dass die Dauer von Übertreibungen im Kontext der Börse oftmals unterschätzt werden, war mir zu dem Zeitpunkt, zu dem ich meine ersten Wertpapierkredite aufnahm, bereits bewusst. Ich kalkulierte also bereits mit dem Risiko, dass die Baisse, die wir gerade durchlebten, möglicherweise etwas länger andauern könnte, als man es erwarten würde. Das, was mich letztlich überraschte, war also nicht die Unterschätzung der Übertreibungsdauer an sich. Es war das Ausmaß der Unterschätzung. Maßgeblich bedingt durch die terroristischen Anschläge vom 11. September 2001 und ihre verheerenden Folgen für die Weltwirtschaft erlebten wir nämlich letztlich eine der längsten Baisse-Phasen, die es seit Ewigkeiten gegeben hatte. Ihren Tiefpunkt erreichte die besagte Baisse in Amerika 2002, in Deutschland sogar erst ein knappes Jahr später, im Frühjahr 2003. Für mich kam das einer absoluten Katastrophe gleich. Denn in dem Moment, in dem du einen Wertpapierkredit auf dich nimmst, setzt du dich automatisch einem Mechanismus aus, der dir langfristig das Genick brechen kann. Und dieser äußert sich wie folgt: Nimmst du einen Wertpapierkredit auf, hast du einen bestimmten Beleihungswert auf deinem Depot. Die Höhe des Kredits richtet sich also nach dem Wert deines Wertpapierdepots. Sinkt dieser jedoch so kontinuierlich weiter, wie es bei mir der Fall war, wird die Bank nicht allzu lange warten, um auf dich zuzukommen und dich darauf aufmerksam zu machen, dass du dich zu hoch verschuldet hast und den Wertpapierkredit reduzieren musst. Auf gut Deutsch: Die Bank will Kohle sehen. In meinem Fall gab es dafür nur eine Lösung: Ich musste Aktien verkaufen – und zwar zu einem niedrigeren Kurs, als ich sie gekauft hatte. Das sorgte auf kurze Sicht natürlich für einen immensen Druck. Denn je länger die Kurse sanken, desto mehr Aktien musste ich abstoßen, um meine Wertpapierkredite zu minimieren. Und die Kurse sanken unaufhörlich. Eine Amazon-Aktie, die ich zwischenzeitlich für 40, dann für 30, später für 20 US-Dollar eingekauft hatte, war an einem gewissen Punkt auf sage und schreibe 6 US-Dollar gefallen. Heute befindet sie sich bei knapp 3000 US-Dollar und meine damaligen Investments wären erwartungsgemäß ein Vermögen wert, doch davon kann ich mir natürlich im Nachhinein nichts kaufen. Und damals konnte ich das schon gar nicht. Zum damaligen Zeitpunkt führte die Entwicklung der Aktie nämlich lediglich dazu, dass sich die Schlinge um meinen Hals immer weiter zuzog. Als wäre das nicht schon schlimm genug gewesen, gingen auch die Optionsscheine, auf die ich zurückgegriffen hatte, nicht auf, weil die Korrekturphase deutlich länger anhielt, als ich es ursprünglich erwartet hatte. Obwohl ich meine Investments eigentlich richtig ausgewählt hatte, konnte ich meinem Vermögen also buchstäblich beim Erodieren zusehen. Und genau das passierte dann auch. Und zwar in einem Ausmaß, welches dazu führte, dass von alldem, das ich bis hierhin erreicht hatte, kaum etwas übrig blieb außer einigen Grundstücken, in die ich glücklicherweise schon vorher investiert hatte. Somit blieb mir zumindest etwas, um meine Existenz und eine gewisse Grundsicherheit zu erhalten. Meine als Börsenmillionär begonnene Rückkehr an die Börse endete also nicht am absoluten Nullpunkt, im Grunde aber nicht allzu weit davon entfernt. Zusätzlich reifte in mir die schmerzhafte Erkenntnis, dass ich offensichtlich doch nicht schlauer war als alle anderen. Auch ich musste mich der Dynamik der

Börse unterwerfen und konnte mich letztlich nicht von jenen Worten freimachen, die André Kostolany von sich gegeben hatte.

******

Wer nun davon ausgeht, dass der riesige Rückschlag, den ich durch meine Beinahe-Pleite hatte hinnehmen müssen, mich dazu gebracht haben könnte, das Thema Börse abzuhaken, liegt damit gänzlich falsch. Stattdessen begriff ich ihn schon bald als eine der wichtigsten Erfahrungen meines Lebens. Als eine Erfahrung, aus der ich schon wenig später eine Vielzahl essenzieller Lehren ziehen konnte. Lehren, die ich auch den Lesern, die erst am Anfang ihres Weges an der Börse stehen, auf den Weg geben möchte. Zuerst zu nennen ist in diesem Kontext die Einsicht, dass es an der Börse – wie in den meisten anderen Bereichen des Lebens – schlicht unmöglich ist, immer alles richtig zu machen. Diesen Umstand hatte ich offenbar ausgeblendet, als ich mich dazu entschieden hatte, Wertpapierkredite aufzunehmen und Optionsscheine zu kaufen. Offensichtlich hatte ich in Folge meines ruhmreichen Ausstiegs gemeint, das System nun begriffen und durchschaut zu haben. Augenscheinlich war ich davon ausgegangen, weiterhin richtige Entscheidungen zu treffen, weil ich es vorher ja auch getan hatte. Doch dieser Ansatz ist selbstredend absolut utopisch. An der Börse wird es dir nie gelingen, IMMER den richtigen Zeitpunkt für den Ein- und Ausstieg zu erwischen und aus JEDER Korrekturphase als Gewinner hervorzutreten. An der Börse wird es dir nie gelingen, ALLES richtig zu machen. Gleichzeitig machst du jedoch auch nie ALLES falsch. Auch das zeigt meine eigene Historie. Denn selbst auf meinem Weg zum absoluten Tiefpunkt hatte ich nicht ALLES falsch gemacht. Im Gegenteil. Ich hatte einige richtige Entscheidungen getroffen. Und diese Entscheidungen hätten auch Früchte getragen, wenn ich mich auf meine ursprüngliche Strategie besonnen und die Füße stillgehalten hätte, anstatt Kredite aufzunehmen und viel zu spekulativ in Optionsscheine zu investieren. Dass ich dennoch beinahe bei null landete, lag also nicht etwa daran, dass all meine Entscheidungen grundsätzlich falsch gewesen waren. Das Problem lag vielmehr darin, dass in Summe das Ergebnis meiner falschen Entscheidungen größer war als das Ergebnis meiner richtigen Entscheidungen. Es ging hier um ganz einfache Mathematik. Ich hatte mehr falsch gemacht als richtig. Genauso, wie ich auf meinem Weg zum Börsenmillionär mehr richtig gemacht hatte als falsch. Und genau das ist es, was es letztlich zu begreifen gilt. Es geht an der Börse nicht darum, jeden noch so kleinen Fehler zu vermeiden und ALLES richtig zu machen. Der Anspruch muss sein, langfristig mehr richtig zu machen als falsch. Ist die Summe deiner richtigen Entscheidungen qualitativ größer als die Summe deiner falschen Entscheidungen, wirst du an der Börse Erfolg haben. Und das ist nur dann möglich, wenn wir Fehler und Rückschläge als solche begreifen und akzeptieren, uns damit auseinandersetzen und uns vornehmen, daraus zu lernen. Nur so kann es uns gelingen, den Schaden dieser Fehler langfristig zu reduzieren. Das war auch mein Ansatz, als ich nach dem Erreichen meines persönlichen Tiefpunktes vor der Aufgabe stand, mir all das, was ich verloren hatte, wieder neu aufzubauen. Und heute kann ich sagen: Ich bin froh darüber, dass es für mich nie eine Option war, aufzugeben und das Thema Börse ad acta zu legen. Denn rückblickend wäre es definitiv der schlechteste Zeitpunkt überhaupt gewesen, um das Handtuch zu werfen.

TEIL 2:

AKTIEN UND DIE MEDIEN – WARUM ES WICHTIG IST, SICH UND ANDERE FÜR AKTIEN ZU BEGEISTERN

AKTIEN UND MEDIEN – EIN UNZERTRENNLICHES PAAR?

Jedem, der sich in seinem Leben schon einmal mit der Börse beschäftigt hat, wird aufgefallen sein, dass Aktien und mediale Berichterstattung seit jeher Hand in Hand gehen. Aktien finden im Fernsehen statt, im Internet, in Zeitungen. Dabei hat die Art der Berichterstattung nicht selten einen Charakter, der das Geschehen an der Börse nachhaltig beeinflusst. Nicht umsonst habe ich bereits in einem der vorherigen Kapitel umrissen, wie stark sich der Tenor der medialen Berichterstattung auf das Verhalten von Anlegern auswirken kann. Denn wenn du einen Teil deines Geldes an der Börse investiert hast, dann macht es natürlich etwas mit dir, wenn du täglich mit reißerischen Schlagzeilen zum Thema Aktien konfrontiert bist – im Positiven wie im Negativen. Im Vergleich zu anderen Themenkomplexen, die sich ebenfalls einer ausgeprägten Berichterstattung erfreuen, nimmt die Börse jedoch auch in ihrer medialen Präsenz einen gewissen Sonderstatus ein. Dies geschieht durch eine Facette der Berichterstattung, die in anderen Bereichen weniger präsent ist: die Beratung. Wo es um Aktien geht, sind Aktientipps und beratende Experten in der Regel nicht weit. Meistens werfen sie mit Versprechungen um sich und wollen dir durch Tipps und Tricks zu Erfolg an der Börse verhelfen. Und seien wir mal ehrlich: Nicht jeder assoziiert diese Typen zwingend mit etwas Positivem. Einer der Hauptgründe hierfür ist, dass gerade Menschen, die sich erst frisch für das Thema Aktien interessieren, nicht selten unseriöser Berichterstattung auf den Leim gehen, die sich deren Leichtgläubigkeit und fehlende Expertise zunutze macht. Das war schon im goldenen Zeitalter vor der

Jahrtausendwende so. In diesem Zeitraum kam eine sehr große Menge Menschen durch den omnipräsenten Börsen-Boom zum ersten Mal mit dem Thema in Verbindung. Und ein derartig großes Interesse an der Börse musste natürlich irgendwie bedient werden. Dies geschah unter anderem durch eine immer größer werdende Anzahl selbsternannter Experten, die Tipps und Ratschläge zum Besten gaben und den Leuten so das Geld aus der Tasche zogen. Da wurde es dann ausgenutzt, dass ein Großteil der frisch am Thema interessierten Menschen noch nicht gut genug Erfahrung mitbrachte, um zwischen echten Experten und Scharlatanen zu unterscheiden. Wenn ich an solche Ereignisse denke, erinnere ich mich konkret an einen Vorfall, der sich in den 90ern auf einer Anlegermesse in Düsseldorf ereignete, auf die uns Stock-World eingeladen hatte. Stock-World hatte damals die Vision, über den deutschen Markt hinaus auch den türkischen Markt zu erobern. Und ein möglicher Zugang zu diesem stellten natürlich die in Deutschland lebenden Türken dar. Und wie erreichte man diese Zielgruppe? Klar, mit einer Identifikationsfigur. Es musste also jemand her, der als türkisches Gesicht von Stock-World fungieren und Bezugspunkte für die türkische Community schaffen konnte. Da es so jemanden jedoch auf die Schnelle nicht gab, wurde kurzerhand ein Türke aus dem Callcenter gebucht und von Stock-World zum Internet-Analysten gemacht. Was der Typ mit Aktien zu tun hatte? Rein gar nichts. Trotzdem legte er einen Auftritt hin, den ich nie vergessen werde. Denn Stock-World ließ ihn nicht nur in einem Audi TT vorfahren, sondern steckte ihn darüber hinaus noch in einen etwas zu engen weißen Anzug (der Typ war nicht der schlankeste), an dem sich nach einigen Stunden bereits die ersten Schweißflecken abzeichneten. Das war er also, der neue Internet-Guru für die Türkei: irgendein Kerl aus dem Callcenter, der mit der Börse rein gar nichts am Hut hatte. Aber genau so lief das eben damals stellenweise. Und natürlich war Stock-World nicht der einzige Anbieter, der sich allerlei Gimmicks einfallen ließ, um auf verschiedene Art und Weise Geld mit Aktientipps zu verdienen. Zu den beliebtesten Tricks gehörten damals eine Reihe an Telefon-Hotlines, die mit fortlaufender Dauer immer mehr Geld kosteten. Dort konntest du anrufen, um dir von den verschiedensten Experten aus dem Börsenumfeld die Aktientipps um die Ohren hauen zu lassen. Und je länger du in der Leitung bliebst, desto mehr Geld kostete dich das Ganze am Ende. Klar also, dass die Moderatoren jede Gelegenheit nutzten, um den Zuschauer daran zu erinnern, dass er UNBEDINGT dranbleiben müsse. Denn nur dann würde er ja die brandheiße und wichtige News zu hören bekommen, die er auf keinen Fall verpassen dürfte! Die eigentliche Info, die oftmals gar nicht so brandheiß war, wie ursprünglich versprochen, gab es dann in der Regel erst nach zehn oder zwanzig Minuten zu hören. Bis hierhin hatten sich die Betreiber der Telefon-Hotlines dank der hohen Gebühren schon dumm und dämlich verdient. Und die von mir umrissenen Telefon-Hotlines stellen nur ein Beispiel von vielen dar. So wurde beispielsweise auch mit Fax-Abrufen, welche Tipps und Tricks rund um das Thema Aktien beinhalteten, ein ähnlich gutes Geschäft gemacht. Fakt ist in jedem Fall: Das Interesse an medialer Berichterstattung zum Thema Aktien war schon immer gegeben. Und das hat sich auch bis heute nicht geändert.

******

Auch in meinem Leben spielte der Zusammenhang von Medien und Aktien bereits sehr früh eine große Rolle. Hierbei ging es mir jedoch nicht zwangsläufig um Tipps und Tricks, sondern immer schon primär darum, andere für das Thema Aktien zu begeistern. Dieses Bestreben verspüre ich einfach seit Ewigkeiten in mir drin und es beißt sich auch nicht mit meinem Vorsatz, Aktien nie zum Thema in Freundschaften zu machen. Denn in meinen Augen ist es ein großer Unterschied, ob du in einem kleinen Rahmen, beispielsweise in einem Zwiegespräch unter vier Augen, oder vor einem größeren Publikum über das Thema Aktien sprichst – beispielsweise auf Anlegermessen oder im Rahmen von Online-Formaten auf YouTube und Co. Würde ich mich nämlich unter vier Augen mit einem meiner Freunde über das Thema Aktien unterhalten, würde diese Unterhaltung in einem deutlich privateren Kontext stattfinden und käme in großen Teilen einer Anlageberatung gleich. Und genau das ist der Punkt, ab dem es für mich unangenehm wird. Denn für eine qualitativ hochwertige Anlageberatung bräuchte ich Zugang zu hochpersönlichen Informationen, die man vielleicht – insbesondere in Deutschland – nicht ganz so gern mit seinen Freunden teilen würde. »Hast du noch irgendwelche Schulden? Wie viel verdienst du? Welche Fixkosten hast du? Wie viel Geld steht dir aktuell zur Verfügung?« Das wären in etwa die Fragen, die ich meinen Freunden in einer solchen Situation stellen müsste. Ohne diese Informationen wäre es nämlich gar nicht möglich, die betreffenden Personen nachhaltig zu beraten. Jetzt stellt sich natürlich die Frage, ob das Abfragen solcher privater Infos so gesund für eine Freundschaft sein kann. In meinen Augen ist das nicht der Fall. Im Gegenteil Es würde eine Freundschaft viel eher belasten, als dass es sie in irgendeiner Art und Weise voranbringen würde. Im direkten Vergleich hierzu fallen genau diese negativen Komponenten weg, wenn ich im öffentlichen Raum über Aktien referiere. Völlig egal, ob wir da über Anlegermessen, Börsenbriefe, Gastbeiträge für Zeitungen oder Videos auf unserem YouTube-Kanal sprechen: Wenn ich öffentlich über Aktien spreche, findet dies immer in Verbindung mit einer gewissen Anonymität innerhalb meiner Zielgruppe statt. Dies hat den entscheidenden Vorteil, dass ich das, was ich von mir gebe, nicht auf die konkrete Situation einer Einzelperson beziehen muss. Ich kann vielmehr das besprechen, was ich für wichtig halte, und jeder, der meine Inhalte konsumiert, kann für sich selbst entscheiden, was genau er für sich daraus ziehen möchte. Keiner der Zuhörenden muss irgendeine private Information mit mir teilen und kann sich stattdessen aus der Anonymität heraus die Inhalte rauspicken, die ihm persönlich nützlich erscheinen. Insbesondere auf YouTube findet diese Anonymität in einem ganz besonderen Ausmaß statt. Denn am Ende des Tages weiß ich ja nicht einmal, wer sich die Videos, in denen ich auftauche, letztlich ansieht. Es kann sogar sein, dass auch Freunde und Bekannte hin und wieder mal reinschauen und sich vielleicht sogar intensiver mit meinen Inhalten auseinandersetzen. Davon kriege ich dann aber weder etwas mit noch bin ich aktiv in diese Prozesse involviert. Es läge in einem solchen Fall also an den entsprechenden Freunden selbst, sich die für sie wichtigen Inhalte aus dem Gesagten herauszuziehen und für sich zu nutzen. Da dies jedoch ohne mein Zutun geschehen würde, bliebe die jeweilige Freundschaft davon stets unangetastet. Und das ist auch gut so.

******

Wenn ich – in welcher Form auch immer – medienwirksam über Aktien spreche, spielen dabei stets zwei Motive eine übergeordnete Rolle: das wirtschaftliche Interesse sowie meine persönliche Leidenschaft und Begeisterung. Auf das wirtschaftliche Interesse werde ich später noch einmal ausführlich zu sprechen kommen. Grundsätzlich kann ich aber sagen: Für mich war es nie das das zentrale Ziel, mir auf Basis meiner medialen Präsenz eine goldene Nase zu verdienen. Wenn das mein Anspruch wäre, wäre ich ehrlich gesagt auch meilenweit entfernt davon, ihm gerecht zu werden. Denn insbesondere der Blick auf unseren »aktienlust«-YouTube-Kanal zeigt, dass Aufwand und Ertrag im Kontext börsenbezogener Öffentlichkeitsarbeit oftmals in keinem Verhältnis zueinander stehen. Natürlich gibt es dank der Zugehörigkeit der Video-Plattform YouTube zu Google und dem hauseigenen Google Adsense-Dienst regelmäßige Ausschüttungen für Klickzahlen und Abonnements. Sie erscheinen aber insbesondere unter der Berücksichtigung der Kosten und des Zeitaufwandes, die für die Aufrechterhaltung des Kanals notwendig sind, beinahe lächerlich. Auch bin ich weit davon entfernt, mich in irgendeiner Art und Weise als YouTuber oder gar Influencer zu bezeichnen. Da denke ich dann eher an die Leute, die wirklich ihr Geld damit verdienen, Videos auf der Plattform hochzuladen. Sarah Harrison, Bibi und Tina, oder wie sie alle heißen. Da wird nämlich tatsächlich ordentlich Kohle gemacht – und das neben den Klicks natürlich auch mit Cremes, Haarspangen und allerlei anderem Affiliate-Scheiß. Unsereins wird mit seinen Aktivitäten auf der Plattform derweil höchstens ein paar Zerquetschte umsetzen. Klar ist also: Das zentrale Motiv ist in unserem und explizit in meinem Fall definitiv ein anderes. Um genau zu sein: die Leidenschaft für die Börse sowie der Spaß, den es mir bereitet, darüber zu sprechen. Und genau das ist ja auch nichts Ungewöhnliches. Wenn du Spaß an einer Sache hast, dich für eine Sache begeistern kannst, ist es das Normalste der Welt, dass es dir auch Freude bereitet, über genau diese Sache zu sprechen und zu informieren. Beschäftigst du dich gerne mit Fußball, möchtest du dich auch gerne mit anderen darüber austauschen. Sammelst du irgendwas Besonderes, willst du den Leuten davon erzählen. An der Börse ist es ganz genauso. Du hast ein Interesse daran und aus diesem Interesse erwächst dein Bedürfnis, anderen davon zu erzählen, dich darüber auszutauschen und deine Mitmenschen davon zu begeistern. Da ist es dann auch egal, ob das auf YouTube und anderen Internetplattformen oder herkömmlichen Anlegermessen stattfindet. Ich genieße es einfach, über das Thema Aktien zu referieren und Menschen dafür zu begeistern – und dafür nutze ich gerne jede Bühne, die sich mir bietet. Ob im Internet oder bei »realen« Begegnungen: Mein Interesse daran, andere Menschen für Aktien zu begeistern, ist immer und überall gegeben. Deswegen sehe ich darin auch keinen Beruf, sondern vielmehr eine Berufung. Eine Berufung, der ich auch in Zukunft weiterhin mit Freude und Engagement nachgehen möchte.

DARF UNSER WISSEN UNS REICHER MACHEN? VOM GRÖSSTEN PARADOXON IM BÖRSENUMFELD

Die Informationsweitergabe zum Thema Börse ist alles andere als einfach. Zu dieser Erkenntnis musste ich schon sehr früh in meiner Karriere gelangen. Denn leider hat jeder, der sein Wissen zum Thema Börse weitergeben und anderen etwas beibringen möchte, mit einer großen Zahl an Vorbehalten zu kämpfen. Der Tenor ist dabei eigentlich immer derselbe: »Wenn du so viel weißt und dich so gut auskennst, warum machst du das dann überhaupt?« Ganz nach dem Motto: Wenn du es doch eh schon geschafft hast, dir durch Aktien ein gewisses Vermögen aufzubauen, wirst du es ja nicht nötig haben, dieses Wissen weiterzugeben und damit zu allem Unglück auch noch Geld zu verdienen. Das ist der Vorbehalt Nummer 1 in der gesamten Branche. Das eigene Wissen wird angezweifelt, weil man es weitergibt und damit auch noch Geld verdienen könnte. Und das auf der Basis der Annahme, dass man es ja eigentlich »gar nicht nötig« hätte. Je länger man sich diese Denkweise durch den Kopf gehen lässt, desto schizophrener sollte sie einem erscheinen. Besonders deutlich wird das, wenn man sich vor Augen führt, dass es keine andere Branche gibt, in der hinterfragt wird, wieso jemand mit dem, was er tut, Geld verdienen möchte – oder aber, ob er es denn überhaupt noch nötig hätte, Geld zu verdienen. Oder würde irgendjemand auf die Idee kommen, einen Siemens-Topvorstand, der ein Millionengehalt kassiert, zu fragen, warum er seinem Job denn überhaupt noch nachgeht, wo er doch eigentlich schon genug Geld verdient hat? Höchstwahrscheinlich nicht. Zumindest habe ich derartiges noch nicht mitbekommen. In unserer Branche geschieht dies jedoch ständig. Da erwarten die Leute dann, dass man als erfolgreicher und entsprechend wohlhabender Mensch im Börsenumfeld nur noch zuhause sitzt und von seinem Vermögen lebt. Doch so etwas würde kein ambitionierter und erfolgreicher Mensch jemals tun. Jeder, der etwas kann und weiß, möchte dieses Können und Wissen auch nutzen – nicht nur, um es anzuwenden, sondern auch, um es weiterzugeben. Und ja – bis zu einem gewissen Grad natürlich auch, um damit Geld zu verdienen. Das ist ohnehin etwas, das sich jeder, der mit dem Gedanken spielt, in Aktien zu investieren, zu Herzen nehmen sollte. Niemand sollte die Ambition haben, vom reinen Investieren an der Börse zu leben. Das wird in der Regel auf Dauer nicht gut gehen. Weitaus ratsamer ist es, in sich selbst zu investieren, um so ein möglichst hohes Einkommen zu erzielen, welches DANN an der Börse eingesetzt werden kann. Investiere zunächst in dich. Investiere in deinen Job, in dein Wissen, in deine Kompetenzen. Das, was du dann aus diesem Job, diesem Wissen und diesen Kompetenzen ziehst, kannst du an der Börse investieren. Genau das ist der Vorteil daran, zusätzlich zu deinen Aktivitäten an der Börse immer auch einen Beruf auszuüben, der dir ein Einkommen beschert, bei dem du etwas übrig hast, was du an der Börse einsetzen kannst. Das ist bei mir ja genauso – mit der einzigen Besonderheit, dass die jeweiligen Bereiche meines Wirkens deckungsgleich sind und ich mein Hobby zum Beruf machen konnte. Ich arbeite im Börsenumfeld und verdiene dort Geld, welches ich dann wiederum an der Börse anlegen kann. Das ist eine Entwicklung, über die ich sehr froh bin – sie ist jedoch definitiv kein Muss. Wenn ich nicht im Börsenumfeld arbeiten würde, hätte ich – wie alle anderen Menschen auch – eben einen anderen Job, mit dem ich das Geld verdienen würde, das ich an der Börse einsetze.

******

Ein weiterer Aspekt, der verschiedenen medienaffinen Persönlichkeiten im Börsenumfeld oftmals um die Ohren fliegt, ist die Frage nach der

Notwendigkeit unserer Tätigkeit. Viele Menschen sind der Meinung, dass das, was wir tun, eigentlich gar nicht nötig ist, weil man sich das Wissen und die Fähigkeiten, die wir weitergeben möchten, ja auch ganz einfach selbst aneignen könnte. Und das ist tatsächlich richtig – zumindest zum Teil. Niemand braucht einen Börsenbrief oder einen YouTube-Kanal, auf dem über Aktien informiert wird. Denn das Wissen und die Erfahrungsberichte, die diesen Formen der medialen Präsenz zugrunde liegen, kann sich in der Tat jeder selbst aneignen. Allerdings vergisst ein Großteil derer, die ihre Kritik an unserer Tätigkeit auf dieser Grundlage aufbauen, dass dies eben nicht von heute auf morgen geschehen kann. Wer sich nämlich ein derart umfangreiches Wissen zur Börse und ihrer Dynamik aneignen möchte, wird investieren müssen – reichlich Zeit und viel Geld. Er wird Erfahrungen machen müssen, hin und wieder auf die Schnauze fallen müssen, selbstständig aus Fehlern lernen müssen, verschiedene Dinge lernen müssen, und und und. Das vergessen aber viele und sehen deshalb in jemandem, der durch das reine Referieren über Aktien Geld verdient, oftmals nur einen Menschen, der sich auf diese Weise an seinen Mitmenschen bereichern möchte. Auch deshalb ist es auf YouTube und im Rahmen anderer Online-Formate auch immer eine Gratwanderung, über kostenpflichtige Angebote wie Börsenbriefe, Bücher und Co. zu informieren oder gar dafür zu werben. Denn solange wir unser Wissen und unsere Erfahrungen kostenlos zum Besten geben, stört das in der Regel natürlich niemanden. Geht es dann aber nur im Ansatz darum, kostenpflichtige Inhalte in den Fokus rücken, in die meistens riesige Ressourcen gesteckt werden mussten, heißt es schnell: »Das ist alles Clickbait, die wollen damit Geld verdienen!« Damit wären wir also wieder beim eben umrissenen Paradoxon: In keiner anderen Branche würde die Welt auf die Idee kommen, sich darüber aufzuregen, dass Menschen Geld verdienen wollen. Nur in unserer. Oder bist du schon mal mit dem Gedanken in ein Fitnessstudio gegangen, dass der Besitzer dich lächelnd empfängt und sagt: »Natürlich kannst du hier bei mir umsonst trainieren! Ich will doch, dass du fit wirst«? Vermutlich nicht, oder? Genauso verhält es sich in allen anderen Branchen. Analog dazu, dass der Studiobetreiber einen Mitgliedsbeitrag für die Nutzung seiner

Geräte und Räumlichkeiten berechnet, wird dich auch kein Anwalt oder Jurist umsonst vertreten oder beraten, weil sein Eigeninteresse an deinem Wohlergehen so groß ist. Da wird niemand auf sein Honorar verzichten, weil er ja »eh weiß, wie es geht« oder »das Geld nicht nötig hat«. Nur in unserer Branche ist es aus irgendeinem Grund verpönt, mit der Weitergabe seines Wissens Geld zu verdienen. Ein möglicher Ursprung für diese Vorbehalte könnte unter Umständen darin liegen, dass es über die Jahre hinweg durchaus vorkam, dass Anlegern mit Aktientipps das Geld aus der Tasche gezogen wurde. Egal, ob wir da über irgendwelche Telefon-Hotlines oder Faxabrufe sprechen – es hat in der Vergangenheit durchaus Fallen und Betrugsmaschen gegeben, die teilweise bis heute noch existent sind und bei einigen Menschen gewisse Vorurteile gegenüber unserer Branche geschürt haben. Auch deshalb haben ich und die Menschen, mit denen ich arbeite, es uns zur Gewohnheit gemacht, sehr transparent und offensiv damit umzugehen, wenn wir einmal Produkte oder Dienstleistungen bewerben, die kostenpflichtig sind. In der Regel äußern wir hierzu direkt zu Beginn eines Videos oder eines Vortrags einen kurzen Disclaimer, der klarstellt, dass es heute um Werbung für dieses und jenes geht und es jedem, der sich nicht dafür interessiert, offensteht, wieder abzuschalten. Für uns hat sich dieser offene und ehrliche Kurs im Laufe der Jahre definitiv als richtig erwiesen – vor allem, weil es beim Thema Börse auch immer um Vertrauen und Ehrlichkeit geht. Wenn die Menschen dir nicht vertrauen, an die du deine Inhalte richtest, kannst du es dir auch sparen, sie anzusprechen. Das ist etwas, das wir uns ohnehin immer wieder vor Augen führen sollten. Ich tue dies täglich. Denn mit allem anderen würde ich mich nicht gut fühlen. Dafür ist es mir zu wichtig, morgens aufzustehen und mir selbst vor dem Spiegel sagen zu können, dass ich ein ehrlicher Mensch bin und hinter dem stehe, was ich tue. Da ist es dann auch egal, ob es um YouTube-Videos oder andere Inhalte geht: Wenn ich nicht ehrlich und transparent im Umgang mit meinen Inhalten wäre, könnte ich mir die ganze Show auch sparen. Dieses Credo habe ich bereits befolgt, als ich mich zum ersten Mal mit einer der beliebtesten und doch umstrittensten Medienarten im Börsenkontext auseinandersetzte: dem Börsenbrief.

DER BÖRSENBRIEF – ABZOCKE ODER SINNVOLLES INVESTMENT?

Für das Schreiben und Herausgeben eines Börsenbriefs benötigt es zunächst einmal keine besonderen Kompetenzen oder Referenzen. Grundsätzlich kann sich jeder hinsetzen, ein paar Aktientipps aufschreiben und das Ganze als seinen eigenen Börsenbrief herausgeben. Das ist ja genau das, was ich bereits zu Beginn des letzten Kapitels geäußert habe. Das, was am Ende die Spreu vom Weizen trennt, sind die tatsächlichen Erfahrungen und Referenzen, die dem jeweiligen Produkt zugrunde liegen – also die Substanz des Ganzen. Denn diese ist nötig, wenn es darum geht, nicht nur einfach einen Börsenbrief zu schreiben, sondern tatsächlich auch einen guten. Wobei selbst dann nicht garantiert ist, dass dieser gute Börsenbrief wirklich auch für JEDEN gut ist. Ich behaupte sogar: Es gibt nicht DEN einen Börsenbrief, der für jeden passend ist. Ganz einfach deshalb, weil nicht jeder gleich ist. Der Börsenbrief deiner Wahl sollte also vor allem eins: zu dir passen. Und um herauszufinden, welcher Börsenbrief und welche allgemeinen journalistischen Inhalte zum Thema Börse zu dir passen, ist es notwendig, dass du ein gewisses Gespür für die Inhalte entwickelst und Vertrauen fasst zu den Personen, die dahinterstehen. Nur so ist es möglich, dass du wirklich einen Nutzen aus dem ziehst, was du da gekauft oder abonniert hast, anstatt es einfach nur der Sache wegen getan zu haben.

Auch deshalb ist es mir wichtig, meinen eigenen Werdegang offen nach außen zu tragen, wenn es darum geht, dass Menschen auf mich und meine Beiträge zum Thema Börse vertrauen sollen. Denn ohne dieses Vertrauen könnte sich ja jeder hinsetzen, sein Buch *Aktien kann jeder* nennen und darauf hoffen, dass möglichst viele Menschen sich das Gelesene zu Herzen nehmen.

******

Ich selbst habe schon früh damit begonnen, mich mit der Frage zu beschäftigen, wie ich mein Wissen und meine Kompetenzen am besten an andere weitergeben könnte. Um genau zu sein kurz nach der geschäftlichen Schlappe, die meine beiden Freunde und ich mit der Gründung unserer ersten gemeinsamen Firma erlebt hatten. Nachdem wir unsere unternehmerischen Aktivitäten auf juristischen Rat hin eingestellt haben, stand nämlich fest, dass unser Unternehmen dringend umstrukturiert werden musste. Vorher hatten wir ja noch im Namen unserer Kunden an der Börse agiert, doch dies war nun nicht mehr möglich. Damit war zwar die Grundlage für unsere Umsätze weg, nicht aber das Wissen und die Erfahrung, die wir in diese Grundlage investiert hatten – all das besaßen wir ja immer noch. Dementsprechend mussten wir also eine Möglichkeit finden, unser Wissen auf eine andere, diesmal legale Art und Weise weiterzugeben. Und es stand auch schnell fest, wie wir das tun wollten: durch einen eigenen Börsenbrief. Der Börsenbrief war während des großen Börsen-Hypes in den 1990er-Jahren im Börsenkontext DAS Medium schlechthin gewesen. Sämtliche Banken bezogen verschiedenste Börsenbriefe und Anlegermagazine und gaben dafür einen Haufen Geld aus. Diesen Umstand wollten wir uns zunutze machen, als der Börsencrash wenig später auch die Banken betraf und dafür sorgte, dass sie anfangen mussten zu sparen. Unser Plan: Da wir ohnehin alle möglichen Börsenbriefe und Magazine bezogen und für uns und unsere Kunden ausgewertet hatten, wollten wir diesen uns sowieso zur Verfügung stehenden Schatz nutzen, um ein Produkt für Banken zu entwickeln. Konkret schwebte uns eine Art Börsen-Digest vor, der die Auswertungen all dieser Börsenbriefe enthalten würde – also »Börse Online«, »Der Aktionär« und wie sie nicht alle heißen. Nachdem dieser Digest Form angenommen hatte, nahmen wir Kontakt zu jeglichen Banken in der Umgebung auf und boten ihnen unseren Börsenbrief zum Testen an. Immer mit dem grundsätzlichen Plädoyer: »Leute, wir haben hier für euch einen Börsen-

Digest, der alle wichtigen Erkenntnisse sammelt und auswertet. Wenn ihr den nehmt, habt ihr sozusagen ein Best-of.« Auf diese Weise wollten wir für eine klassische Win-Win-Situation sorgen: Wir würden mithilfe der Börsenbriefe, die wir ohnehin bezogen, ein wenig Geld verdienen, und die Banken würden sich die Ausgaben für die Vielzahl an Börsenbriefen sparen, die sie vorher bezogen hatten. Tatsächlich resultierten unsere Bemühungen schon in der Anfangszeit in einer unerwartet hohen Wandlungsquote – über 10 Prozent der Banken, denen wir unseren Börsenbrief zum Testen angeboten hatten, abonnierten diesen im Anschluss auch. So hatten wir nach kurzer Zeit bereits 500 Abonnenten zusammen und konnten so unser Geschäft wieder finanzieren. Und es kam noch besser: Nach einiger Zeit kam ein renommierter Verlag auf uns zu, der auf unseren Börsenbrief aufmerksam geworden war, und klopfte die Möglichkeit eines gemeinsamen Börsenbriefes ab – eine Chance, die wir uns natürlich nicht entgehen ließen. So entstand in Zusammenarbeit mit dem besagten Verlag schnell ein gemeinsamer Börsenbrief, der im Laufe der Jahre um einige weitere ergänzt werden sollte. Inzwischen gehören zu unserem Gesamtportfolio insgesamt acht verschiedene Börsenbriefe, die wir teilweise in Eigenregie, teilweise aber auch in Zusammenarbeit mit Verlagen veröffentlichen. Die Unterschiede zwischen den einzelnen Börsenbriefen liegen dabei in erster Linie in den gewählten Schwerpunkten sowie in der potenziellen Zielgruppe. So konzertiert sich einer der von uns veröffentlichten Börsenbriefe beispielsweise rein auf das konservative Investieren und behandelt primär Aktien mit hohen Dividenden, während ein weiterer den Fokus auf aktuelle Boom-Branchen legt und dabei auch hochspekulative Investments behandelt. Auf diese Weise versuchen wir, eine Bandbreite an Börsenbriefen in unser Portfolio zu integrieren, bei der für jeden Investment-Typen etwas dabei ist. Mit dieser Strategie sind wir im Laufe der Jahre sehr gut gefahren – nicht umsonst haben wir die Veröffentlichung unserer Börsenbriefe stets aufrechterhalten und immer wieder verbessert und erweitert. Vermutlich wären unsere Börsenbriefe auch heute noch das zentrale Werkzeug meiner medialen Präsenz – zumindest, wenn ich Mitte der 2010er-Jahre nicht eine völlig neue Art des Börsen-Journalismus für mich entdeckt hätte.

AKTIEN UND YOUTUBE – GEHT DAS?

Alles, was in Amerika gerade angesagt ist, wird Deutschland ein paar Jahre später auch erreichen. Was zunächst wie ein abgedroschenes Statement klingt, ist in vielen Bereichen unseres alltäglichen Lebens erstaunlich zutreffend. So zum Beispiel bei den Themen Mode, Musik, Entertainment – und eben auch an der Börse. Ich selbst hatte börsenbedingt schon immer einen sehr guten Draht in die Staaten und konnte diese Entwicklung dementsprechend sehr häufig hautnah miterleben. Wenn sich etwas in Amerika als Trend herauskristallisierte, war es wenige Jahre später auch in Deutschland ein Thema. Vermutlich wurde ich deshalb sofort hellhörig, als ich bereits zwischen 2012 und 2015 erstmals mitbekam, dass es in Amerika offensichtlich einen immer größer werdenden Bezug zwischen der Börse und der Web-Videoplattform YouTube zu geben schien. YouTube wurde dafür genutzt, um über die Börse zu informieren und gleichzeitig Werbung dafür zu machen. Und das mit einem Faktor, der dem herkömmlichen Börsen-Journalismus weitestgehend fehlte: Entertainment. Die Börse wurde nicht zäh durchgekaut und statisch präsentiert, sondern war plötzlich etwas Unterhaltsames. Etwas, mit dem man sich als Zuschauer gerne auseinandersetzte. An diesem Wandel fand ich sofort Gefallen. Da ich bereits seit Längerem mit dem Gedanken spielte, über das Herausgeben von Börsenbriefen hinaus auch medial aktiver zu werden, machte ich mir natürlich sofort Gedanken darüber, inwiefern ich mich selbst auch auf dieser neuen Spielwiese des Börsen-Journalismus austoben könnte. Unterhaltsame Videos über das Thema, das mich sowieso am meisten begeisterte? Mir war sofort klar, dass ich einen Weg finden musste, um dieses neue Tool für mich zu nutzen. Konkret wurden diese Überlegungen jedoch erst im Zusammenhang mit meinem heutigen kongenialen Partner Mick Knauff. Mick kannte ich bereits von verschiedenen Börsentagen, auf denen wir beide referiert und uns über die Jahre hinweg immer besser kennengelernt hatten. Ohnehin gehörte Mick damals schon zu den bekannteren Gesichtern der Börse, arbeitete unter anderem als Börsenkorrespondent für N-TV oder das Deutsche Anlegerfernsehen (DAF). Die Tür für eine ausgedehnte Zusammenarbeit zwischen uns ging jedoch erst auf, als das Deutsche Anlegerfernsehen das eigene Satellitenprogramm Mitte der 2010er-Jahre aus Kostengründen einstellen musste. Ich wusste, dass Mick sich nun eine neue Herausforderung suchen würde, und kam sofort auf die Idee, mit ihm zu kooperieren. Da die Chemie zwischen Mick und mir schon immer gestimmt hatte, sah ich also schnell die Chance, ihn fest bei uns anzustellen – zunächst einmal als bekanntes Börsengesicht, das uns mit seiner Expertise weiterbringen sollte. In der Praxis sah das so aus: Mick fing 2016 bei uns an und arbeitete zunächst mit mir an einem gemeinsamen Börsenbrief. Wie es halt so ist, kamen wir dabei dann auch immer wieder ins Gespräch über neue Möglichkeiten der börsenbezogenen Berichterstattung. Immer wieder tauschten wir Ideen darüber aus, wie wir unsere Inhalte medial weiter aufziehen könnten. Am Ende dieser Überlegungen stand dann im März 2017 der offizielle Startschuss für unseren YouTube-Kanal »aktienlust«. Ich hatte mir ja ohnehin schon vorher vorgenommen, mich einmal auf dem Portal auszuprobieren, und hatte mit Mick nun endlich jemanden an meiner Seite, mit dem ich dies gemeinsam tun konnte. Die Zusammenarbeit mit Mick kann somit also sicherlich als Auslöser für das angesehen werden, was in den Folgejahren den vermutlich größten Teil meiner medialen Präsenz ausmachen sollte.

******

Als Mick und ich 2017 das Projekt »aktienlust« in Angriff nahmen, hatten wir bereits eine sehr klare Vision davon im Kopf, was wir mit unserem YouTube-Kanal erreichen wollten. Diese Vision fand sich von

Anfang an im Namen des Kanals wieder: »aktienlust«. Wir wollten Lust auf Aktien machen. Und das nicht nur bei Menschen, die sich sowieso schon intensiv mit der Börse auseinandersetzten, sondern bei jedem. Obwohl die Vision also klar war, wussten wir trotzdem noch nicht so wirklich, was wir von dem Ganzen erwarten sollten. Denn das Medium YouTube war für uns beide Neuland. Wie läuft so ein YouTube-Dreh ab? Wie schneidet man ein daraus resultierendes Video? Was bedeutet es, ein Video zu »listen«? Auf all diese Fragen hatten wir zu diesem Zeitpunkt keine Antwort. Woher denn auch? Schließlich hatten wir bisher überwiegend auf Bühnen und in Print-Medien stattgefunden und uns noch nie intensiver mit YouTube als Plattform beschäftigt. Da wir jedoch großen Wert darauf legten, gleich zu Beginn professionell aufzutreten, stellten wir kurzerhand einen IT-Spezialisten ein, der sich fortan um diesen Teil des Projekts kümmern sollte. Wir hatten somit den Kopf frei und konnten uns uneingeschränkt auf die inhaltliche Ausrichtung sowie die Vermarktung des Kanals konzentrieren. Klar war, dass wir nicht gänzlich bei null anfangen wollten. Dies bedeutete: Wir mussten irgendwie auf die Gründung unseres Kanals aufmerksam machen. Hierfür nutzten wir zunächst unseren kostenlosen E-Mail-Verteiler, über den jeder, der sich für unsere Börsenbriefe interessiert, regelmäßig zusätzliche Gratis-Inhalte erhalten kann. Normalerweise dient dieser dazu, Interessierten ohne bestehendes Abonnement ein paar wertvolle Börseninformationen für lau zur Verfügung zu stellen und so Einblicke in unsere Arbeit zu gewähren. Da wir den Verteiler jedoch ohnehin auch nutzten, um Werbung für unsere anderen Produkte zu machen, erschien es uns passend, ihn gleichzeitig als Instrument für die Bewerbung unseres YouTube-Kanals zu verwenden – gerade vor dem Hintergrund, dass der Zugang zu unserem YouTube-Kanal ja kostenlos sein würde. Parallel zur Umsetzung dieser ersten kleinen Marketing-Strategie erarbeiteten wir außerdem ein grundsätzliches Konzept für das, was auf dem Kanal selbst stattfinden sollte. Hierzu wurde zunächst einer unserer Büroräume zu einer Art Studio umfunktioniert, in dem wir fortan unsere Videos produzieren wollten. Auch bezüglich des Aufbaus unserer Videos waren wir uns sehr schnell einig. Unser Anspruch war es von

Anfang an, über Aktien zu informieren, aktuelle Geschehnisse an der Börse zu analysieren und dabei vor allem eins zu tun: Menschen zu unterhalten und für Aktien zu begeistern. Außerdem war es uns wichtig, eine gewisse Transparenz an den Tag zu legen und regelmäßig darauf hinzuweisen, dass es sich bei dem, was wir da von uns gaben, lediglich um unsere subjektiven Einschätzungen handelte. Schließlich wollten wir keine Gurus sein, sondern einfach zwei ganz normale Typen, die ihre Leidenschaft für die Börse mit anderen teilen. Ohnehin ist dies bis heute genau das, was unsere Vorstellung vom Börsen-Journalismus ausmacht. Wir wollen einfach wir selbst sein und Menschen mit unserer Art und unserer Begeisterung für das Thema ansprechen. Da sich diese Philosophie schon seit der Gründung des Kanals konsequent durch unsere Inhalte zieht, unterschieden sich unsere ersten Gehversuche nicht allzu sehr von dem, was es heute auf »aktienlust« zu sehen gibt.

******

Mit dem Beginn unserer YouTube-Laufbahn veränderten sich für Mick und mich in erster Linie zwei Dinge: der Aufwand und der Ertrag unserer journalistischen Tätigkeiten. Vor dem Start unseres YouTube-Projektes war es ja so gewesen, dass wir uns hauptsächlich auf Börsentagen und Messen bewegt hatten, was meistens mit einem sehr großen zeitlichen und finanziellen Aufwand verbunden war. Da mussten wir uns dann meistens einen ganzen Tag freinehmen, Zeit und Geld für An- und Abfahrt einplanen, zusätzlich einen Stand organisieren, und und und. Und das alles, um am Ende froh zu sein, wenn wir für unseren Vortrag einen Saal, in den 200 Leute passten, vollgekriegt hatten. Das heißt: Effektiv erreichten wir mit einem Vortrag in der Regel 200 Menschen. Mehr Leute passen in den Standardsaal eines Börsentages nämlich nicht rein. Dass das auf YouTube gänzlich anders aussehen würde, wurde uns bereits innerhalb der ersten paar Wochen klar. In allererster Linie, weil der Aufwand für die Produktion unserer Videos ein gänzlich anderer war. Anstatt uns ganze Tage für einen Börsentag oder eine Messe freihalten zu müssen, konnten wir völlig flexibel selbst darüber entscheiden, wann und wo wir unsere Videos aufnehmen wollten. Wir hätten theoretisch sogar um drei Uhr nachts an einem Wochenende drehen können. Und das gänzlich ohne zusätzliche Kosten für Anreise und Co. Wenn das Video dann erst mal fertig abgedreht war, konnten wir ebenfalls frei darüber entscheiden, wann wir es öffentlich für unsere Abonnenten zugänglich machen wollten. YouTube bot uns also eine Art der Flexibilität, die wir in dieser Form noch nicht gewohnt waren. Und das galt ja nicht nur für uns, sondern auch für die Zuschauer. Für sie ist es natürlich auch deutlich bequemer, sich von zu Hause aus ein Video über das Handy oder den Laptop anzuschauen, als extra zu einer Messe oder einem Börsentag zu fahren. Dazu kam, dass wir auch in der Reichweite unserer Inhalte nicht mehr an irgendwelche Obergrenzen gebunden waren. Wenn in einen Saal auf einem Börsentag maximal 200 Menschen reinpassten, dann konnten sich halt auch nur diese 200 Menschen unseren Vortrag anhören. Und möglich war das auch nur zu der Zeit, zu der wir den entsprechenden Vortrag hielten. Kollidierte dieser Zeitpunkt mit anderen Terminen und Verpflichtungen, dann musste ein Anleger sich eben entscheiden. Auf YouTube war das völlig anders. Nicht nur, dass die Videos auch nach Veröffentlichung zu jedem Zeitraum abgerufen werden konnten – sie konnten auch von einer beliebig hohen Anzahl Menschen geschaut werden. Darunter konnten dann eben auch die Menschen sein, deren Interesse an der Börse zwar gegeben, aber nicht groß genug war, um extra zu einer Lesung zu fahren. Das ist ja auch völlig logisch. Dein Interesse an börsenbezogenen Inhalten muss schon ein gewisses Level erreicht haben, damit du extra Zeit und Geld investierst, um an einem möglicherweise freien Tag bei einem Börsentag aufzuschlagen. Ein YouTube-Video, das dich im schlimmsten Fall ein paar Minuten kostet, ist da schon eine andere Nummer. Das kannst du ganz entspannt zu einem Zeitpunkt deiner Wahl zwischendurch gucken – beim Frühstück, in der Bahn, wann auch immer. Da ist es ja klar, dass ein solches Video auch Zuschauer erreicht, die bei einer Lesung sicherlich nicht zu unserem Publikum gezählt hätten. Wie groß der Einfluss all dieser Faktoren ist, wurde uns schon bewusst, als unsere allerersten Videos auf der Plattform bereits nach wenigen Tagen Aufrufzahlen im mittleren dreistelligen Bereich verzeichnen konnten und vereinzelt sogar die 1000er-Marke knackten. Für uns sorgte das gerade vor dem Hintergrund unserer bisherigen Aktivitäten auf Börsentagen und Messen für große Begeisterung. Waren wir bislang noch stundenlang auf realen Veranstaltungen herumgeturnt, um eine begrenzte Anzahl an Menschen zu bespaßen, konnten wir nun einfach aus unserem Büro heraus Videos produzieren und damit auf einen Schlag mehr Leute erreichen. Klar also, dass wir uns schnell einig darüber waren, dass so ein YouTube-Kanal definitiv ein super Weg war, um unsere Begeisterung für Aktien mit anderen Menschen zu teilen. Gleichzeitig erwies sich YouTube aber auch schnell als eine geeignete Plattform, um auf unsere anderen Produkte und Dienstleistungen aufmerksam zu machen. Das war natürlich manchmal eine Gratwanderung. Niemand möchte einen YouTube-Kanal abonnieren, auf dem täglich nur für kostenpflichtige Produkte geworben wird. Schon deshalb achteten wir von Beginn an darauf, dies nicht zu penetrant und nur sehr bedacht zu tun – immerhin war es ja nicht der Sinn des YouTube-Kanals, eigene Produkte zu bewerben. Primär wollten wir weiterhin für die Börse begeistern – wenn dann noch jemand dabei war, der einen unserer Börsenbriefe abonnieren wollte, hat uns das natürlich sehr gefreut. Schließlich stehen wir zu 100 Prozent hinter den Produkten, die wir unseren Kunden anbieten. Aber: diese sollten vor allem die Zuschauer unseres YouTube-Kanals von sich aus ausprobieren, ausreichend testen und für sich selbst als passend oder unpassend befinden. Andernfalls würde es sich so anfühlen, als veröffentlichten wir unsere Videos nur, um den Leuten irgendwas anzudrehen – ein Gedanke, mit dem sich niemand von uns wohlfühlen würde.

EIN MIKROKOSMOS IM MIKROKOSMOS – WIE DIE AKTIENLUST ZU UNSERER KREATIVEN SPIELWIESE WURDE

Mit voranschreitender Zeit wurde uns immer mehr bewusst, was für ein sensationelles Portal YouTube war, wenn es darum ging, Menschen zu erreichen. Denn es ist das eine, wenn du Menschen schriftlich, beispielsweise in Form eines Börsenbriefes, adressierst. Dann kannst du nämlich lediglich mithilfe von Wörtern vermitteln, was du zum Ausdruck bringen willst. Eine audiovisuelle Bühne wie die, die uns nun mit unserem Kanal zur Verfügung stand, war da noch mal etwas völlig anderes. Nicht nur, dass du deine Inhalte allein aufgrund von Faktoren wie Mimik, Gestik und Emotionen viel plastischer rüberbringen kannst, als du es auf einer rein schriftlichen Ebene könntest – du hast außerdem den Luxus, die Qualität deiner Inhalte durch musikalische Untermalung, einen geeigneten Stil beim Schnitt und die Einbindung von Bildern und Grafiken auf ein ganz neues Level zu heben. Außerdem, und das war für uns der vermutlich wichtigste Faktor, kannst du ein Instrument einsetzen, das in analogen Medien eigentlich immer zu kurz kommt: Humor und Unterhaltung. Bei Mick und mir war es schon immer so, dass wir versucht hatten, börsenrelevante Inhalte auf einer humorvollen Ebene rüberzubringen und die Börse so insgesamt unterhaltsamer und nahbarer zu machen. Wenn wir beispielsweise einen Vortrag auf einem Börsentag hielten, unterschied dieser sich in der Regel eklatant von den Vorträgen der anderen. Und das ist bis heute so. Während viele andere ausschließlich sachlich-faktisch referieren, ist bei uns Unterhaltung angesagt. Da wird dann auch mal gelacht. Ganz einfach, weil wir Episoden und Storys auspacken, die einfach lustig sind. Und das tun wir sehr bewusst. Denn der zu ernste Umgang mit dem Thema Aktien und Investments hat über die Jahre dazu geführt, dass die Börse von vielen Menschen in eine Nische geschoben wird, in die sie definitiv nicht hingehört. Die Börse gehört nicht allein den Schlipsträgern und Banken. Sie gehört den ganz normalen Menschen und sie ist in deren Alltag genau richtig. Sie gehört an den Frühstückstisch und in die Kneipe. Dieser Ansatz, den wir im Übrigen schon immer verfolgten, war auch wegweisend, als wir uns nicht allzu lange nach der Veröffentlichung unserer ersten YouTube-Videos an die Entwicklung unseres bis heute wichtigsten und beliebtesten Formates setzten: der »aktienlust«-Börsenshow.

******

Mit einem YouTube-Kanal verhält es sich letztlich wie mit einem Börsenbrief. Denn grundsätzlich kann sich ja jeder vor die Kamera setzen und über Aktien sprechen. Bei wem das letztendlich gut oder schlecht ankommt, hängt dann wieder einmal davon ab, wie gut ein Kanal zu den jeweiligen Zuschauern passt. Mit dieser Frage setzten Mick und ich uns bereits sehr früh auseinander. Denn wie in jedem anderen Bereich wäre es natürlich auch im Finanz-Segment möglich gewesen, durch eine entsprechende Veränderung der eigenen Inhalte in Sphären einzudringen, in denen dann auch finanziell plötzlich ganz andere Türen aufgegangen wären. Als populäres und aktuelles Beispiel für eine solche Entwicklung wäre etwa Kolja Barghoorn zu nennen, der den YouTube-Kanal »Aktien mit Kopf« betreibt. Kolja fing ein paar Jahre vor uns damit an, Videos auf YouTube hochzuladen, und behandelte dabei zunächst ebenfalls das Geschehen an der Börse. Heute sieht das ein wenig anders aus. Statt um Aktientipps und Analysen dreht sich der Großteil aller »Aktien mit Kopf«-Videos mittlerweile um das aktuelle Politikgeschehen. Eine Entwicklung, die für den Betreiber selbst kaum förderlicher hätte sein können. Denn inzwischen verzeichnet der Kanal nicht nur über 400.000 Abonnenten – auch die Aufrufzahlen der einzelnen Videos bewegen sich eigentlich dauerhaft im mittleren sechsstelligen Bereich. Das ist vor allem dann der Fall, wenn es um besonders kontroverse Themen aus dem politischen Tagesgeschehen geht. Klar, dass sich damit auch deutlich mehr Geld verdienen lässt als mit den Klickzahlen, die wir in der Regel auf unseren Videos verzeichnen können. Dennoch entschieden wir uns schon früh dagegen, die Reichweite unseres Kanals durch eine schrillere Außendarstellung und ein breiteres Themenspektrum künstlich anzukurbeln. Das lag jedoch nicht etwa daran, dass wir etwas dagegen gehabt hätten, mit den Videos mehr Geld umzusetzen. Uns ging es primär darum, unserer ursprünglichen Zielsetzung an das Projekt treu zu bleiben. Wir wollten nur das machen, wovon wir auch zu 100 Prozent überzeugt waren. Wir hatten kein Interesse daran, plötzlich über Politik zu reden oder unter die Influencer zu gehen. Unser Thema waren nun einmal Aktien – und dabei wollten wir bleiben. Dass dies zwangsläufig damit einherging, dass unser Wachstum vielleicht etwas schwächer ausfallen würde als das vergleichbarer Kanäle, war für uns in diesem Fall ein notwendiges Übel, das wir vor dem Hintergrund unserer Visionen und Pläne jedoch gerne in Kauf nahmen.

******

Unser Ansatz, die Börse weg von den Banken und Schlipsträgern und hin zu den ganz normalen Leuten in den Kneipen zu bringen, spielte auch bei der weiteren Gestaltung unserer YouTube-Laufbahn eine große Rolle. Wir wollten den Menschen unbedingt vor Augen führen, wie nah man eigentlich an der Börse dran ist – auch im Alltag. Hierzu wollten wir ein regelmäßig wiederkehrendes Format ins Leben rufen, welches all die Komponenten miteinander vereinen sollte, die uns innerhalb unserer Branche oftmals zu kurz kamen: Humor, Nahbarkeit, Spaß und Unterhaltung. Als erste Inspiration diente eine TV-Show, die zwar rein gar nichts mit der Börse zu tun hatte, mich dafür aber aus anderen Gründen begeisterte: *Inas Nacht*. Vielen wird die Sendung ein Begriff sein, doch für diejenigen, die noch nie etwas davon gehört haben, möchte ich sie dennoch kurz beschreiben: Als Gastgeberin bei *Inas Nacht* lädt Ina Müller ausgewählte Gäste in eine Hamburger Kneipe ein, um sich dort mit ihnen über verschiedene Themen zu unterhalten. Für einen zusätzlichen Unterhaltungsfaktor sorgen die Einbindung der Zuschauer vor Ort sowie eine Live-Band, die für die musikalische Untermalung zuständig ist. Mir persönlich imponierte die Sendung gerade deshalb, weil es Ina immer gelang, ihre Gäste nicht als Personen des öffentlichen Lebens, sondern als ganz normale Kneipenbesucher zu präsentieren. Wenn ich mir *Inas Nacht* ansah, hatte ich nie das Gefühl, dass irgendwer in eine Rolle hineinschlüpfte oder genau darauf achtete, was er sagen konnte und was nicht. Somit wirkte das Ganze nie wie ein professionelles Interview oder eine Talkshow im Fernsehen, sondern stets wie eine lockere Kneipenrunde, in der die jeweiligen Gäste auch mal anders dargestellt wurden, als man es sonst von ihnen gewöhnt war. Ein ähnliches Gefühl wollten wir bei unseren Zuschauern ebenfalls kreieren. Wir wollten nach außen tragen, dass wir ganz normale Leute sind, die einfach gerne über Aktien sprechen – ganz ohne unnötig großen Schnickschnack. Deshalb stand für uns auch schnell fest, dass wir unsere Sendung auf keinen Fall aus einem professionellen Studio senden wollten. Stattdessen entschieden auch wir uns dafür, live aus einer Kneipe zu senden. Denn nah- und greifbarer konnte man die Börse für den ganz normalen Zuschauer von nebenan einfach nicht machen. Außerdem war ich schon recht früh ein Verfechter der Idee, ein eigenes Börsenspiel in unsere Show zu integrieren. In einem der vorherigen Kapitel habe ich ja erwähnt, wie sehr mich das 3Sat-Börsenspiel in meinen ersten Jahren an der Börse begeistert hat, und es steht völlig außer Frage, dass die Erinnerung an dieses Spiel einen entscheidenden Einfluss darauf hatte, dass ich auch in unsere Sendung ein solches Spiel integrieren wollte. Die Vorteile sah ich dabei vor allem darin, dass der unterhaltende Charakter des Spiels die Sendung etwas kurzweiliger erscheinen lassen und dem Zuschauer etwas zum Mitfiebern liefern könnte. Aus all diesen Überlegungen entstand nach einiger Zeit mit der »aktienlust«-Börsenshow das, was heute das absolute Herzstück unseres Kanals darstellt: eine lockere Börsenshow aus einer Kneipe, die neben der fachkundigen Analyse aktueller Börsengeschehnisse auch ein Börsenspiel und Live-Musik enthält. Wir hatten es somit also irgendwie geschafft, eine Mischung aus verschiedenen Formaten zu schaffen, die uns begeisterten – und YouTube war zu einer Art kreativen Spielwiese geworden, auf der wir unsere Begeisterung für die Börse ohne jegliche Einschränkungen ausleben konnten.

******

Durch den durchschlagenden Erfolg unserer »aktienlust«-Börsenshow setzten wir uns zum ersten Mal in unserer YouTube-Laufbahn intensiv mit einem Faktor auseinander, der heute essenziell für die Ausrichtung unserer Inhalte ist: unsere Zuschauerschaft und ihre Bedeutung für den gesamten Kanal. Gerade zu Beginn unserer YouTube-Laufbahn fühlte es sich noch stellenweise so an, als würden wir einfach Videos auf einer Plattform hochladen, die sich dann jeder x-beliebige Interessierte ansehen konnte. Nun, da wir eine regelmäßig stattfindende Live-Show hatten, merkten wir, dass sich unsere Zuschauerschaft immer mehr zu einer fest zusammenwachsenden Gemeinschaft von Menschen entwickelte, die sich unsere Inhalte regelmäßig ansahen. Da war es dann schon mal so, dass man die Namen der Benutzer im Chat wiedererkannte und sich an sie erinnerte – weil sie eben regelmäßig einschalteten und nicht einfach nach Lust und Laune. Man konnte also tatsächlich davon sprechen, dass wir inzwischen eine echte Community hatten – und nicht etwa irgendeine Ansammlung fremder Menschen, die hin und wieder mal reinsahen. Für uns bedeutet das, dass wir uns damit auseinandersetzen mussten, aus welcher Art von Menschen diese Community bestand und wie wir am besten dafür sorgen konnten, dass wir uns innerhalb dieser Community wohlfühlen würden. Hierfür war es wichtig, zu begreifen, welchen Zugang einzelne Teile unserer Zuschauerschaft zum Thema Börse hatten. Schließlich mussten wir logischerweise davon ausgehen, dass nicht alle unsere Zuschauer dieselben Erfahrungen und dasselbe Wissen zum Thema Börse mitbrachten. Es ging also darum, eine gewisse Balance zu finden, was die Positionierung unserer Inhalte innerhalb unserer Community anging. Dass du mit einem solchen Ansatz nicht alle gänzlich zufriedenstellen kannst, ist natürlich auch klar. Einerseits wird es erfahrene Top-Profis geben, denen die Inhalte unserer Videos und Shows womöglich zu oberflächlich erscheinen. Die werden wir vermutlich nicht vollständig abholen, weil sie vieles von dem, was wir so erzählen, schon wissen. Andererseits wird es jedoch sicherlich Anfänger und absolute Börsen-Neulinge geben, denen einige der Themen, die wir behandeln, zu komplex sind. Da kann es dann ebenfalls sein, dass die Auseinandersetzung mit unserem Kanal keinen nennenswerten Vorteil mit sich bringt. Doch das ist völlig in Ordnung so. Denn uns geht es nicht darum, eine dieser beiden Gruppen gänzlich zufriedenzustellen. Wenn dem so wäre, würden wir die Ausrichtung unseres Kanals entsprechend verändern und unsere Inhalte nur an die jeweilige Gruppe richten. Unser Ziel ist es jedoch, unsere Videos und deren Inhalte so zu gestalten, dass JEDER sie sich anschauen und für sich in irgendeiner Weise etwas daraus ziehen kann – sowohl der absolute Top-Profi als auch der Anfänger, der noch wenig Erfahrung im Umgang mit Aktien hat. Dem einen wird es mehr bringen, dem anderen weniger. Wir wollten aber vor allem eins: ein Kanal für alle sein. Das liegt – wieder einmal – an unserer Überzeugung, dass Aktien für alle da sind und sich eben auch für alle eignen. Egal, wie alt du bist. Egal, woher du kommst. Egal, was du beruflich machst.

******

Inwiefern kann der Ansatz, ein Produkt für ALLE zu entwickeln, zu nachhaltigem Erfolg führen? Wie kann es gelingen, ein solches Produkt innerhalb der eigenen Zielgruppe erfolgreich zu vermarkten? Und ist es überhaupt möglich, dies zu tun, wenn die eigene Zielgruppe nur unter dem Stichwort »ALLE« kategorisiert wird? Um diese Frage zu beantworten, können wir uns ein Unternehmen aus dem E-Commerce ansehen, welches sich mit der Zeit zu einem unserer Vorbilder gemausert hat, wenn es um die Vermarktung unseres YouTube-Kanals ging. Im E-Commerce führt heutzutage sowohl auf nationaler als auch auf internationaler Ebene kein Weg mehr an Amazon vorbei. Während wir vor einigen Jahren noch Stunden investierten, um die Preise einzelner Handelsplattformen wie Ebay und Co. miteinander zu vergleichen, führt uns heute in der Regel bereits der erste Klick auf Amazon. Und das, obwohl Amazon sich ebenfalls auf keine bestimmten Zielgruppe festgelegt hat. Es ist kein Modehaus, kein Elektro-Markt, kein Online-Shop für Sportwaren. Wieso vertrauen wir also – ganz egal, was wir brauchen – zuallererst auf Amazon? Ganz einfach: Es gibt kaum etwas, was wir dort nicht bekommen; wir kennen die Bestellungs- und Rückgabeprozesse und können außerdem davon ausgehen, dass wir das alles noch zu einem einigermaßen vernünftigen Preis bekommen. Der Großteil der Menschen wird sich also denken: Wozu soll ich denn stundenlang durch unzählige Portale und Plattformen scrollen, wenn ich doch bei Amazon schon vorher ziemlich genau weiß, was ich kriege? Mit dieser Denkweise stehen Amazon-Kunden natürlich nicht allein da. Auch in sämtlichen anderen Bereichen des Lebens gilt: Es ist immer ein Qualitätsmerkmal, wenn du deinen Kunden das Gefühl vermitteln kannst, dass sie wissen, was sie bei dir bekommen. Zumindest, wenn das, was sie bekommen, sie in ausreichendem Maße zufriedenstellt. Um sich diesen Effekt auch abseits des E-Commerce-Bereichs vor Augen zu führen, reicht bereits der Blick auf andere alltägliche Ereignisse und Gegebenheiten. Wenn du dir täglich vor der Arbeit beim Bäcker um die Ecke etwas zum Frühstücken holst und mit der Qualität und Produktauswahl zufrieden bist, kommst du ja auch nicht von heute auf morgen auf die Idee, plötzlich sämtliche andere Bäckereien in der Umgebung auszuprobieren. Oder, um es noch greifbarer zu machen: Kaufst du dir seit Jahren in regelmäßigen Abständen das neueste iPhone und bist mit der Qualität, dem Service und den Funktionen zufrieden, wirst du mit hoher Wahrscheinlichkeit auch nicht plötzlich darauf kommen, es mit Nokia, Samsung und Huawei zu probieren. Warum ich all das erwähne? Weil genau das die Vision war, die sich innerhalb der ersten Jahre unserer YouTube-Laufbahn mehr und mehr in unsere Köpfe brannte. Wir wollten so etwas wie das Amazon der Aktien-Welt auf YouTube werden. Wir wollten der Kanal werden, auf den die Leute gehen würden, wenn sie sich auf YouTube über Aktien und die Börse informieren wollten. Und das war definitiv leichter gesagt als getan. Denn nachdem das Interesse an Inhalten zum Thema Aktien mit der Zeit immer größer wurde, begannen auch immer mehr Menschen aus dem Börsen-

Umfeld, sich als Finanz-Influencer zu versuchen. Logischerweise führt dies ab einem bestimmten Punkt zu einer gewissen Überfrachtung innerhalb der potenziellen Zuschauerschaft. Wenn irgendwann Hunderte Kerle meinen, etwas zu wissen und ihre Börsentipps auf YouTube veröffentlichen zu müssen, stellst du dir als möglicher Konsument natürlich irgendwann gewisse Fragen: Wem kann ich vertrauen? Wen soll ich mir denn überhaupt angucken? Und genau dieser Entwicklung versuchen wir als Team von »aktienlust« ein Stück weit entgegenzuwirken, indem wir unseren Zuschauern eine Bandbreite an Themen und Meinungen bieten, bei der für jeden etwas dabei ist. Zu diesem Zweck begannen wir auch irgendwann, den gesamten »aktienlust«-Kanal etwas breiter aufzustellen. So treten in unseren Formaten inzwischen nicht mehr lediglich Mick und ich in Erscheinung, sondern neben uns auch verschiedene andere renommierte Aktien-Experten. Denn das Amazon der Aktien-YouTuber wird natürlich niemand, der seinen Zuschauern Woche für Woche die gleichen beiden Typen vor die Nase setzt. Unsere Vision sah es vielmehr vor, dem Zuschauer das Gefühl zu vermitteln, dass er auf unserem Kanal eben nicht nur unsere Beiträge und Meinungen, sondern die verschiedener Profis mit ausreichender Expertise vorfindet. Nur so kann dann letztlich jeder Zuschauer die für sich passenden Inhalte auf unserem Kanal ausfindig machen. Und ob es nun letztlich ein Mick Knauf, ein Jens Will, ein Martin Utschneider oder eine Finanzdiva Katja Eckardt ist – letzten Endes tragen sie alle ihren Teil dazu bei, diese Vision Realität werden zu lassen.

»AKTIEN KANN JEDER« – DIE RÜCKKEHR ZUM ANALOGEN MEDIUM

Wenn Leute mich heute fragen, warum ich trotz fortschreitender Digitalisierung auf die Idee gekommen bin, meine Leidenschaft für die Aktienwelt nun in Form eines Buches festzuhalten, lautet die kurze und ehrliche Antwort zunächst einmal: Weil es einen Verlag gab, der mit dieser Idee auf mich zugekommen ist. Doch das ist natürlich nur ein Teil der Wahrheit. Ja, der Ursprung der Idee ist tatsächlich darauf zurückzuführen, dass mir von einem Verlag der Vorschlag gemacht wurde, die Inhalte meiner Videos auch in Form eines Buches nach außen zu tragen. Doch die Überzeugung, es dann auch tatsächlich zu tun, ist primär auf andere, wichtigere Gedankengänge zurückzuführen. Die wichtigsten dieser Gedankengänge habe ich bereits im Vorwort dieses Buches aufgegriffen. Darüber hinaus spielt natürlich auch ein Faktor eine wichtige Rolle, der im Zeitalter von Social Media und Co. kaum wegzudenken ist: die Reichweite. Mein Ziel war es ja schon immer, alle möglichen Wege und Kanäle auszuschöpfen, um Menschen zu erreichen und sie für Aktien zu begeistern – gerade, weil ich es in der heutigen Zeit einfach für notwendig halte, dass Menschen die Börse kennenlernen. Und es ist nun mal einfach so, dass nicht jeder Mensch sich in seinem Medienkonsum auf YouTube und andere digitale Plattformen konzentriert. Das wird mir tagtäglich in meinem engsten familiären Umfeld vor Augen geführt. So ist meine Frau beispielsweise überzeugte Kindle-Userin – und auch ich selbst lese immer noch sehr gerne und regelmäßig Bücher. Zwar nicht über Kindle, dafür aber in der klassischen Ausführung als Taschenbuch oder Hardcover. Dementsprechend ist es einfach nur logisch, dass du über ein eigenes Buch noch einmal neue Zielgruppen erreichst, die dem Thema Aktien offen gegenüberstehen, jedoch nicht regelmäßig auf YouTube und Co. unterwegs sind. Für noch wichtiger als die bloße Ausdehnung der Reichweiten erachte ich jedoch eine andere Komponente: den inhaltlichen Umfang des Ganzen. Auf YouTube bietet sich natürlich eine Reihe an Möglichkeiten, um Menschen Lust auf Aktien zu machen und sie für einen eigenen Börseneinstieg zu begeistern. Fakt ist aber auch: Du wirst auf YouTube niemals die Gelegenheit haben, diese Möglichkeiten in dem Umfang auszuschöpfen, in welchem du es im Rahmen eines Buches tun kannst. Das ist der große Vorteil, den das Buch als Medium für mich persönlich mit sich bringt: Ich kann das, was ich sonst in einem YouTube-Video behandeln würde, deutlich ausführlicher und detaillierter behandeln. So ausführlich und detailliert, dass diejenigen, die sich wirklich intensiv mit mir und meinen Gedanken auseinandersetzen wollen, voll auf ihre Kosten kommen. Diese Möglichkeit habe ich auf YouTube schlichtweg nicht. Würde ich nämlich all das, was ich in diesem Buch aufschreibe, in einem Video behandeln, wären das ja zig Stunden an Material – das tut sich freiwillig vermutlich doch keiner an. Bei einem Buch ist das etwas anderes. Du kannst es überall mit hinnehmen, zwischendurch ein paar Seiten lesen, dir im Buch selbst Notizen machen und dich viel bewusster mit den Inhalten auseinandersetzen, als du es vielleicht bei einem YouTube-Video tun würdest. Dazu kommt, dass die Ausführlichkeit eines Buches in einigen Fällen auch einfach notwendig ist, um das zu erreichen, was noch immer mein übergeordnetes Ziel ist. Ich möchte den Menschen ja nicht einfach nur Lust auf Aktien machen, sondern es ihnen auch ermöglichen, den Schritt an die Börse zu wagen und dort erfolgreich zu sein. Und was eignet sich da besser als eine Art Nachschlagewerk, in das du immer wieder reingucken kannst, wenn du dich noch einmal intensiver mit einzelnen Börsen-Phänomenen auseinandersetzen möchtest? Ein Nachschlagewerk, welches dir neben persönlichen Anekdoten und Erklärungen einzelner Prozesse außerdem einen Leitfaden dafür liefert, auf welche Art und Weise du das Abenteuer Börse für dich selbst in Angriff nehmen kannst. Denn genau das ist es, was dich als Leser im nächsten und vermutlich wichtigsten Teil dieses Buches erwartet.

TEIL 3:

UND JETZT DU!

MEIN GUIDE FÜR DEINE ERSTEN SCHRITTE AN DER BÖRSE

WIE BEGINNT DEIN WEG AN DER BÖRSE?

Nachdem ich nun lang und breit erklärt habe, wie die Dynamik der Börse funktioniert und wie ich selbst es geschafft habe, meine Begeisterung für Aktien über Jahrzehnte hinweg aufrechtzuerhalten und an andere weiterzugeben, wird sich der Großteil der Leser nun vermutlich zu Recht zentrale Fragen stellen: Wie genau gehe ICH das Abenteuer Börse denn nun am besten an? Welche Schritte sind es, die ICH unternehmen muss, um möglichst erfolgreich an der Börse zu agieren, ohne dabei den Spaß und die Begeisterung zu verlieren? Mit welchen Chancen und Risiken werde ICH mich in den kommenden Jahren konfrontiert sehen, wenn ich den Schritt an die Börse wage? Mit diesen Fragen und möglichen Antworten darauf möchte ich mich im folgenden Teil dieses Buches näher auseinandersetzen. Fakt ist jedoch: Es gibt nicht DEN einen Fahrplan, mit dessen Hilfe es JEDER schaffen kann, an der Börse erfolgreich zu sein. Zwar gibt es einige weit verbreitete Börsenweisheiten, an denen sicherlich etwas Wahres dran ist, doch alles in allem ist die Börse viel zu komplex, um sie auf eine einzige Musterlösung herunterzubrechen. Deshalb sollte das, was ich in diesem Teil des Buches zum Besten gebe, auch als das verstanden werden, was es ist: meine persönliche Meinung. Im Grunde kann man es sogar als eine Art Gedankenexperiment verstehen: Ich skizziere, wie ich vorgehen würde, wenn ich in der heutigen Zeit an der Börse einsteigen würde, sollte ich als vollständiger Laie komplett neu beginnen. Oder: Wie ich es einem Laien raten würde, wenn er sich ein Beispiel an mir und meiner Haltung zum Thema Aktien nehmen möchte. Der aus dieser Skizze resultierende

Vorschlag kombiniert also die Mechanismen, die ich im ersten Teil des Buches dargestellt habe, mit dem Anlegerverhalten, das ich mir in den vergangenen Jahrzehnten angeeignet habe. Dennoch ist es natürlich jedem offengestellt, inwiefern er sich an diesem Vorschlag orientieren möchte.

SCHRITT 1: FÜHRE EINE BESTANDS-AUFNAHME DURCH!

Bevor wir im Rahmen unserer Börsenkarriere auch nur einen einzigen Euro in die Hand nehmen, ist es notwendig, mit ein paar Klischees zum Thema Aktien zu brechen. Bis heute sind viele Menschen davon überzeugt, dass der Handel mit Aktien nur der Oberschicht vorbehalten ist und für den Otto-Normalverbraucher keine reellen Chancen bereithält. Vermutlich werden sogar einige Menschen – beispielsweise Studenten, Azubis oder Alleinerziehende – dieses Buch in der Hand gehalten und gedacht haben: Aktien kann jeder? Na toll! Mir bleiben am Ende des Monats vielleicht 30 Euro – so weit komme ich damit nicht. Und ja: Es gab sicherlich Zeiten, in denen diese Einschätzung so falsch nicht gewesen wäre. Heutzutage bietet die Börse allerdings unzählige Möglichkeiten, um auch als Mensch mit einem unterdurchschnittlichen Einkommen davon zu profitieren. Während es zu Zeiten von hohen Ausgabeaufschlägen für Fonds noch größerer Budgets bedurfte, um an der Börse tätig zu sein, ist der Markt heute durch verschiedene Arten von Sparplänen und ETFs so barrierearm wie nie zuvor. Ob du nun also 50, 500 oder 5000 Euro pro Monat zur Verfügung hast – lohnen kann und wird es sich immer. Wichtig ist nur, den geeigneten Umgang mit der eigenen finanziellen Situation zu finden. Hierfür ist noch vor jeder konkreten Überlegung über einzelne Aktien und Investments ein einfacher bürokratischer Schritt vonnöten: die Bestandsaufnahme.

******

Wenn ich im Hinblick auf einen Neuanfang an der Börse von einer Bestandsaufnahme spreche, bedeutet das vor allem, sich ein genaues Bild davon zu machen, welche Mittel für den Einstieg zur Verfügung stehen. Analog zu den gängigsten Geldzu- und -abflüssen wie Gehalt und Miete erscheint es ratsam, diese Frage auf der Basis von monatlichen Ein- und Ausgaben zu beantworten. Konkret solltest du dir also diese Fragen stellen: Wo stehe ich? Wo will ich hin? Und was bleibt mir am Ende eines jeden Monats übrig? Wie ich anfangs bereits erläutert habe, ist es wichtig, wirklich nur das Geld für die Börse einzuplanen, das du – wenigstens für einen Zeitraum von fünf Jahren – nicht anderweitig benötigst. Es lohnt sich also, neben der Dokumentation der eigenen Einkünfte und Vermögensbestände eine konkrete Übersicht über alle monatlichen Kosten anzufertigen. Hierbei solltest du immer zwischen fixen und variablen Kosten unterscheiden. Die fixen Kosten lassen sich in den meisten Fällen ohne größere Bemühungen zusammenfassen. Dazu gehören all jene Kosten, die regelmäßig auf dich zukommen und die keine oder nur minimale Schwankungen aufweisen: deine Miete, Versicherungen, Telefonverträge, Abonnements, Mitgliedsbeiträge für Vereine oder Fitnessstudios und und und. Diese Kosten sind elementarer Bestandteil deines Alltags und kommen Monat für Monat neu auf dich zu. Somit sind sie schon einmal grundsätzlich von deinem monatlichen Einkommen abzuziehen. Die Ermittlung der variablen Kosten erfordert derweil ein bisschen mehr Weitsicht. Sie umfassen nämlich vor allem größere Einmalzahlungen, beispielsweise Urlaube oder teurere Anschaffungen. Kaufst du dir beispielsweise nach jeder neuen Apple-Keynote das neueste iPhone, solltest du auch diese Ausgaben bei der Bestimmung deiner variablen Kosten berücksichtigen. Dazu kommen dann noch all die variablen Kosten, die plötzlich auftreten können – beispielsweise kurzfristige Reparaturen oder aus der Notwenigkeit heraus geborene Neuanschaffungen. Ähnlich wie der Rest der variablen Kosten steigen auch diese Kosten analog zu deiner Lebenssituation. Besitzt du zum Beispiel schon ein Eigenheim und führst deinen eigenen Haushalt, ist es deutlich wahrscheinlicher, dass mal eine Waschmaschine kaputt geht oder etwas im Keller repariert werden muss. Um auch auf solche

Ereignisse bestmöglich vorbereitet zu sein, empfehle ich grundsätzlich, immer mindestens zwei, besser noch drei Monatsgehälter als Reserve für unvorhersehbare Ausgaben zur Seite zu legen. So verhinderst du, dass du irgendwann von plötzlich auftretenden Kosten überrascht wirst und dir denkst: Ach du Scheiße, was mache ich denn jetzt?

******

Wenn du deine Bestandsaufnahme sorgfältig durchgeführt hast, solltest du nun einen Betrag vor Augen haben, den du monatlich zur freien Verfügung hast. Einen Betrag, bei dem du sagen kannst: »Ich lebe jeden Monat mein Leben, kenne meine Einnahmen und Ausgaben – das ist der Betrag, den ich zum Investieren übrig habe.« Das können letztendlich 100 Euro sein, es können 500 sein, vielleicht auch 1000. Und selbst wenn es nur 50 Euro sein sollten, lohnt es sich, sich damit zu beschäftigen. Denn bevor du diese 50 Euro auf ein Sparbuch packst und zu den derzeit üblichen Zinssätzen versauern lässt, kannst du auch einfach einen ETF-Sparplan eröffnen oder einzelne Aktien besparen. Warum das immer mehr Sinn macht, werde ich später noch einmal ausführlicher erklären. In Bezug auf deine Bestandsaufnahme solltest du dir aber stets in Erinnerung rufen: Je früher du damit anfängst, deine Finanzen zu sortieren und an der Börse tätig zu sein, desto mehr wird es sich auf lange Sicht lohnen. Gerade, wenn du bereits in jungen Jahren deine ersten Gehversuche an der Börse unternimmst, wirst du langfristig automatisch von der geleisteten Vorarbeit und den gemachten Erfahrungen profitieren. Der einfachste Grund hierfür: die Zeit. Tätigst du bereits in jungen Jahren deine ersten Investments, kannst du es dir eher erlauben, risikoreiche Investments in junge Unternehmen zu tätigen, die sich vielleicht erst in 10, 20 oder 25 Jahren auszahlen werden. Unternehmen, bei denen du dir sagst: »An dieses Unternehmen glaube ich. Ihm gebe ich auch mal zehn Jahre Zeit, in denen es sich entwickeln kann.« Wer das vor 25 Jahren mit Google getan hat, ist heute reich. Und das konnte jeder tun. Allein dieser Gedanke sollte Motivation genug sein, um sich so früh es nur geht um die allererste Bestandsaufnahme zu kümmern.

SCHRITT 2: FINDE HERAUS, WELCHER ANLEGERTYP DU BIST!

Nicht jeder, der im Börsenumfeld tätig ist, gehört zum gleichen Menschenschlag. Wie in jedem anderen Bereich des Lebens herrscht auch unter Anlegern ein großes Maß an Heterogenität. Manche lieben es, Neues kennenzulernen, andere setzen eher auf das Altbewährte. Manche mögen das Risiko, andere scheuen es. Manche geben ihr Geld gerne für Luxusgüter aus, andere leben genügsamer. Aus all diesen Charakteristika ergeben sich verschiedene Anlegertypen, die an der Börse unterschiedliche Verhaltensmuster an den Tag legen. Willst du also nach deiner abgeschlossenen Bestandsaufnahme tatsächlich damit beginnen, an der Börse tätig zu sein, solltest du dich im nächsten Schritt damit auseinandersetzen, welchem Anlegertypen du selbst entsprichst. Denn was hättest du schon davon, riskante Investments in Trend-Unternehmen zu tätigen und dann nachts nicht schlafen zu können, weil du eigentlich kein risikofreudiger Mensch bist? Richtig: nichts.

******

Den Grundstein für die Existenz verschiedener Anlegertypen bilden zunächst die verschiedenen Zielsetzungen und Motivationen, die dem eigenen Handeln an der Börse zugrunde liegen können. Dass es davon viele verschiedene gibt, sollte logisch sein. Schließlich benötigt ja jeder potenzielle Anleger für sich eine Antwort auf die Frage, warum er das Ganze überhaupt machen sollte. Die Antwort auf diese Frage hat in den allermeisten

Fällen etwas mit Geld zu tun. Viele denken, dass die Börse vor allem ein Instrument ist, das ihnen zu schnellem Reichtum verhelfen kann. Ein paar Jahre Börse, um danach nicht mehr arbeiten zu müssen – das klingt doch eigentlich verlockend, oder? Ich möchte vor allem im Hinblick auf die weiteren Teile dieses Kapitels vorwegnehmen, dass ich diese Motivation grundsätzlich für falsch halte. Wer mit dem Ziel, ein solches Leben zu führen, an der Börse einsteigt, tut dies immer mit der Absicht, eines Tages zu verkaufen. In meinen Augen ist gerade das der falsche Ansatz. Ich investiere nicht, um zu verkaufen. Ich investiere, um ein Vermögen aufzubauen. Der Grund dafür klingt vielleicht abgedroschen, ist aber wahr: Geld allein macht nicht glücklich. Da sollten wir uns ja alle einig sein. Als Teil eines nachhaltig aufgebauten Vermögens kann Geld aber etwas anderes tun: beruhigen. Wenn ich ein schönes und gesundes Aktiendepot in der Hinterhand habe, dann ist das schon auch beruhigend – ähnlich wie beispielsweise eine vollständig abbezahlte Immobilie. Denn ich weiß ja: In der Theorie KÖNNTE ich Teile davon verkaufen und Gewinne realisieren. Dieser Gedanke hilft nicht nur dabei, entspannter zu leben. Er schafft auch Sicherheit. Ähnlich wie das Aktienportfolio selbst, welches in der Praxis nämlich genau dazu dienen sollte: zur eigenen Sicherheit. Je nach persönlichem Denkmuster lässt sich mit dieser Sicherheit unterschiedlich umgehen. Einige werden das Ziel haben, sie ab einem gewissen Punkt für sich selbst zu nutzen und sich beispielsweise den Traum von einem eigenen Haus zu erfüllen. Andere könnten es derweil vorziehen, die gewonnene Sicherheit an Folgegenerationen weiterzugeben und so zum Beispiel langfristig für die eigenen Kinder vorzusorgen. Wie du diesen Teil des Anlegens handhabst, hängt vor allem von deinen persönlichen Prioritäten und Lebensvorstellungen ab.

Fakt ist aber: Deine zentrale Motivation sollte beim Anliegen immer darin liegen, langfristig etwas Dauerhaftes aufzubauen.

******

Ausgehend von der Prämisse, dass du als Anleger das oberste Ziel hast, langfristig etwas aufzubauen und an Vermögen zu gewinnen, kannst du dich nun mit der Frage beschäftigen, wie du diesen Weg bestreiten willst. Wie ich bereits erwähnt habe, hängt unser Verhalten an der Börse maßgeblich von unserem Naturell ab. Tatsächlich gibt es – unter anderem im Internet oder als Teil von wirtschaftsbezogener Literatur – ganze Testreihen, die zur Reflektion des eigenen Anlegerwesens anregen sollen. Im Rahmen dieser Tests wirst du in den meisten Fällen mit Fragen wie diesen konfrontiert werden:

- Welche Ziele hast du?
- In welchem Zeitrahmen möchtest du diese Ziele erreichen?
- Wie viel Zeit kannst du erübrigen, um dich mit der Börse zu beschäftigen?
- Bist du bereit, Zeit in die Auseinandersetzung mit börsenbezogenen Themen zu investieren?
- Wie wichtig ist dir finanzielle Sicherheit?
- Wie gut kommst du mit Schwankungen und Veränderungen im finanziellen Bereich klar?
- Wie viel Geduld hast du, wenn es um finanzielle Entwicklungen geht?
- Wie gerne gehst du ins Risiko?
- Agierst du lieber defensiv oder offensiv?
- Wie hoch ist deine Angst vor Verlusten?
- Wie lange denkst du normalerweise nach, bevor du eine Entscheidung triffst?

Für die Beantwortung dieser Fragen solltest du in allererster Linie dein Verhalten im Alltag reflektieren. Denn die Verhaltensmuster, die du in anderen Lebenssituationen an den Tag legst, lassen sich größtenteils auf dein potenzielles Anlegerverhalten übertragen. Gehörst du beispielsweise zu den Menschen, die es auch im privaten Bereich überhaupt nicht ertragen, mal längere Durststrecken zu durchleben, solltest du an der Börse einen Weg wählen, bei dem das maximale Risiko begrenzt ist. Auf eine ähnliche Weise lassen sich auch für die anderen Fragen Analogien zu deinem Privatleben herstellen. Diese solltest du dir unbedingt noch vor deinen ersten Investments anschauen und zu Herzen nehmen. Gelingt es dir bereits frühzeitig, dein eigenes Verhalten in Bezug auf börsenrelevante Situationen zu reflektieren und einzuordnen, ist das einer der wichtigsten Grundsteine für ein erfolgreiches Anlegerleben.

SCHRITT 3: FINDE HERAUS, WIE DU DIE BÖRSE IN DEIN LEBEN INTEGRIEREN MÖCHTEST!

Viele Menschen, die sich noch nicht ausreichend mit der Börse beschäftigt haben, denken, dass das Leben als Anleger einem weiteren Full-Time-Job gleichkommt, dem man rund um die Uhr nachgehen muss. Mit der Realität hat das nicht viel zu tun. Natürlich gibt es sehr viele Menschen, mich eingeschlossen, die sich ausgesprochen intensiv mit der Börse befassen, viel darüber lesen, häufig darüber sprechen. Auch deshalb existiert ein schier endloses Angebot an börsenbezogenen Medien: Bücher, Magazine, Podcasts und und und. Doch letztendlich entscheidest nur du selbst, wie viel Zeit du tatsächlich investieren möchtest, um dich mit dem Thema Börse auseinanderzusetzen. Am Ende des Tages sind Anleger immer noch individuell – und nicht jeder bringt genug Zeit und Interesse mit, um sich tiefergehend mit der Börse und ihren Eigenarten zu beschäftigen. Nicht umsonst lautet eine der Fragen, die du dir bei der Bestimmung deines Anlegertypen stellen solltest: »Bist du bereit, Zeit in die Auseinandersetzung mit börsenbezogenen Themen zu investieren?« Um zu verdeutlichen, dass du diese Frage durchaus auch mit einem »Nein« beantworten kannst, möchte ich erneut auf ein Zitat von André Kostolany verweisen. Dieser gab einmal zu Protokoll, man könne sich einfach einen »Strauß Aktien« kaufen, anschließend in die Apotheke gehen, um sich Schlaftabletten zu besorgen und diese nehmen. Wache man dann fünf Jahre später aus seinem Dornröschenschlaf auf, könne man fest davon ausgehen, in der Zwischenzeit ein Vermögen angehäuft zu haben. Was Kostolany mit dieser Metapher ausdrücken möchte: Du kannst auch langfristig von der Börse profitieren, ohne dich täglich mit dem Thema auseinandersetzen zu müssen. Und das stimmt. Denn heutzutage gibt es einige Anlegemöglichkeiten, die es dir erlauben, dich überhaupt nicht mit dem Thema zu beschäftigen. Eine der gängigsten: Sparpläne. Diese eignen sich vor allem für Menschen, die keine großen Budgets zur Verfügung haben und bieten darüber hinaus den Vorteil, dass eigentlich alles automatisch und ganz ohne dein Zutun geschieht. Bei Sparplänen für einzelne Aktien funktioniert das so: Du investierst für jeden abgesteckten Zeitraum – beispielsweise monatlich oder quartalsweise – eine festgelegte Summe X in die Aktie eines bestimmten Unternehmens. Abhängig vom Kurs des Unternehmens sowie der Höhe der Summe X erhältst du dafür Anteile. Hast du nach der Bestandsaufnahme etwa festgestellt, dass dir jeden Monat 100 Euro zum Investieren zur Verfügung stehen, könntest du diese 100 Euro beispielsweise im Rahmen eines Sparplans jeden Monat in ein festgelegtes Unternehmen Y investieren. Dadurch, dass du also monatlich mit einer festen Summe X Wertpapiere bzw. Bruchteile davon kaufst, geschieht das so, dass du in guten Zeiten weniger Anteile erhältst, in schlechteren dafür mehr. Das Gute daran: Du musst dir überhaupt keine Gedanken darüber machen, ob die Kurse gerade steigen oder fallen, ob sie derzeit hoch sind oder tief. Durchlebt das Unternehmen gerade eine Krise? Ist der Aktienkurs möglicherweise gerade an seinem Peak? Ist gerade dieses oder jenes? All das kann dir in diesem Fall im Grunde scheißegal sein. Dass das so ist, liegt am sogenannten Cost Average Effect – zu deutsch: Durchschnittskosteneffekt. Wie der Name schon sagt, sorgt der Cost Average Effect dafür, dass du im Rahmen eines Aktiensparplans im Durchschnitt zu einem günstigen Preis einkaufst. Das liegt daran, dass der Kurs des Unternehmens Y zwar schwanken kann, die Höhe deiner investierten Summe X jedoch jeden Monat konstant gleich bleibt. Dadurch wird mehr gekauft, wenn die Kurse gerade niedriger sind, und weniger, wenn sie gerade hoch sind. Die Monate, in denen du aufgrund des gestiegenen Kurses weniger Anteile erhältst, gleichen also die Monate aus, in denen du aufgrund des gefallenen Kurses quantitativ besser abschneidest. Denn du nimmst ja keine Einmalzahlung vor, sondern investierst kontinuierlich weiter. Und um das erfolgreich zu tun, musst du nicht eine Sekunde deiner Freizeit opfern.

******

Selbstverständlich wählen nicht alle Anleger den von Kostolany dargestellten Weg von Blumenstrauß und Schlaftabletten. Viele Menschen ziehen es vor, sich aktiv mit der Börse zu beschäftigen und auch in ihrer Freizeit börsenrelevante Medien zu konsumieren. Das hat gute Gründe. Letztendlich verhält es sich mit der Börse nämlich so wie mit dem Muskelaufbau im Fitnessstudio: Engagement zahlt sich aus. Wer mehrmals wöchentlich pumpen geht, auf seine Ernährung achtet und sich regelmäßig mit dem Thema auseinandersetzt, wird nach einiger Zeit sehr wahrscheinlich auch die entsprechenden Resultate im Spiegel sehen können. Bei Aktien ist das genauso. Je mehr Zeit du aufwendest, um dich über Aktien und über die Börse zu informieren, desto größer wird auch der Nutzen sein, den dir diese investierte Zeit beschert. Denn Börsenbriefe, Magazine und Co. informieren nicht nur über die Börse, sie inspirieren auch. Das kannst du vor allem dann nutzen, wenn es darum geht, auf Investment-Ideen zu kommen, die dir in deinem alltäglichen Leben schlichtweg nicht begegnen. Ein gutes Beispiel hierfür: die Aktie der Nvidia Corporation, die lange Zeit DIE KI-Aktie schlechthin war. Als Hersteller von Grafikchips für Computer gehört die Nvidia Corporation zu den Unternehmen, die im Alltag für die allermeisten von uns nicht unbedingt sichtbar sind. Wie denn auch? Da müsste man ja schon hergehen und eigenhändig einen Computer aufschrauben, um einen solchen Chip im Alltag zu Gesicht zu kriegen. Und wenn wir ehrlich sind, werden auf diese Idee wohl nur die allerwenigsten von uns kommen. Wenn du dich jedoch aktiv mit börsenrelevanten News beschäftigst, vielleicht sogar einen Börsenbrief abonniert hast oder auf verschiedenen YouTube-Kanälen unterwegs bist, ist die Wahrscheinlichkeit gleich deutlich höher, dass du auch mal auf einen Artikel oder ein Video über die besagte Aktie stößt. Die Praxis zeigt also: Es kann sich auf alle Fälle lohnen, Zeit und Engagement in die weiterführende Auseinandersetzung mit der Börse zu stecken – auch finanziell.

******

Wie viele andere Dinge hängt auch die Frage nach dem Ausmaß, in dem du dich mit der Börse beschäftigen möchtest, von zwei entscheidenden Faktoren ab: Kosten und Nutzen. Denn die intensive Auseinandersetzung mit der Börse kostet. Zum einen Zeit, zum anderen aber auch Geld. Nehmen wir einmal ein Medium, das sich innerhalb der Anleger-Community großer Beliebtheit erfreut: den Börsenbrief. Dieser kostet nämlich Geld, das zunächst einmal verdient werden muss. Wenn du beispielsweise ein Budget von 10.000 Euro hast, davon jedoch 1000 Euro jährlich in einen Börsenbrief steckst, dann stimmt schon einmal grundsätzlich das Verhältnis nicht. Deswegen würde ich gerade Anfängern dazu raten, zunächst auf Angebote zurückzugreifen, die geringere – oder im besten Fall gar keine – Kosten verursachen. Neben den zahlreichen kostenlosen Inhalten auf YouTube, Instagram und Co. eignen sich hierzu vor allem die günstigen Test-Abos, die es zu beinahe jedem Börsenbrief gibt. Diese bieten die Herausgeber meist deshalb zum günstigen Preis an, weil sie den Konsumenten die Chance geben möchten, den jeweiligen Börsenbrief überhaupt erst einmal kennenzulernen. So kannst du dir den Brief in Ruhe anschauen und für dich entscheiden, ob er zu dir passt. Da du solche Test-Abos zu jedem Zeitpunkt problemlos kündigen kannst, würde ich dir grundsätzlich empfehlen, es mit ein paar solcher Abos zu probieren, bevor du dich letzten Endes für oder gegen das Abonnieren eines Börsenbriefs entscheidest. Spätestens bei der Auswahl der Test-Abos, die du ausprobieren möchtest, solltest du dann auch merken, wieso es so wichtig war, dir bereits im Vorfeld Gedanken darüber zu machen, welchem Anlegertypen du am ehesten entsprichst. Diese Info wird dir nämlich eine große Hilfe sein, wenn es darum geht, zu beurteilen, welche Börsenbriefe möglicherweise zu dir passen könnten und welche nicht. Denn die Anzahl der existierenden Börsenbriefe ist deutlich höher, als man zunächst meinen mag. Es gibt im Grunde zu jedem Thema und für jeden Anlegertypen einen geeigneten Börsenbrief. Klar also, dass die Auswahl letztendlich leichter fällt, wenn du für dich bereits festgelegt hast, mit welchen Strategien du dich anfreunden kannst und mit welchen nicht. Hast du beispielsweise bereits im Vorfeld festgestellt, dass du eher zu den konservativen Anlegern gehörst, brauchst du ein Test-Abo eines spekulativen Hotstock-Börsenbriefes gar nicht erst in Erwägung ziehen. Stattdessen kannst du dich für Test-Abos entscheiden, die in deinen Augen besser zu dir als Anlegertyp passen. Im Rahmen dieser Test-Abos solltest du im Idealfall schnell für dich herausfinden, ob die jeweiligen Börsenbriefe auch über das Test-Abo hinaus zu dir passen könnten. Hierfür gibt es in meinen Augen eine ganz einfache Faustregel: Wenn du dich mit dem Börsenbrief sicherer und wohler fühlst und er dich auf neue Ideen bringt, wird es sich lohnen, ihn auch über das Test-Abo hinaus zu abonnieren. Ist dies nicht der Fall, solltest du besser darauf verzichten.

******

Falls du für dich entscheidest, dass du dich zwar tiefergehend mit der Materie befassen, allerdings nicht auf kostenpflichtige Materialien zurückgreifen möchtest, würde ich dir empfehlen, dich zunächst auf den gängigen Social-Media-Plattformen wie YouTube, TikTok und Instagram umzusehen. Die hier vorgestellten Inhalte sind meistens leicht konsumierbar und eignen sich gut dafür, sich ein wenig vorzutasten. Vor allem auf YouTube gibt es inzwischen zahlreiche Kanäle, die dir die Möglichkeit geben, dich intensiver mit der Thematik zu befassen. Hierzu gehört natürlich auch unser Kanal »aktienlust«. Allerdings gilt auch hier die Devise: Das, was du konsumierst, muss zu dir passen. Deswegen solltest du auf der Suche nach geeigneten YouTube-Kanälen nicht wahllos alles konsumieren, sondern immer auch darauf achten, dass das, was dir da angezeigt wird, zu dir und deinem Denken passt. Bist du beispielsweise primär auf der Suche nach guten Trading-Tipps, also Tipps für den kurzfristigen Kauf und Verkauf von Wertpapieren für schnelle Gewinne, wärst du auf unserem Kanal vermutlich falsch. Das liegt daran, dass wir in unserem Denken eher mittel- bis langfristig orientiert sind und somit auch unsere Inhalte wenig bis gar nichts mit Trading zu tun haben. Bist du jedoch ohnehin an genau dieser Art des Anlegens interessiert, wirst du bei uns höchstwahrscheinlich gut aufgehoben sein. Ähnlich wie bei Börsenbriefen und anderen kostenpflichtigen Angeboten gilt also auch bei YouTube und Co.: Finde Quellen, die zu dir und deinem Anlegerverhalten passen. Zudem solltest du – insbesondere bei Quellen im Internet – besonderen Wert darauf legen, dass du den jeweiligen Quellen vertrauen kannst. Durch eine gründliche Prüfung der jeweiligen Quellen kannst du sichergehen, dass du neben möglicherweise inkompatiblen Denkweisen auch vor Betrug ausreichend geschützt bist.

******

Wie du anhand der verschiedenen vorgestellten Quellenarten gemerkt haben wirst, gibt es zahlreiche Möglichkeiten, wie du deinen eigenen Umgang mit der Börse gestalten kannst. Du kannst dich zurücklehnen und gar nichts konsumieren, kannst dir ab und zu ein paar YouTube-Videos angucken, kannst aber auch Dutzende Börsenbriefe abonnieren. Klar ist: Es gibt hierbei kein Richtig oder Falsch. Grundsätzlich kannst du dir nur sicher sein: Je größer deine Bereitschaft ist, dich intensiver mit der Börse auseinanderzusetzen, desto größer wird auch der Nutzen sein, den du schlussendlich aus dieser Auseinandersetzung ziehen kannst – ganz egal, auf welchem Wege diese konkret stattfindet.

SCHRITT 4: ERÖFFNE EIN GUT STRUKTURIERTES DEPOT!

Die Eröffnung des eigenen Depots ist der erste praktische Schritt, den du im Laufe deiner Anlegerkarriere unternehmen wirst. Während Bestandsaufnahme, Selbstreflektion und Quellenanalyse eher theoretischer Natur waren, markiert die Eröffnung den Startschuss für all das, was dich im Laufe deines Anlegerlebens noch erwarten könnte. Kein Wunder also, dass viele Neulinge gerade davor gehörigen Respekt haben. Glücklicherweise gibt es heutzutage ein Instrument, welches dir auch diesen Schritt merklich erleichtern wird: Demo-Konten. Wenn du bei Direktbrokern wie Flatex, Comdirect oder IMG ein Depot eröffnest, erhältst du einen Online-Zugang, mit dem du dich künftig einloggen kannst. Auf lange Sicht wirst du diesen Zugang verwenden, um auf dein »echtes« Depot zuzugreifen. Diesem »echten« Depot steht auch ein echtes Konto gegenüber, du handelst darüber also mit echtem Geld. Neben dem »echten« Depot gibt es bei den allermeisten Brokern jedoch auch ein sogenanntes Demo-Konto. Dieses Demo-Konto umfasst ein imaginäres Depot sowie ein dazugehöriges imaginäres Konto mit imaginärem Geld. Dieses Depot kannst du – im besten Fall, bevor du mit realen Werten handelst – nutzen, um spielerisch die eine oder andere Sache auszuprobieren und dich mit den Mechanismen der Börse vertraut zu machen. Du simulierst also im Grunde den Kauf von Aktien, ohne sie wirklich zu kaufen. Die realen Kurse der jeweiligen Werte in deinem Demo-Konto werden dir dennoch angezeigt. Sinkt der Kurs »deiner« Aktie in der realen Welt, ist auch die Aktie in deinem imaginären Depot weniger wert –

mit dem Unterschied, dass kein echter monetärer Gegenwert dahintersteckt. Außerdem bieten dir die meisten dieser Demo-Depots Zugang zu einer Watchlist, auf der du einzelne Aktien abspeichern und ihre Kursentwicklung in der realen Welt beobachten kannst. Alles in allem bedeutet das: Dir wird die Möglichkeit gegeben, dich mit den Mechanismen der Börse vertraut zu machen, ohne dabei in irgendeiner Form ein reales Risiko einzugehen. Besser kannst du dich auf den Handel mit echten Werten gar nicht vorbereiten.

******

Nach der umfangreichen Beschäftigung mit dem eigenen Demo-Konto wird es für jeden Anleger-Neuling dann ernst. Spätestens jetzt solltest du dich ausreichend vorbereitet haben, um auch mit echten Geldwerten zu handeln. Schließlich wirst du keine Lust haben, dich auf ewig mit Spielgeld zu beschäftigen, oder? Sehr wahrscheinlich wirst du – wie ein großer Teil der absoluten Neulinge – zunächst nicht mit größeren Beträgen hantieren können. Darunter verstehe ich, dass du vermutlich erst mal keinen vierstelligen Betrag zum Investieren zur Verfügung haben wirst. In diesem Fall halte ich es grundsätzlich für empfehlenswert, mit Sparplänen auf Fonds oder ETFs zu beginnen. ETFs sind börsengehandelte Fonds, die einfach einen Index eins zu eins nachbilden. Wie ich bereits erklärt habe, hat dieser Weg den Vorteil, dass du ihn auch mit wirklich geringen Ressourcen gehen kannst. Da ich bereits zuvor näher auf Sparpläne für spezifische Aktien eingegangen bin, möchte ich an dieser Stelle auf eine noch risikoärmere Art des Sparens eingehen: ETFs auf größere Indizes. Anders als ein Aktiensparplan misst ein Aktienindex gleich die Performance einer ganzen Aktiengruppe. Das bedeutet, dass du mit deinem Investment nicht nur ein spezifisches Unternehmen besparst, sondern alle, die im von dir ausgewählten Index enthalten sind. Das populärste Beispiel für einen Aktienindex ist in Deutschland der DAX, der Deutsche Aktienindex. Der DAX misst die Wertentwicklung 40 ausgewählter deutscher Unternehmen, welche alle am deutschen Aktienmarkt vertreten sind. Investierst du also in einen DAX-ETF, hängt die Entwicklung deiner Investition von diesen 40 Unternehmen ab – nicht nur von einem. Die genaue Auswahl der zugehörigen Unternehmen richtet sich derweil nach verschiedenen börsenrelevanten Kriterien, vor allem nach dem Börsenwert und der Anzahl der für Anleger verfügbaren Aktien. Damit diese Auswahl nicht verfälscht wird, wird in regelmäßigen Abständen geprüft, welche der 40 enthaltenen Unternehmen noch für den Index geeignet sind und welche nicht. Bekannte Beispiele für Unternehmen, die bereits seit langer Zeit Teil des DAX sind, sind unter anderem Adidas, Siemens oder Volkswagen. Fällt ein Unternehmen jedoch zurück und verliert es immer mehr an Börsenwert, fliegt es automatisch aus dem DAX raus und wird durch ein jüngeres, dynamischeres Unternehmen ersetzt. Das passiert, ohne dass die einzelnen Anleger benachrichtigt oder darauf hingewiesen werden; du kriegst es also gar nicht mit und musst dich auch um nichts kümmern. Indizes wie der DAX existieren jedoch nicht nur auf nationaler, sondern auch auf globaler Ebene. Hier wäre vor allem der MSCI World zu nennen. Anders als beim DAX geht es dabei nicht nur um deutsche, sondern international angesiedelte Unternehmen. Um genau zu sein, sind in MSCI-World-ETFs knapp 1600 Unternehmen aus 23 Industrieländern enthalten, darunter unter anderem Apple, Tesla oder Amazon. Der Mechanismus ist dabei derselbe wie beim DAX: Die enthaltenen Unternehmen werden regelmäßig neu beurteilt und gegebenenfalls durch aufstrebende Unternehmen ersetzt. Der Anleger selbst muss sich dabei erneut um nichts kümmern. Der MSCI-World-Index funktioniert also ziemlich genau wie eine Rangliste im Sport, beispielsweise die FIFA-Weltrangliste. Auch sie erfasst zu jedem Zeitpunkt die am besten eingeschätzten Teams weltweit und sortiert diese nach Stärke. Investierst du also in MSCI-World-ETFs, bist du, um beim Fußball-Beispiel zu bleiben, immer bei den besten Teams dabei. Dein Investment unterliegt also einer Streuung, die dein Geld auf mehrere Unternehmen verteilt, anstatt es in einem einzigen zu bündeln. Das bringt vor allem eins: Sicherheit. Denn je breiter du in deinen Investments aufgestellt bist, desto geringer ist dein Verlustrisiko. Es heißt ja nicht umsonst: »Breit gestreut hat nie gereut.« Dass sich dieses Sprichwort auch im Falle des MSCI-World-Index als wahr erweist, zeigt der Blick in die jüngste Vergangenheit: Seit 1975 konnte der MSCI-World-ETF eine durchschnittliche Rendite von 8 Prozent pro Jahr erzielen. Kein Wunder also, dass ETFs gemeinhin als die sicherste Form des Investierens an der Börse bekannt sind und sich gerade für Neueinsteiger perfekt anbieten. ETFs sind nämlich nicht nur sicher, sondern auch einfach zu verstehen und ohne tiefergehende Beschäftigung mit der Materie zu managen. Aus diesem Grund möchte ich an dieser Stelle auch einige ETFs konkret erwähnen, die du für deine ersten Schritte an der Börse in Erwägung ziehen könntest. Zwar ergeben sich auch diese Empfehlungen aus meiner subjektiven Meinung; aber viel wirst du damit nicht falsch machen.

Art der ETFs	Beschreibung	Einschätzung
DAX-ETF	Der Deutsche Aktienindex, kurz DAX, misst die Entwicklung der 40 größten deutschen Unternehmen. Ein guter DAX-ETF lässt Anleger an den Gewinnen und Dividenden der im DAX gelisteten Unternehmen teilhaben.	Der DAX eignet sich besonders für Anleger, die Interesse an der Entwicklung der deutschen Wirtschaft haben und gerne in diese investieren würden.
NASDAQ-100-ETF	Der NASDAQ-100 bildet die 100 größten Unternehmen ab, die an der Technologiebörse NASDAQ gelistet sind. Die meisten NASDAQ-ETFs beziehen sich auf diesen Index.	NASDAQ-ETFs eignen sich vor allem für junge Menschen, die in ihren Investments auf Technologie und Fortschritt setzen möchten.
MSCI-World-ETF	Im MSCI World, dem Weltaktienindex, sind rund 1600 Aktien aus über 20 verschiedenen Ländern enthalten. Mit einem ETF aus diesem Index partizipieren Anleger an den Kursgewinnen und Dividenden dieser Unternehmen.	Der MSCI-World-Index hat den großen Vorteil, dass er Unternehmen aus Industrieländern in aller Welt enthält und unabhängig von nationalen Krisen ist. Selbst wenn es in den USA, Japan oder Deutschland gerade nicht so gut laufen sollte: Im MSCI World hast du immer Unternehmen aus Ländern, denen es gerade gut geht.

******

Neben Investitionen in ETFs besteht natürlich auch für Anfänger weiterhin die Möglichkeit, in bestimmte Einzelunternehmen zu investieren – entweder durch größere Einmalzahlungen oder in Form von Sparplänen. Hier solltest du dir vor möglichen Investments zwei zentrale Fragen stellen:

In **was** möchte ich investieren?

Wann möchte ich investieren?

Bei der Beantwortung der ersten Frage kommen vor allem die Faktoren zum Tragen, die ich in einem der ersten Kapitel dieses Buches näher erläutert habe. Es geht wieder einmal um die Erkenntnis, dass jedes Leben permanent von der Börse begleitet wird. Aus diesem Grund ist es bei jeder Art des Investments in ein Einzelunternehmen ratsam, sich mit der Frage auseinanderzusetzen, inwiefern die jeweiligen Unternehmen hinter Produkten stecken, die unseren Alltag maßgeblich beeinflussen. Denn genau diese Unternehmen sind letztendlich diejenigen, die am konstantesten performen: Unternehmen, die die Produkte unseres täglichen Lebens herstellen. Natürlich gibt es immer auch verschiedene Trend-Aktien; diese können jedoch in ein paar Jahren bereits wieder Geschichte sein. Echte Konstanz zeigen in der Regel die Unternehmen, die bereits seit Jahrzehnten existieren und sich dennoch kontinuierlich weiterentwickeln. Gute Beispiele hierfür sind klassische Konsumgüter-Aktien wie die von Coca-Cola oder McDonald's. Wie ich eingangs bereits erklärt habe, machst du sie am besten ausfindig, indem du deine Umgebung und deinen eigenen Konsum reflektierst. Das heißt: Denk darüber nach, was du gerne nutzt und was die Menschen um dich herum konsumieren, und frage dich, wie zufrieden ihr damit seid. Überlege dir das für jeden Bereich. Denn ganz egal, ob wir über das tägliche Frühstück, Freizeitaktivitäten oder Körperpflege sprechen: Oftmals spielt die Börse gerade in den Bereichen eine große Rolle, in denen wir es am wenigsten erwarten. Um zu veranschaulichen, wie weitreichend der Einfluss der Börse im alltäglichen Leben ist, möchte ich dich dazu motivieren, dir einmal konkret Gedanken zu machen über deine täglichen Routinen und die Produkte, die damit verknüpft sind. Kramst du morgens zunächst einmal dein Handy unter dem Bett hervor, wird es höchstwahrscheinlich von Apple oder Samsung sein. Beginnst du dann damit zu browsen, wirst du möglicherweise auf Apps von Meta oder Google zurückgreifen. Bei der morgendlichen Pflege im Bad könnten dich derweil Produkte der Marke Nivea begleiten, welche wiederum zu Beiersdorf gehört. Den Weg zur Arbeit wirst du ziemlich sicher mit öffentlichen Verkehrsmitteln der Deutschen Bahn oder dem Auto eines renommierten Autoherstellers zurücklegen. Beim Frühstück und in der Mittagspause könntest du mit Produkten von Nestlé oder Coca-Cola in Berührung kommen, beim abendlichen Workout eventuell mit Nike oder Adidas. Du siehst also: Es gibt nahezu keinen Bereich unseres alltäglichen Lebens, in dem börsenrelevante Unternehmen keine Rolle spielen. Wir begegnen ihnen beim Essen, bei der Arbeit, beim Sport, im Haushalt. Dementsprechend gibt es kaum eine bessere Inspirationsquelle als unseren eigenen Alltag, um uns davon zu überzeugen, inwieweit ein börsennotiertes Umfeld uns in unserem Leben effektiv beeinflusst. Hier gilt es erneut, dir selbst Fragen zu stellen:

Welche Produkte nutzen du und die Menschen aus deinem Umfeld im Alltag?

Wie zufrieden bist du mit diesen Produkten?

Von welchen Unternehmen werden die Produkte hergestellt?

Kannst du davon ausgehen, dass besagte Unternehmen und ihre Produkte auch in Zukunft noch erfolgreich sein werden?

Wenn es dir gelingt, die Unternehmen, in die du investieren möchtest, auf der Basis dieser Fragen auszuwählen, sollte es dir schnell gelingen, dein Depot zu einem Abbild deines Lebens zu machen – oder zumindest zu einem Abbild dessen, was die Mehrheit lebt.

******

Sobald du für dich definiert hast, in welche Unternehmen du gerne investieren möchtest, solltest du dich mit der zweiten zentralen Frage beschäftigen: der Frage danach, wann du in die jeweiligen Unternehmen investieren möchtest. Auch hier möchte ich auf einige Dinge verweisen, die ich bereits in vorherigen Kapiteln angerissen habe. Zunächst sollten wir jedoch eine Differenzierung vornehmen: die zwischen dem einmaligen Investieren größerer Beträge und dem Sparen. Hast du vor, Aktien von einem einzelnen Unternehmen ratenweise im Rahmen eines Sparplanes zu kaufen, ist es im Wesentlichen egal, wann du damit beginnst. Wie ich bereits erklärt habe, wird der Cost-Average-Effekt den Zeitpunkt deines Erstinvestments mit der Zeit ohnehin relativieren, sodass es quasi egal ist, wann du dieses vornimmst. Anders sieht es aus, wenn du vorhast, eine größere Geldsumme per Einmalkauf in ein Unternehmen zu stecken. Stellen wir uns beispielsweise einmal vor, du möchtest mit 75.000 Euro bei einem Unternehmen XY einsteigen. In diesem Fall spielt es dann sehr wohl eine Rolle, zu welchem Zeitpunkt du dieses Investment tätigst. Hier kommt dann nämlich die Dynamik zum Tragen, die ich bereits im Kapitel zu Angst und Gier dargestellt habe. Es ist in einem solchen Fall also sogar notwendig, dass du dich damit beschäftigst, ob der Markt sich gerade in einer Phase der totalen Börseneuphorie befindet oder nicht. Für alle, die sich bei dieser Einschätzung nicht nur auf ihre eigene Wahrnehmung und daraus resultierende Gefühle verlassen möchten, gibt es glücklicherweise ein Instrument, welches die Einschätzung von Angst und Gier im Börsenkontext massiv erleichtert: den Fear-&-Greed-Index. Um ihn zu finden, genügt eine einfache Google-Suche: Gib einfach »Fear-&-Greed-Index« bei Google ein, und das erste Ergebnis sollte dich auf die Website von CNN führen, wo der Index näher erläutert wird. Der Fear-&-Greed-Index bildet die aktuelle Stimmungslage an der Börse ab, indem er das Marktgeschehen in fünf mögliche Zustände einordnet: »Extreme Fear« (Extreme Angst), »Fear« (Angst), »Neutral« (Neutral), »Greed« (Gier) und »Extreme Greed« (Extreme Gier). Auf der Basis von sieben Teilindikatoren, welche das Anlegerverhalten analysieren, gibt der Index Auskunft darüber, von welchem der fünf Zustände aktuell auszugehen ist. Zeigt der Index zu einem gegebenen Zeitpunkt X »Extreme Greed« an, kannst du davon ausgehen, dass es an der Börse gerade besonders gut läuft und die Kurse entsprechend zu hoch sind. In diesem Fall solltest du mit deinem geplanten Investment lieber warten, bis es zu einer Korrekturphase kommt. Sobald diese eintritt, würde der Fear-&-Greed-

Index dann von »Fear« oder »Extreme Fear« als aktueller Momentaufnahme ausgehen. In diesem Moment wäre der Zeitpunkt gekommen, in dem ein Investment sich langfristig lohnen würde. Kurzum: Sei dann gierig, wenn andere ängstlich sind. Was zunächst einfach klingt, ist in der Praxis oftmals mit einigen mentalen Hürden verbunden. Denn um diesem Credo zu folgen, musst du dich in emotional aufgeladenen Phasen gegen die Meinungen der Masse und den von der Presse vorgegebenen Tenor stellen. Das ist nicht immer leicht. Doch eine der bekanntesten Börsenweisheiten lautet nicht umsonst: »Kaufe, wenn die Kanonen donnern.« Sie bezieht sich auf jene Fälle, in denen die Börse sich aufgrund ausbrechender Kriege in einer Krise befindet. Der Krieg bricht aus, die Kurse rutschen, man hört das Donnern der Kanonen – und du solltest es genau jetzt in Erwägung ziehen, wieder zu investieren. Denn gerade in Kriegszeiten solltest du bedenken, dass es der Börse nicht um die Gegenwart geht, sondern immer um die Zukunft. Die Börse sieht nicht den Krieg, sondern vor allem auch die Zeit danach – die Zeit, in der es ihr wieder besser geht und dein Mut sich auszahlen wird. In bestimmten Zeiten wird es dir vielleicht schwerfallen, dich vollständig gegen die Meinung der anderen zu positionieren – langfristig wird dir der Erfolg jedoch recht geben. Falls du dennoch auf Nummer sicher gehen und dein Risiko minimieren willst, kannst du deine Einmalzahlungen auch in mehrere kleine Tranchen unterteilen. Gehen wir weiterhin von einem Gesamtbudget von 75.000 Euro aus, könntest du dieses beispielsweise in drei Tranchen à 25.000 Euro unterteilen und diese über mehrere Monate hinweg investieren.

SCHRITT 5: FÜHRE REGELMÄSSIGE DEPOT-CHECKS DURCH!

Ebenso wichtig wie der Aufbau und die Strukturierung des eigenen Depots ist das, was danach kommt: die Pflege. Du wirst nur dann das Maximale aus deinem Aktiendepot rausholen können, wenn du dich auch angemessen darum kümmerst. Hierzu solltest du in regelmäßigen Abständen Depot-Checks durchführen, die dir dabei helfen, den Aufbau deines Depots neu zu bewerten und mögliche Änderungen vorzunehmen. Es mag nach viel Arbeit klingen, aber ich würde dir wirklich ans Herz legen, diese Depot-Checks jedes halbe Jahr und in Form von Excel-Tabellen durchzuführen. Nur so hast du die Garantie, dass der Depot-Check umfangreich genug ausfällt und du für dich die richtigen Schlüsse ziehen kannst. Im besten Fall legst du deine Depot-Checks zeitlich so, dass du sie in Phasen der Euphorie durchführst. So ist die Wahrscheinlichkeit höher, dass Gewinnmitnahmen, für die du dich im Rahmen deines Depot-Checks möglicherweise entscheidest, zum geeigneten Zeitpunkt stattfinden – beispielsweise, weil gerade eine Übertreibung im Kurs der Aktie vorliegt. Um zu beurteilen, wann sich eine Gewinnmitnahme anbietet, musst du dich aber zunächst damit auseinandersetzen, worauf du im Rahmen eines guten Depot-Checks achten solltest. Es gibt nämlich verschiedene Gründe, die für oder gegen eine Umstrukturierung deines Depots sprechen können.

******

Der allererste Schritt, den du im Rahmen deines Depot-Checks unbedingt durchführen solltest, ist das Anlegen einer Excel-Tabelle. In diese Tabelle trägst du alle Positionen deines Depots ein. So hast du eine Übersicht darüber, welche Unternehmen Teil deines Depots sind und wie hoch der Anteil der verschiedenen Positionen ist. Diesen Schritt des Depot-Checks kannst du auch verwenden, um die einzelnen Unternehmen im Depot neu zu bewerten. In diese wirst du nämlich zu einem bestimmten Zeitpunkt in der Vergangenheit auf der Basis verschiedener Überlegungen eingestiegen sein. Vermutlich wirst du die Produkte der jeweiligen Unternehmen selbst genutzt haben, vor allem aber wirst du davon ausgegangen sein, dass das jeweilige Unternehmen auch in Zukunft noch erfolgreich sein würde. Deine Depot-Checks bieten sich an, um diese Überlegungen neu zu beurteilen. Bist du immer noch überzeugt von einzelnen Unternehmen? Gehst du immer noch davon aus, dass sie in Zukunft weiterhin erfolgreich sein werden? Kommst du im Rahmen dieser Überlegungen zu dem Schluss, dass du die Zukunft eines Unternehmens für weniger aussichtsreich hältst als zum Kaufzeitpunkt, ist es durchaus ratsam, so eine Aktie auch mal zu verkaufen. Schließlich möchtest du ja vor allem Unternehmen in deinem Depot haben, von denen du auch weiterhin überzeugt bist. Außerdem ist es ohnehin ganz normal, dass es mal Unternehmen in deinem Depot gibt, die es langfristig einfach nicht packen. Das hat es auch bei mir gegeben. Konkret erinnere ich mich beispielsweise daran, dass ich eine Zeit lang in Aktien der Firma Nokia investiert hatte. Nokia galt damals als einer der aussichtsreichsten Hersteller von Handys und zum Zeitpunkt meines Investments hatte es gute Gründe gegeben, davon auszugehen, dass das auch so bleiben würde. Als sich diese Annahme dann als falsch herausstellte, gab es auch keinen Grund mehr, die Aktie weiterhin im Depot zu behalten. Erlebst du mit einem Unternehmen ähnliches, ist es also absolut nichts Verwerfliches, das betreffende Unternehmen aus deinem Depot zu entfernen.

******

Deutlich wichtiger als die Neubewertung einzelner Unternehmen ist eine regelmäßige Strukturierung des eigenen Depots. Wenn du deine Excel-Tabelle sorgfältig angefertigt hast, zeigt sie dir nicht nur die in deinem Depot enthaltenen Unternehmen an, sondern auch den Anteil, den diese Unternehmen in deinem Depot ausmachen. Diese Information ist wichtig, um die Performance deines Depots differenzierter zu beurteilen. Hast du beispielsweise ein Depot, welches Aktien von zehn verschiedenen Unternehmen enthält, kann es sehr gut sein, dass eins dieser Unternehmen durch die Decke geht, während die anderen neun nur so vor sich hin krebsen. Auf den ersten Blick hätte man vielleicht gemeint, dass das Depot eine super Performance hingelegt hat. Fällt dann jedoch auf, dass die eine erfolgreiche Aktie beispielsweise 50 Prozent, also die Hälfte des ganzen Depots ausmacht, sollte die Erkenntnis reifen, dass das Depot eigentlich nur von diesem Wert getragen wurde. Natürlich möchte ich dir in einem solchen Fall nicht raten, eine gut laufende Aktie zwangsläufig zu früh zu verkaufen – schließlich kann es ja sehr gut sein, dass sie weiterhin gut läuft. Allerdings sollte dir – wenn es denn zu einem solchen Fall kommt – bewusst sein, dass das Risiko für das Depot ab diesem Zeitpunkt deutlich höher ist als vorher. Denn sollte ausgerechnet die erfolgreiche Aktie plötzlich einbrechen, sieht es auf einmal für das gesamte Depot düster aus. Das bedeutet: Wohl und Wehe der weiteren Depotentwicklung hängt im Wesentlichen von der einen Aktie ab. Falls du dich ohnehin gerade in einer Euphorie befindest, kannst du dann auch mal hergehen und während dieser Euphorie ein bisschen was rausziehen, um dein Depot wieder ausgeglichener zu strukturieren. Grundsätzlich ist an einer Gewinnmitnahme schließlich noch niemand gestorben – und in diesem Fall wird sie dir sogar dabei helfen, wieder mehr Breite in deinem Depot zu schaffen. Konkret könnte das so aussehen, dass du den Anteil der betreffenden Aktie (gemessen am Depotwert) von 50 auf 30 Prozent verringerst und stattdessen andere Positionen des Depots aufstockst oder dem Depot neue Aktien hinzufügst. Auf diese Weise verhinderst du, dass die weitere Entwicklung deines Depots wesentlich von einer einzigen Aktie abhängt. Ich habe das in meiner Anlegerkarriere beispielsweise mit Amazon so gehandhabt. Amazon war im Laufe meines Lebens eindeutig die Aktie, die mir am meisten Wohlstand beschert hat. Dennoch habe ich bei Depot-Checks auch immer wieder Gewinne realisiert, um mich in der Breite besser aufzustellen. So konnte ich immer wieder Aktien anderer Unternehmen aufstocken oder hinzukaufen, die langfristig ebenfalls zur Entwicklung meines Vermögens beigetragen haben – beispielsweise Meta oder Microsoft. Heute weiß ich zwar, dass ich ziemlich sicher noch vermögender hätte werden können, wenn ich nur in Amazon investiert hätte – doch genau das ist der springende Punkt. Ich weiß es JETZT. Zum damaligen Zeitpunkt wäre es unglaublich riskant gewesen, alles auf diese eine Karte zu setzen. Es hätte nur diese eine Aktie den Bach runtergehen müssen, und das ganze Depot wäre hinüber gewesen. Meinem Depot hätte es eindeutig an Breite gefehlt und mein Vermögensaufbau wäre deutlich weniger organisch gewesen. Man male sich nur einmal aus, meine erfolgreichste Aktie wäre nicht Amazon, sondern Nokia oder Sony Ericsson gewesen. Hätte ich bei solch einer Aktie alles auf eine Karte gesetzt, wäre ich damit langfristig definitiv auf die Fresse gefallen.

******

Depot-Checks können neben der Neubewertung einzelner Depot-Positionen auch hilfreich sein, um die inhaltliche Ausrichtung deines Depots zu steuern. Wenn du in Aktien investierst, investierst du damit immer auch in Werte, die sich anhand verschiedener Faktoren kategorisieren lassen – zum Beispiel nach Regionen oder Wirtschaftszweigen. Führst du einen ordnungsgemäßen Depot-Check durch, wirst du auch Informationen dazu erhalten, inwieweit du diese einzelnen Kategorien aktuell anvisierst. Du wirst beispielsweise sehen, wie viele US-Aktien du im Depot hast, wie viele aus Deutschland, wie viele aus China. Auf Basis dieser Erkenntnisse kannst du dann auch regional differenzieren. Möchtest du eventuell immer einen gewissen Teil deines Depots durch chinesische Aktien bestücken? Oder ist es dir vielleicht wichtig, immer eine bestimmte regionale Aufteilung zu schaffen? Dann könntest du hergehen und sagen: »Ich bin zu 50 Prozent in den USA investiert, zu 25 Prozent in Europa, zu weiteren 25 Prozent in Schwellenländern (inklusive China).« Denn auch so lässt sich effektiv Breite in deinem Depot schaffen. Eventuell möchtest du aber auch ganz andere Unterscheidungen vornehmen. Ist es dir wichtig, zu einem gewissen Prozentsatz in Wachstums- und Trendwerten investiert zu sein? Dann wird dein Depot-Check dir die Frage beantworten, inwiefern du diesem Anspruch gerecht wirst. Sind dir die einzelnen Wirtschaftszweige wichtig, denen deine Aktien zuzuordnen sind? Sortiere deine Positionen im Rahmen deines Depot-Checks nach genau dieser Kategorie und du wirst sehen, wie groß deine Anteile in den Bereichen Internet, Gaming, Pharma, Technologie und Co. sind. Erkennst du in diesem Zug, dass deine Gewichtung in einem dieser Bereiche zu stark ist, kannst du ganz einfach gegensteuern – und du schaffst damit erneut mehr Breite in deinem Depot. Ein regelmäßiger Depot-Check ist also allein deshalb ratsam, weil er dir Antworten auf Fragen liefert, die du dir als Anleger naturgemäß regelmäßig stellen musst. Wie bist du überhaupt aufgestellt? Entspricht das deinen Vorstellungen? Hat dein Depot Schwächen? Was musst du tun, um diesen Schwächen entgegenzuwirken? Diese Dinge im Rahmen eines Depot-Checks zu hinterfragen, macht absolut Sinn. Führst du deine Auswertung nämlich sorgfältig durch, wird sie dir Ergebnisse liefern, mit deren Hilfe du deinen Vermögensaufbau zukünftig organischer und risikoärmer gestalten können wirst. Deswegen bleibt meine Devise: Führe Depot-Checks auch als erfahrener Anleger mindestens einmal, besser noch zweimal im Jahr durch. Denn selbst wenn du im Rahmen dieser Checks nicht zu der Erkenntnis gelangst, irgendetwas an der Struktur deines Depots verändern zu müssen: Es kann nie schaden, sich intensiver mit den eigenen Vermögenswerten auseinanderzusetzen.

SCHRITT 6: RICHTE EIN DIVIDENDEN-DEPOT EIN!

Die Börse stellt für die meisten Anleger eine Institution dar, welche sie über einen großen Teil ihres Lebens hinweg begleitet. Je früher du dein erstes Investment tätigst, desto größer ist die Wahrscheinlichkeit, dass die Börse für 10, 20 oder gar 30 Jahre eine Rolle in deinem Leben spielt. Es ist klar, dass du dich in diesem Zeitraum stetig weiterentwickelst und veränderst. 30 Jahre nach deinem ersten Investment wirst du nicht mehr der Mensch sein, der du zum Zeitpunkt deines ersten Investments warst. Vor allem aber wirst du nicht mehr das Leben führen, das du zum Zeitpunkt deines ersten Investments geführt hast. Denn mit voranschreitendem Alter verändern sich auch deine Lebensumstände. Vielleicht hast du in der Zwischenzeit geheiratet, deinen Job gewechselt oder eine Familie gegründet – vor allem aber wird sich dein Bezug zur Börse verändert haben. Wie ich bereits im Kapitel zu verschiedenen Anlegertypen erläutert habe, ist der Bezug, den wir zur Börse haben, stark von unseren Lebensumständen abhängig. Während sich junge, unabhängige Menschen ein gewisses Grundrisiko erlauben können, legen die meisten älteren Anleger größeren Wert auf Sicherheit und Konstanz. Da wir als Menschen nun mal auch älter werden, erscheint es also sinnvoll, unsere Lebenssituation und den damit verbundenen Bezug zur Börse hin und wieder neu zu überdenken. Ab einem gewissen Punkt im Leben geht es als Anleger nämlich nicht mehr nur um Vermögensaufbau, sondern auch um Altersvorsorge. Im Kapitel zu Dividenden-

Aktien habe ich bereits erklärt, dass sich viele ältere Anleger in puncto Altersvorsorge nicht auf den Staat verlassen, sondern stattdessen auf regelmäßige Dividenden-Ausschüttungen setzen. Auch ich halte das für eine Art der Altersvorsorge, die es im Laufe des Lebens unbedingt zu berücksichtigen gilt. Grundsätzlich kann man dabei von zwei Grundannahmen ausgehen:

Je mehr Geld du an der Börse hast, desto mehr lohnt sich die Beimischung von Dividenden-Aktien.

Je näher du dem Rentenalter kommst, desto vernünftiger ist es, Dividenden-Aktien beizumischen.

Am einfachsten ist es, sich bei der Entscheidung für oder gegen eine verstärkte Beimischung von Dividenden-Aktien nach den Werten des eigenen Depots zu richten. Bist du dabei irgendwann im sechsstelligen Bereich angekommen, ist es durchaus schon ratsam, dir ein Dividenden-Depot einzurichten. Dieses verschafft dir nämlich ein passives Einkommen, welches den eigenen Lebensstandard erhöhen kann. Alternativ kannst du die Einrichtung eines Dividenden-Depots auch von deiner beruflichen Situation und der damit verbundenen Lebensplanung abhängig machen. Irgendwann wirst du an den Punkt gelangen, an dem du dir sagst: »Okay, ich arbeite jetzt noch 10 bis 15 Jahre und möchte mich danach langsam zur Ruhe setzen«. Bei den meisten Menschen dürfte dies etwa mit 50 Jahren der Fall sein. Spätestens ab diesem Zeitpunkt solltest du mit Blick auf deine Altersvorsorge damit anfangen, dir ein Dividenden-Depot einzurichten. In jedem Fall sollte die Gewichtung von Dividenden-Aktien in deinem Depot mit steigendem Alter immer stärker zunehmen. So war es auch in meinem Fall. Anfangs habe ich ehrlich gesagt kaum in Dividenden-Aktien investiert. Da dauerte mir die Entwicklung einfach zu lange und ich interessierte mich ohnehin deutlich mehr für Trend- und Wachstums-Aktien mit größerem Potenzial. Dividenden waren für mich somit ganz einfach nicht relevant. Bis ich an dem Punkt war, an dem diese in meinem Leben eine Rolle spielten, mussten zunächst noch ein paar Jahre vergehen. Das ist aber auch ganz normal und natürlich. So wird durch eine gesunde und organische Beimischung von Dividenden-Aktien aus einem anfangs auf Trend-Aktien ausgelegten Portfolio im Laufe der Zeit eines, welches sich durch die Fokussierung auf Dividenden-Aktien bestens für die Sicherung deiner Altersvorsorge eignet.

******

Beim Aufbau eines Dividenden-Depots gibt es einige Komponenten, die es zu beachten gilt. Diese betreffen sowohl den Weg hin zum Dividenden-Depot als auch die Struktur, die du innerhalb eines solchen Depots schaffen solltest. Wenn du dich dazu entscheidest, ein Dividenden-Depot zu eröffnen, bedeutet das nicht, dass du den anderen Teil deines Portfolios gleich komplett veräußern musst. Im Gegenteil: Du kannst mit diesem Teil deines Portfolios ganz normal weiterarbeiten. Anstatt also radikal umzuschichten und deine gesamte bisherige Philosophie über den Haufen zu werfen, kannst du dein Portfolio auf verschiedene Art und Weise nachhaltig umgestalten. Eine Möglichkeit wäre es, im Rahmen deiner Depot-Checks Gewinne zu realisieren und die gewonnenen Ressourcen in Dividenden-Aktien zu stecken. Doch selbst das ist nicht zwingend notwendig. Du kannst genauso gut hergehen und sagen, dass du ab einem gewissen Zeitpunkt X jedes frische Kapital, das dir zur Verfügung steht, in Dividenden-Aktien investierst und so deine Ausschüttungen erhöhst. Bei der dann aufkommenden Frage nach der Strukturierung deines Dividenden-Depots spreche ich eine ganz klare Empfehlung aus: die Beimischung von US-Aktien mit Dividenden-Schwerpunkt. Wie ich bereits erklärt habe, haben US-Aktien mit Dividenden-Schwerpunkt einen anderen Ausschüttungsrhythmus als deutsche Unternehmen, die Dividenden ausschütten. Während der Großteil aller deutschen Unternehmen einmal jährlich seine Dividende auszahlt, meist in den Frühlingsmonaten April und Mai, tun US-Unternehmen das quartalsweise. Das hat für dich als Anleger zwei große Vorteile. Zum einen fällt bei US-Aktien durch die häufigeren Auszahlungen der Dividendenabschlag weniger stark ins Gewicht, also der Kursrückgang, mit dem die Börse eine solche Ausschüttung stets quittiert. Anders als bei deutschen Unternehmen, die einmal jährlich von den Auswirkungen des Dividendenabschlags betroffen sind, ist dieser bei US-Aktien also deutlich weniger kursrelevant. Und: Durch die quartalsweise Ausschüttung kannst du dir dein Dividenden-Depot mithilfe von US-Unternehmen so zusammenpuzzeln, dass deine Ausschüttungen wie ein regelmäßiges Nebeneinkommen funktionieren. Das gelingt dir, indem du dir die US-Aktien so aussuchst, dass ihre Quartalszyklen in verschiedenen Monaten beginnen. Mal als rein zufällig gewähltes Beispiel: Nike zahlt seine Dividenden aktuell zu den Monatsanfängen April, Juli, Oktober und zum Monatsende Dezember aus, während Microsoft dies zu Beginn der Monate März, Juni, September und Dezember tut. Sind diese beiden Unternehmen Teil deines Dividenden-Depots, hast du bereits in über der Hälfte der Monate Dividenden-Ausschüttungen, mit denen du kalkulieren kannst. Wenn du dann mit Apple noch einen Dividenden-Auszahler mit reinnimmst, der zur Monatsmitte der Monate Februar, Mai, August und November ausschüttet, hast du bereits beinahe das gesamte Jahr abgedeckt. Natürlich sind die hier genannten Unternehmen lediglich Beispiele, jedoch solltest du anhand dieser Beispiele erkennen, auf welche Art und Weise du dir deine Ausschüttungen durch die Beimischung entsprechender US-Unternehmen auf das ganze Jahr verteilen kannst. Im Idealfall findest du also eine Zusammensetzung von Unternehmen, die jeden Monat abdeckt und dir so über das ganze Jahr hinweg regelmäßig Ausschüttungen beschert. Gerade wenn es auf den Ruhestand zugeht, kann eine solche Zusammensetzung von Dividenden-Aktien tatsächlich ein mögliches Ziel für deine Altersvorsorge sein. So weißt du dann beispielsweise: »Okay, ich habe neben meiner Rente noch mein Dividenden-Depot, das mir regelmäßige Ausschüttungen garantiert und mich einen gewissen Lebensstandard aufrechterhalten lässt.« Und, was es auch nicht zu vergessen gilt: Die Aktien, die sich in deinem Dividenden-Depot befinden, können natürlich auch weiterhin im Wert steigen.

******

Abschließend lässt sich hinsichtlich des langfristigen Idealzustandes deines Portfolios vor allem eine Sache festhalten. Dein oberstes Ziel sollte es sein, möglichst organisch einen Punkt zu erreichen, an dem du ein geordnetes Portfolio aufgebaut und einen für dich geeigneten

Rhythmus gefunden hast. Genau ab diesem Punkt geht es für dich nämlich im Großen und Ganzen nur noch um eine Sache: Liquiditätssteuerung. Das bedeutet: Du behältst dein Portfolio mithilfe regelmäßiger Depot-Checks im Blick und sorgst – falls notwendig – durch kleine Kniffe dafür, dass dein Portfolio weiterhin zu dir und deinen Lebensumständen passt. Durch eine stärkere Gewichtung von Dividenden-Aktien kannst du außerdem gewährleisten, dass sich deine Liquidität irgendwann automatisch erhöht. Ansonsten würde ich empfehlen, immer wieder auch in Euphorie-Phasen 10 Prozent Cash aufzubauen, um in schlechteren Phasen wieder investieren zu können. Denn solche Phasen gibt es schließlich immer. Vor allem, wenn wir in Zyklen von zwei bis drei Jahren denken, gibt es eigentlich nie einen Zeitraum in dieser Größenordnung, in dem die Börse nicht auch mal korrigiert. Es ist also definitiv empfehlenswert, regelmäßig durch Teilverkäufe etwas rauszuziehen, um in diesen Korrekturphasen handlungsfähig zu sein. Und spätestens, wenn du auf diese Art und Weise irgendwann in deinen Flow gefunden hast, solltest du auch zur Erkenntnis kommen, dass Aktien tatsächlich jeder kann.

SCHRITT 7: DER WEG IST NICHT ZU ENDE – PLANE DEIN LEBEN MIT AKTIEN!

Wer nun denkt, dass sich das Thema Aktien mit der Einrichtung eines Dividenden-Depots und dem daraus resultierenden passiven Einkommen erledigt hat, liegt damit falsch. Denn das Wesentliche sollte ja sein, das eigene Leben auch mit Blick auf den Ruhestand mit und rund um Aktien zu planen. Und ähnlich wie beim Aufbau von Dividenden-Depots ist es wieder Amerika, das uns in dieser Hinsicht ein paar Schritte voraus ist. Amerika ist nämlich das beste Beispiel für ein Land, dessen Bürger die Aktienanlage als festen Bestandteil ihres Lebens begriffen und sie auch als solchen in ihre Lebensplanung integriert haben. Das zeigt sich unter anderem daran, dass es die staatliche Rente, die wir in Deutschland haben, in dieser Form in Amerika nicht gibt. In Amerika kann sich niemand darauf verlassen, dass der Staat ihn schon irgendwie bis ans Ende seines Lebens finanzieren und durchfüttern wird. Stattdessen setzen die meisten Amerikaner darauf, dass die Unternehmen, in die sie investieren, regelmäßig etwas ausschütten – logisch also, dass auch die Dividenden-Zyklen andere sind als hierzulande. Investiert ein Amerikaner in ein Unternehmen, welches ihm monatlich oder quartalsweise Dividenden auszahlt, dann gibt ihm das eine noch größere Sicherheit, als die Art von Rente es je tun könnte, die wir in Deutschland haben. Denn im Gegensatz zur deutschen Rente ist diese Art der Absicherung durch passives Einkommen nicht staatlich. Sie kommt nicht aus staatlichen Töpfen, sondern aus Produktivvermögen, aus den Gewinnen von

Unternehmen. Das ist eine Denkweise, die uns in Deutschland noch grundlegend fehlt. Hierzulande erzielen Geldwerte wie Sparbücher vor allem dann Rendite, sprich Guthabenzinsen, wenn Schulden dahinterliegen, die Banken also das Geld in Form von Krediten weitergeben. Wir investieren also in Schulden, nicht in Produktivität. In Amerika ist das anders. Dort ist es einfach in den Köpfen der Leute implementiert, dass man hinten raus in Produktivvermögen investiert und somit selbst Verantwortung für seine eigene Sicherheit übernimmt. Zu diesem Denken müssen wir in Deutschland erst noch hinkommen. Dennoch ist es ratsam, genau dieses Credo schon früh in sein eigenes Anlegerverhalten miteinzubeziehen und sich auch ohne Vater Staat eine Sicherheit fürs Alter aufzubauen. So gelangst du dann auch nicht in eine Situation, in der du ausschließlich vom Staat abhängig bist.

TEIL 4:

100 SPANNENDE UNTERNEHMEN,

IN DIE DU INVESTIEREN KÖNNTEST!

DIE 100

Natürlich ist es leicht, einfach mal eine Step-By-Step-Anleitung zum richtigen Handeln an der Börse in den Raum zu werfen und dabei auf spezifische Tipps zu verzichten. Das könnte theoretisch jeder machen. Ich möchte jedoch einen Schritt weiter gehen. Bevor ich im finalen Teil dieses Buches einen Ausblick auf die Zukunft der Börse wage, möchte ich dir in diesem Teil eine Auswahl an Unternehmen vorstellen, denen ich es zutraue, in den nächsten Jahren große Erfolge an der Börse zu verzeichnen. Hierbei geht es nicht darum, dir ein Unternehmen XY mit der Botschaft, »Das ist super, steck da dein Geld rein!«, vor die Füße zu werfen. Ich möchte dir Unternehmen näherbringen, die ich persönlich spannend finde. Wer in Aktien investiert, sollte vor allem in Unternehmen investieren, deren Produkte und Dienstleistungen er selber nutzt und schätzt. Da man beim Kauf einer Aktie automatisch Miteigentümer wird, kann man hierbei also auch die persönlichen Präferenzen einfließen lassen. Diese sind natürlich von Mensch zu Mensch verschieden. Während der eine sich für Technologie interessiert, hat es der andere eher mit Sport oder Musik. Und natürlich gibt es auch auf dem Aktienmarkt unglaublich viele Branchen und Segmente, in die man investieren kann. Auch deshalb habe ich mich bei der Auswahl der Unternehmen, die ich in diesem Teil des Buches vorstellen möchte, an den meiner Meinung nach wichtigsten Unternehmen in diesen Segmenten orientiert. Für jedes dieser Segmente habe ich zehn spannende Unternehmen herausgepickt, bei denen ich auch in den kommenden Jahren eine solide Entwicklung erwarte. Diese Unternehmen möchte ich dir in Form von Kurzportraits vorstellen. Einige der Unternehmen wirst du vermutlich schon kennen, bei anderen könnte es sich um echte Geheimtipps handeln. Was sie alle eint, ist das Potenzial, sich über kurz oder lang als geeignete Investitionsmöglichkeit zu bewähren. Damit du dieses Potenzial besser einschätzen kannst, verfolge ich im Rahmen meiner Kurzportraits den Ansatz, dir aufzuzeigen, warum die von Firma XY angebotenen Produkte und Dienstleistungen wichtig sind und auf welche Weise sie langfristig erfolgreich sein könnten. Fühl dich also dazu eingeladen, an meinem Reflexionsprozess teilzuhaben und möglicherweise auch kritisch zu hinterfragen, inwiefern die Produkte und Dienstleistungen der einzelnen Unternehmen in deinem Leben eine Rolle spielen könnten.

Meine Top-10-Tech-Aktien

Der Technologie-Markt gehört nun schon seit mehreren Jahrzehnten zu den spannendsten Segmenten des Aktienmarktes und hat in den letzten Jahren bereits die eine oder andere Erfolgsstory hervorgebracht. In diesem Kapitel möchte ich dir also zehn Tech-Unternehmen näherbringen, die meiner Meinung nach zu den spannendsten schlechthin gehören.

Amazon

Die meisten kennen Amazon als das weltgrößte Kaufhaus im Internet. Wahrscheinlich hat jeder schon einmal etwas über den US-Konzern geordert und dabei festgestellt, wie schnell, günstig und zuverlässig die bestellte Ware dann auch eingetrudelt ist. Doch Amazon ist wesentlich breiter aufgestellt. So besitzt das US-Unternehmen mit der Tochter AWS den weltweit führenden Cloud-Anbieter. Dort landen beispielsweise viele Fotos und Videos, die Smartphone-Nutzer produzieren. Darüber hinaus wächst auch die Streaming-Sparte rund um Amazon Music oder Prime Video sehr stark. Schon heute überträgt Amazon Fußballspiele aus der Champions-League oder der Premier-League und verfügt über einen breiten Katalog an Musiklizenzen. Auch im KI-Segment ist Amazon mit der Sprachsteuerung Alexa und vielen eigenen Technologie-Produkten wie etwa den Echo-Lautsprechern führend vertreten.

Apple

Die Geschichte rund um meinen Kino-Besuch bei *Forrest Gump* habe ich ja bereits im Rahmen dieses Buches erzählt. Wer aus diesem Film gegangen ist und in »Obst« investiert hat, konnte aus 1000 Dollar bis heute über 1 Million Dollar machen. Und auch in den kommenden Jahren rechne ich mit weiteren kräftigen Zuwächsen. Schließlich schafft es Apple nach wie vor wie kein zweites Unternehmen, Technologie in

Lifestyle zu wandeln. Schon eine der kommenden iPhone-Generationen kann dank eines neuen Features zu neuen Rekorden führen. Hinzu kommen die weiteren Sparten und Produkte, die noch über erhebliches Wachstumspotenzial verfügen, allen voran die Apple Watch. Mit Apple TV produziert Apple auch eigene Filme und Serien, die vor allem für die über 2 Milliarden aktiven Apple-Geräte gedacht sind.

Alphabet

Alphabet ist der Mutterkonzern der beiden wichtigsten »Einheiten« Google und YouTube. Kein Werbetreibender kommt an diesen beiden Plattformen vorbei. Heute sucht man nicht im Internet, man googelt. Dieser Begriff ist so weit verbreitet, dass er sogar Einzug in den deutschen Sprachgebrauch und damit in den DUDEN erhalten hat. Die langfristigen Perspektiven des Unternehmens sind in meinen Augen ebenfalls ausgezeichnet. Gerade die jüngere Generation schaut kaum noch klassisches TV, sondern ist eher auf YouTube zu Hause. Dort findet man heute auch Ratgeber und vieles mehr. Aussichtsreich erscheinen auch die Aktivitäten im Bereich KI. So hat Alphabet ebenfalls einen intelligenten Chatbot am Start. Und am Horizont winken gute Geschäfte mit der Plattform für autonomes Fahren, Waymo. In diesem Bereich ist der Konzern der Konkurrenz zum aktuellen Zeitpunkt bereits mehrere Schritte voraus.

Microsoft

Als Firmengründer Bill Gates seinen Vorstands- und Chefposten bei der Software-Schmiede niederlegte, dachten viele Anleger an das Ende der Erfolgsgeschichte. Doch das Gegenteil war der Fall. Bis heute bestimmt Microsoft ganz wesentlich die Entwicklung am Computer- und Software-Markt. Auch im Cloud-Business ist der Konzern führend. Mit der Übernahme von Activision hat der US-Gigant seine Gaming-Sparte rund um die Xbox weiter gestärkt. Für Aufsehen sorgte Microsoft auch durch die Beteiligung an Open AI, das wiederum verantwortlich für den Chatbot »ChatGPT« ist. Künstliche Intelligenz soll künftig die gesamte Produktpalette von Microsoft aufwerten. Über Kooperationen wollen aber auch viele andere Großkonzerne dieser Welt an der Technologie-Explosion partizipieren. Somit gehört diese Aktie eigentlich in jedes Depot.

Meta Platforms

Viele werden mit dem Namen »Meta Platforms« kaum etwas anfangen können. Dafür kennt jeder die Social-Media-Kanäle Facebook, Instagram und WhatsApp. Diese gehören alle zu Meta Platforms. Firmengründer und Konzern-Chef Mark Zuckerberg brachte einst Facebook an die Börse und übernahm im Anschluss mehr oder weniger den größten Konkurrenten Instagram und später den Messengerdienst WhatsApp. Über alle drei Plattformen hinweg nutzen mehr als 3 Milliarden Menschen auf diesem Planeten regelmäßig zumindest einen Dienst von Meta Plattforms. Es gibt kein anderes Unternehmen auf der Welt mit mehr »Kundenbeziehungen«. Damit lässt sich in den kommenden Jahren noch sehr viel Geld verdienen. Das gilt auch für das sogenannte Metaverse, eine künstliche Parallelwelt, in deren Entwicklung Meta Platforms sehr viel Geld investiert.

Nvidia

Die heutigen technischen Errungenschaften und Entwicklungen benötigen immer leistungsfähigere Computer-Chips. Die derzeit schnellsten und leistungsfähigsten kommen vom US-Konzern Nvidia. Künstliche Intelligenz, autonomes Fahren oder auch das »Minen« von Bitcoins ist ohne die superschnellen Halbleiter von Nvidia heute kaum denkbar. Die Auftragsbücher sind voll, das Wachstumstempo enorm. Auch im

Gaming-Sektor und hier vor allem im PC-Bereich ist Nvidia mit seinen Grafikprozessoren führend. In den kommenden Jahren werden die Anforderungen in vielen digitalen Segmenten weiter steigen. Das spricht ganz klar für eine Fortsetzung der Erfolgsstory.

AMD

Die derzeitige Nr. 2 im Chipsektor ist Advanced Micro Devices, kurz AMD. Die Aktie profitierte zuletzt ebenfalls von der rapide steigenden Nachfrage nach leistungsfähigen Chips. Die Chips des US-Konzerns werden vor allem im Cloudbusiness eingesetzt, sind aber beispielsweise auch für die Spielekonsolen von Microsoft und Sony unverzichtbar, also die Xbox und die Playstation. Der Konzern investiert derzeit viele Milliarden Dollar in den Ausbau seiner Kapazitäten, was Umsatz und Gewinn in den kommenden Jahren weiter vorantreiben wird. Am besten schnüren interessierte Anleger einen Doppelpack mit AMD und Nvidia.

Adobe Systems

Wer kennt nicht Photoshop oder PDF-Dateien? Das kommt alles vom US-Softwarehaus Adobe Systems. Der Konzern hat sich auf Software spezialisiert, die es den Anwendern ermöglicht, digitale Inhalte zu erstellen, zu veröffentlichen und natürlich auch auszuwerten. Dazu gehören Bildbearbeitungsprogramme wie Photoshop oder auch Audio- und Videoschnittsysteme. Zu den bekanntesten Produkten zählen noch Acrobat, Flash, Dreamweaver oder InDesign. Der Konzern wächst seit Jahren extrem solide und profitiert von seinem Abo-Modell und der treuen Kundschaft aus der Werbebranche, dem Verlagswesen und anderen Medien-Häusern.

ASML Holding

Technologie-Schmieden gibt es in Europa inzwischen immer weniger. Doch wenn es um die besten Maschinen für die Halbleiter-Industrie geht, führt an der niederländischen ASML Holding kein Weg vorbei. Der Konzern zählt zu den weltweit führenden Herstellern von Halbleiter-Equipment und fertigt darüber hinaus beispielsweise optische Bauteile und Systeme wie Linsen und Spiegel, die für präzise Messinstrumente erforderlich sind. Mit den Highend-Produktionsmaschinen von ASML werden die weltweit leistungsfähigsten Chips hergestellt. Um solche Maschinen auszuliefern, werden teilweise mehrere Flugzeuge für den Transport benötigt. Die Marktstellung des Unternehmens ist derart dominant, dass beispielsweise die USA den Verkauf an China extrem kritisch sehen.

Cisco Systems

Der Router- und Server-Hersteller gehörte in den 1990er-Jahren zu den absoluten Überfliegern im Technologiesektor. Wenn der damalige Konzern-Chef John Chambers aktuelle Zahlen vorstellte und einen Ausblick lieferte, hielt die Anlegerwelt den Atem an. Denn ohne Cisco war das Internet damals gar nicht vorstellbar. Die Technologie lieferte mehr oder weniger die »Blutbahnen« für das World Wide Web. Auch heute noch dominiert das kalifornische Unternehmen den Ausrüster-Bereich in der digitalen Welt und hat sich in den letzten Jahrzehnten durch zahlreiche Übernahmen immer breiter aufgestellt. Heute ist die Aktie sogar ein stetiger Dividenden-Zahler und eine hervorragende Depotbeimischung.

Meine Top-10-Aktien im Bereich Lifestyle und Unterhaltung

Das zweite große Segment, dem ich im Rahmen dieses Kapitels eine eigene Top-Ten-Liste widmen möchte, umfasst die Bereiche Lifestyle und Unterhaltung. Warum? Weil sich der Großteil unserer Freizeit um genau diese Themen dreht. Wir reisen um die Welt, treiben Sport und lassen uns von Serien, Filmen und Videospielen unterhalten. Für dich als Anleger sollte also klar sein: Solange die Menschen nicht aus irgendeinem Grund aufhören, ihre Freizeit rund um die Themen Lifestyle und Unterhaltung zu gestalten, wird es immer Unternehmen geben, die in genau diesen Bereichen große Umsätze einfahren. Und genau diese Unternehmen sind es, an deren Erfolg du als Anleger teilhaben kannst. In diesem Kapitel zeige ich dir meine Favoriten.

Sony

Als Japan in den 80er- und 90er-Jahren die global führende Technologie-Nation war, wurde der Werbe-Slogan, »It's not a trick, it's a Sony«, weltbekannt. Heute gehört Sony zu den größten und wichtigsten Technologie- und Unterhaltungskonzernen und ist jungen Menschen auf der ganzen Welt ein Begriff. Von Fernsehgeräten über Multimediasysteme bis hin zur PlayStation deckt Sony beinahe die gesamte Palette der Unterhaltungs-Elektronik ab. Ergänzt wird das außerdem durch das Musik- und Filmgeschäft, in dem Sony ebenfalls zu den weltweit führenden Unternehmen zählt – unter anderem durch das Tochterunternehmen Sony Music, das weltweit Hunderte Musiker unter Vertrag hat. Die Perspektiven sind rosig – vor allem, wenn man an die Möglichkeiten denkt, die sich dem Unternehmen zukünftig auch im Metaverse eröffnen werden.

Walt Disney

Walt Disney ist natürlich vor allem durch seine Disney-Figuren wie Donald Duck oder Micky Mouse bekannt geworden. Auch die verfilmten Märchen sowie die modernen Disney-Produktionen wie *Aladdin, Die Eiskönigin* oder *Arielle, die Meerjungfrau* haben innerhalb der weltweiten Fangemeinde Legendenstatus. Doch heute stellt Disney längst mehr her als Märchenfilme und lustige Zeichentrickfiguren. Der Konzern ist im Filmbusiness noch viel breiter aufgestellt und besitzt mit *Marvel* und *Star Wars* zwei Film- und Serien-Sparten mit langfristig schier unbegrenzten Möglichkeiten. Hinzu kommen noch die Vergnügungs- und Freizeitparks, die sich weltweit wachsender Beliebtheit erfreuen, sowie das Tourismus-Geschäft mit Hotels und Kreuzfahrten.

Nike

Dass ich einen besonderen Bezug zur Marke Nike habe, sollte schon mit meiner Erzählung rund um *Forrest Gump* klar geworden sein. Seit diesem Kinobesuch hat Nike sich von einer reinen US-Marke zum weltweit größten Sportartikelhersteller hochgearbeitet und ist inzwischen Menschen auf dem ganzen Globus ein Begriff. Doch dabei geht es längst nicht mehr in erster Linie um Sportbekleidung, Turnschuhe und sonstige Ausrüstung. Hoodys und Sneaker verkörpern heute den Lifestyle von Menschen jeder Altersklasse und sind aus dem Mode-Alltag gar nicht mehr wegzudenken. Und in den kommenden Jahren sollte sich dieser Trend noch verstärken. Schließlich hat die Corona-Pandemie den Menschen vor Augen geführt, wie wichtig es ist, Sport zu treiben und damit Körper und Geist zu stärken. Aus diesem Grund dürfte Nike auch in den kommenden Jahren weiter wachsen und gedeihen. Zumindest hat der US-Konzern mit der breiten Produktpalette und mit Untermarken wie Jordan oder Nike SB die besten Voraussetzungen dafür.

Adidas

Neben Nike sollten Anleger dessen Hauptrivalen Adidas ins Depot legen. Denn auch Adidas schafft es seit vielen Jahren, Sportbekleidung zu Lifestyle-Mode zu machen. Die Marke mit den drei Streifen ist ebenfalls rund um den Globus äußerst beliebt. Der Konzern aus Herzogenaurach ist vor allem im Breitensport die absolute Nr. 1, während sich Nike in erster Linie auf die großen und bekannten Sportarten fokussiert. Auch im für Adidas wichtigsten Segment Fußball kommt man an unseren DAX-Unternehmen nicht vorbei. So zählt Adidas seit Jahren Stars wie Lionel Messi oder Toni Kroos zu seinen Aushängeschildern. In den Top-Ligen Europas sorgen außerdem mehrere von Adidas ausgestattete Top-Teams wie Bayern München oder Real Madrid seit Jahren dafür, dass die Produkte unter die Leute kommen. Ähnliches gilt auch auf Länderebene. Mit Deutschland, Spanien oder dem amtierenden Weltmeister Argentinien werden drei absolute Spitzennationen bereits seit vielen Jahren von Adidas ausgestattet, 2021 gesellte sich mit der italienischen Nationalmannschaft außerdem der zum damaligen Zeitpunkt amtierende Europameister dazu. All das zeigt: Adidas wird auch in den kommenden Jahren nicht aus den Bereichen Sport und Lifestyle wegzudenken sein.

Lululemon

Immer mehr Menschen entdecken Yoga nicht nur als Sport, sondern darüber hinaus als Quelle für Meditation, geistige Gesundheit und Frische. Doch auch hier gilt bei Männern und Frauen gleichermaßen: Es geht immer auch um Ästhetik. Wer zum Yoga geht, wird dabei möglichst gut aussehen wollen. Da kommt das aufstrebende US-amerikanische Sportbekleidungsunternehmen Lululemon ins Spiel, das nicht nur stylische Jogginghosen, Shirts und Sportwäsche im Angebot hat, sondern auch Bademode und Accessoires wie Yoga-Matten, Sporttaschen oder Trinkflaschen. Die Marke erfreut sich derzeit einer weltweit wachsenden Beliebtheit und sollte in den kommenden Jahren noch kräftig wachsen.

Inditex

Die wenigsten Leser werden mit dem Firmennamen Inditex etwas anfangen können. Er ist die Abkürzung für Industria de Diseño Textil S.A. Auch das hilft wohl nicht wirklich weiter. Dabei ist der spanische Konzern eines der größten Textilunternehmen weltweit. Unter seine Schirmherrschaft gehören zahlreiche Marken, die den allermeisten Menschen definitiv ein Begriff sein werden. Hierzu gehören neben den Zugpferden Zara, Pull & Bear und Massimo Dutti auch etwas weniger populäre Brands wie Zara Home, Bershka, Stradivarius, Oysho und Uterqüe. Die Spanier schaffen es wie kaum ein anderes Mode-Unternehmen, die neuesten Trends möglichst zügig mit bezahlbarer Ware in den Einzelhandel zu bringen. Nicht umsonst gibt es in den meisten Europäischen Großstädten mindestens einen Zara-Store, in manchen sogar mehrere. Neben dem klassischen Shopping-Erlebnis im Laden sorgt Indidex außerdem mit gut sortierten Online-Shops dafür, auch im Bereich E-Commerce zu den absoluten Top-Performern zu gehören.

Netflix

Fernsehen zu festen Uhrzeiten war früher! Heute streamen die Menschen ihre Serien, Filme und Dokumentationen dann, wenn es ihnen zeitlich passt, und da, wo sie wollen. Also nicht nur auf dem klassischen TV-Gerät, sondern auch mal auf dem Tablet, dem Laptop oder gar dem Smartphone. Pionier und Weltmarktführer in diesem Segment ist ganz klar Netflix. Der Konzern hat seine Wurzeln im Video-Verleih und machte später Video-Streaming zu einem der lukrativsten Wachstumssegmente im Unterhaltungssektor. Inzwischen kennt eigentlich jeder die Plattform und es gibt kaum jemanden, der seine Lieblingsserie noch nicht über Netflix gestreamt hat. Und dabei ist das Wachstumspotenzial noch lange nicht ausgereizt – zumal Netflix gerade den Gaming-Markt entdeckt hat. Ja, auch die Zukunft im Gaming-Sektor liegt im Streaming-Markt! Hier ist noch viel Luft nach oben.

L'Oréal

Wenn es Bereiche gibt, in denen Europa der globalen Konkurrenz noch ein Stück voraus ist, dann sind es Kulinarik, Kultur, Mode und Kosmetik. Vor allem französische Unternehmen sind hier führend. Im Bereich Kosmetik ist L'Oréal S.A. weltweit bekannt und beliebt. Insgesamt gehören aktuell 36 internationale Marken aus dem Bereich von Schönheits- und Pflegeprodukten zum französischen Konzern. Darunter befinden sich unter anderem die Marken Maybelline, The Body Shop, Helena Rubinstein, Giorgio Armani, Garnier oder Vichy. Der Vertrieb der Produkte läuft über Friseursalons, den klassischen Einzelhandel, den Versandhandel, aber auch über Apotheken. Das bedeutet: Wer auf die eine oder andere Art und Weise Wert auf sein äußeres Erscheinungsbild legt, wird irgendwann zwangsläufig mit den Produkten von L'Oréal in Berührung kommen. Perspektivisch sehe ich auch keinen Grund, wieso sich das ändern sollte. Schönheit ist nach wie vor ein Megatrend und wird dies auf absehbare Zeit auch bleiben.

Airbnb

Ich werde später noch ausführlicher darauf zu sprechen kommen, inwiefern sich unser Alltag durch Entwicklung und Innovation stetig verändert. Eines kann ich jedoch schon einmal vorwegnehmen: Vieles von dem, was früher über Jahre hinweg üblich war, gibt es heute gar nicht mehr. Das gilt in dieser Form auch für Urlaubsreisen. Früher wurden Hotels oft auf Basis von einem einzigen Foto und den zugehörigen Preisangaben gebucht. Heute bietet das Internet weiterführende Informationen, Bildmaterial und Videos in Hülle und Fülle. Doch auch die Art des Urlaubs verändert sich. So erfreuen sich Individualreisen ebenso einer steigenden Beliebtheit wie ausgewählte Ferienwohnungen. Genau darauf hat sich Airbnb spezialisiert. Über diese Plattform können sowohl Reisefirmen als auch Privatpersonen Zimmer, Wohnungen, Häuser oder auch Hotels anbieten. Das Angebot gerade im Bereich von Ferienhäusern ist schon sehr, sehr attraktiv.

Booking Holdings

Wir bleiben beim Thema Urlaub und kommen zu Booking Holdings, der weltweit größten Buchungs-Plattform für Hotel- und Flugbuchungen. Zu den einzelnen Marken im Konzern gehören neben Booking.com auch Kayak, agoda.com, priceline, OpenTable und Rentalcars.com. Auch Restaurantreservierungen oder die Buchung von Mietwagen sind also über Booking möglich. Darüber hinaus hat der US-Konzern Kreuzfahrten und Pauschalreisen im Angebot und arbeitet mit Partnerfirmen zusammen, um die Planung und Buchung von Reisen zu erleichtern. Insgesamt kann man durchaus sagen, dass Booking Holdings inzwischen das größte Internet-Reisebüro ist. Darauf werden sich viele Menschen auch zukünftig verlassen, wenn sie sich auf Geschäftsreisen begeben oder ihren nächsten Sommerurlaub planen.

Meine Top-10-Aktien in der Konsumgüter- und Nahrungsmittelbranche

Zugegebenermaßen gibt es nicht wenige Überschneidungspunkte zwischen den Bereichen Lifestyle und Konsumgüter. Gerade Unternehmen wie Nike und Adidas zeichnen sich mitunter dadurch aus, dass sie Produkte unter die Leute bringen, die in der öffentlichen Wahrnehmung unter das Label »Konsumgut« fallen würden. Ähnliches gilt für L'Oréal. Dementsprechend ist es nur logisch, dass einige der Unternehmen, die ich in diesem Kapitel vorstellen möchte, genauso gut ein Teil des letzten hätten sein können. Dennoch halte ich es für wichtig, dem Konsumsegment eine eigene Top-Ten-Liste zu widmen. Darin können auch Unternehmen behandelt werden, die Luxusgüter vertreiben oder als Teil der Fast-Food-Industrie Lebensmittel in großen Massen verkaufen. Ohnehin wird es häufiger vorkommen, dass Unternehmen, die auf einer dieser Listen stehen, ebenso ihren Platz auf einer anderen hätten finden können. Manch einer würde Apple eher unter Konsum verorten, ein anderer Johnson & Johnson im Pharmabereich. Letztlich dient die Zuordnung der Unternehmen zu einzelnen Listen ohnehin eher der Übersichtlichkeit. Wer ein gut strukturiertes Depot errichten möchte, ist am besten beraten, sich breit aufzustellen und Unternehmen aus verschiedenen Wirtschaftssegmenten darin aufzunehmen. In diesem Kapitel lernst du zehn spannende Unternehmen kennen, die ich im Bereich Konsum verorten würde.

McDonald's

Es ist kein Wunder, dass ich im Rahmen dieses Buches wieder und wieder auf McDonald's als ein Beispiel für ein börsenrelevantes Unternehmen zu sprechen gekommen bin. Denn die Wachstumsstory von McDonald's ist wirklich beeindruckend. Lange Jahre galt die Fastfood-Kette als der Inbegriff westlichen Lebensstils. Aufgrund dessen galt die Eröffnung von McDonald's-Restaurants an anderen Orten der Welt auch als ein

Beleg für erlangte Freiheit. Heute gibt es in mehr als 100 Ländern auf diesem Planeten Niederlassungen des US-Konzerns, die meisten davon als Franchise-Standorte, die über Lizenzen an selbstständige Betreiber vergeben werden. Anfangs als reine Burger-Kette gestartet, präsentiert McDonald's heute eine deutlich breitere Produktpalette, die auch vegetarische Produkte, Salate und inzwischen sogar Burger mit Fleischersatz im Angebot hat. Dazu kommen die Kaffee-Spezialitäten in den als McCafé bezeichneten Restaurants. Für diese Aktie gilt klar der Spruch: Gegessen und getrunken wird immer.

Beiersdorf

Manchmal reicht es einfach aus, mit offenen Augen durchs Haus zu gehen, um lukrative Börseninvestments zu identifizieren. Schnell landet man da bei Beiersdorf. In extrem vielen Haushalten dieser Republik lassen sich Pflegeprodukte von Nivea finden. Cremes, Deos, Shampoo – im Sortiment von Nivea ist eigentlich alles dabei, was das Herz von Hautpflege-Fans höher schlagen lässt. Und wer hat in seinem Leben nicht schon Lippenpflege mit Labello betrieben? Zu den Marken von Beiersdorf gehören darüber hinaus noch Eucerin, 8x4 und La Prairie. Nicht minder erfolgreich ist Beiersdorf mit Klebeprodukten der Marke Tesa. Dazu zählen nicht nur Haushaltsklebeprodukte, sondern auch Klebstoffe für die Industrie. Der Hamburger Traditionskonzern gilt auch schon lange als potenzieller Übernahmekandidat.

Henkel

Wir bleiben im Haushalt und gehen vom Badezimmer in den Waschraum. Und schon finden wir in einigen deutschen Haushalten Waschmittel des Düsseldorfer DAX-Unternehmens Henkel, beispielsweise Persil oder Perwoll. In der Küche gibt es zwar heute in der Regel einen Geschirrspüler. Doch was liegen bleibt oder sperrig ist, wird natürlich mit Pril gereinigt. Zu den weiteren bekannten Marken gehören unter anderem Weißer Riese, Bref, Fa, Schauma, Sil, Somat, Spree, Sidolin und taft. Außerdem ist Henkel am Markt für Klebstoffe international erfolgreich. Hier führt kein Weg an Pritt-Klebestiften, Pattex, Loctite oder Ceresit vorbei. Das Besondere: Henkel bedient sowohl Privathaushalte als auch die Industrie.

LVMH

Eine Sache kann ich, wenn es um LVMH geht, nur ein aufs andere Mal wiederholen: Seit Jahrzehnten nimmt die Zahl der Einkommensmillionäre jährlich um knapp 10 Prozent zu. Genau das ist die wichtigste Zielgruppe für Hersteller von Luxusgütern. Die unumstrittene Nr. 1 in diesem Sektor ist ganz klar der französische Marken-Gigant LOUIS VUITTON MOËT HENNESSY, kurz LVMH. Das Portfolio des Unternehmens besteht aus der Crème de la Crème internationaler Prestige-Marken in den Bereichen Parfum, Kosmetik, Uhren und Schmuck, Wein und Spirituosen sowie Mode und Lederwaren. Das meiste davon wird weltweit in eigenen Geschäften vertrieben. Zu den bekanntesten Marken zählen neben Louis Vuitton, Moët & Chandon und Hennessy unter anderem auch Dom Perigon, Bulgari, Kenzo, Dior, Fendi, Givenchy, Benefit und TAG Heuer. Zuletzt hat sich LVMH den deutschen Kofferhersteller Rimowa sowie die Juwelierkette Tiffany einverleibt. Die Aktie besticht seit vielen Jahren durch ein konstantes Wachstum.

Johnson & Johnson

Johnson & Johnson gehört zu den absoluten Urgesteinen an der Wallstreet und präsentiert sich heute als Universalanbieter in vielen Branchen des Health-Care-Sektors. Von dem US-Unternehmen gibt es sowohl verschreibungspflichtige als auch rezeptfreie Medikamente. Dazu gehören Schmerzmittel, Augentropfen, Wundsalben oder Kontaktlinsen und Kosmetika. Auch im Hygiene-Sektor ist der Konzern vertreten, beispielsweise mit Marken wie Neutrogena, Carefree oder Listerine. In der Pharmaforschung fokussiert Johnson & Johnson sich vor allem auf Herz-Kreislauferkrankungen, Dermatologie, Onkologie und Immunologie.

Monster Beverage

Wer kennt sie nicht, die Energy-Drink-Dosen in unseren Tankstellen. Nicht nur Lkw-Fahrer halten sich damit auf ihren nächtlichen Touren fit, auch die junge partyhungrige Generation schwört darauf, mit Drinks von Monster Beverage die Nacht zum Tag zu machen. Neben den Energy Drinks hat der US-Konzern weitere Erfrischungsgetränke, Säfte, Limonaden, Wasser oder auch Eistees im Angebot. Selbst »Coffee to go« in Getränkedosen gibt es von Monster Beverage. Zu den Markennamen gehören neben Monster auch Hansens Natural, Worx Energy, Blue, Sky und Peace Tea. Aktuell ist Monster weltweit in über 70 Ländern vertreten. Die Wachstumsperspektiven bleiben gut, zumal die internationale Expansion noch ausbaufähig ist.

Procter & Gamble

Der US-Konzern Procter & Gamble ist fast schon eine Ikone unter den Konsumgüterherstellern. Das hängt natürlich mit dem extrem breiten Marken-Imperium zusammen, das sich das Unternehmen in den vergangenen Jahrzehnten zusammengekauft hat. Es reicht von Rasierklingen der Marke Gillette bis hin zu Windeln der Marke Pampers. Schon an diesen beiden Beispielen wird klar, wo der große Vorteil liegt. Denn mit diesen Qualitätsprodukten lassen sich Preissteigerungen viel leichter beim Kunden durchsetzen als es bei No-Name-Produkten der Fall wäre. Wer die Qualität von Gillette oder Pampers gewöhnt ist, wird dazu bereit sein, ein paar Euro mehr dafür auszugeben. Ähnliches gilt für die anderen Marken, die zu Procter & Gamble gehören. Das sind unter anderem Always, Head & Shoulders oder Ariel. Dazu kommt, dass der Konzern auch noch zum absoluten »Dividenden-Adel« gehört und inzwischen seit über 70 Jahren eine steigende oder zumindest gleichbleibende Dividende ausschüttet.

Coca-Cola

Coca-Cola ist immer noch eine der Lieblings-Firmen, an denen Investmentlegende Warren Buffett mit seiner Beteiligungsgesellschaft Berkshire Hathaway beteiligt ist. Ihm wird zudem nachgesagt, dass er selbst eine Vorliebe für das Getränk entwickelt hat, vor allem für Cherry Coke. Doch Coca Cola ist heute weit mehr als nur ein Hersteller von koffeinhaltiger Brause. Aktuell besitzt der US-Konzern die Rechte an über 500 Marken. Dabei vertreibt das Unternehmen ausschließlich alkoholfreie Getränke. Dazu zählen Erfrischungsgetränke mit und ohne Zucker, Mineral- und Heilwasser, Sportgetränke, Säfte und trinkfertige Kaffeespezialitäten. Für die Aktie spricht schlichtweg die Tatsache, dass Verbraucher auch in den nächsten Jahrzehnten bevorzugt Markengetränke kaufen werden.

Colgate Palmolive

Wir blicken uns mal wieder im Haushalt um und konzentrieren uns auf Haushaltshygiene und Zahnpasta. Genau hier kommt Colgate Palmolive ins Spiel. Der Konzern legt den Fokus auf Mundhygiene, Haushalts-Oberflächenhygiene, Körperpflege, Textilpflege und Haustiernahrung. Auch für Colgate-Palmolive gelten die großen Vorteile beliebter Marken, zu denen neben Colgate und Palmolive unter anderem Sorriso, Ajax, Softsoap, Gard, Oral, Dentagard und viele weitere gehören. Über die Konzerneinheit Hill's Pet Nutrition zählt der US-Konzern zudem zu den führenden Anbietern von Hunde- und Katzennahrung. Bekanntlich geben Haustierbesitzer Unsummen für ihre kleinen und großen Lieblinge aus. Die Aktie ist also eine grundsolide Beimischung für jedes Depot.

Nestlé

Auch in der Schweiz gibt es langfristig super aussichtsreiche und substanzstarke Aktien. Dazu gehört mit Nestlé einer der größten Nahrungsmittelhersteller der Welt. Auch auf diese Anlage-Idee kann eigentlich jeder im eigenen Haushalt kommen. Hierzu genügt ein genauerer Blick auf die Produkte im eigenen Kühlschrank, in der Kühltruhe oder im Vorratsschrank. Neben Tiefkühlprodukten, Getränken, Milchprodukten und Süßwaren vertreiben die Schweizer auch Spezialnahrungsmittel, Babyprodukte und Artikel für Heimtiere. Zu den bekanntesten Marken im Konzern gehören Nescafé, Nesquick, Maggi, Thomy, KitKat, Buitoni, Smarties und Original Wagner. Für Babys und Kleinkinder gibt es Alete, Bübchen und Mamalete. Schließlich kommen auch Hunde und Katzen zum Zug mit Produkten der Marke Felix oder Beneful. Zu den bekanntesten Marken im Getränkebereich gehören San Pellegrino, Perrier, Vittel oder Contrex.

Meine Top-10-Aktien im Bereich Pharma, Gesundheit und Biotechnologie

Auf das Thema Medizin werde ich im weiteren Verlauf dieses Buches noch einmal ausführlicher zu sprechen kommen. Doch eines schon mal vorweg: Die Medizin wird immer ein riesiger und relevanter Wirtschaftssektor bleiben. Die Gründe hierfür liegen schon in der Natur des Menschen. Als Menschen sind wir grundsätzlich verschiedenen gesundheitlichen Risiken ausgesetzt. Wir kommen mit Viren und Bakterien in Kontakt, ziehen uns Verletzungen zu und leiden unter chronischen Krankheiten. An diesem Punkt kommt eine Wissenschaft ins Spiel, die sich in den letzten Jahrhunderten entwickelt hat wie kaum eine andere: die Medizin. Dank dieser hat der Mensch Mittel und Wege gefunden, um mit den allermeisten gesundheitlichen Problemen umgehen zu können. Wir behandeln Krankheitssymptome mit Medikamenten, schützen uns mithilfe von Impfungen vor Ansteckungen und erreichen durch Forschung im Bereich Biotechnologie und Medizintechnik neue Standards in Gesundheit und Diagnostik. Dabei ist eins klar: Solange es den Menschen gibt, wird die Medizin immer eine wichtige Wissenschaft und ein ebenso wichtiger Wirtschaftssektor bleiben. Deshalb möchte ich dir in diesem Kapitel meine Top-Ten-Aktien rund um Pharma, Gesundheit und Biotechnologie vorstellen.

BioNTech

Beginnen wir mit einem Unternehmen, das den meisten Deutschen erst seit ein paar Jahren ein Begriff ist. Das Mainzer Biotechnologie-Unternehmen BioNTech war der Shooting-Star in der Corona-Pandemie. Dank einem Impfstoff, der auf der mRNA-Technologie basiert, verdiente der Konzern in den letzten Jahren hohe zweistellige Milliarden-Beträge. Dabei war und ist die Forschung im mRNA-Sektor eher auf Impfstoffe gegen Krebserkrankungen ausgerichtet. Dank der hohen Einnahmen durch die Impfstoffe ist BioNTech der Konkurrenz in Forschung und Entwicklung teilweise um Längen voraus. Die Produktpipeline ist dabei prall gefüllt. Der Konzern ist sich sicher, schon bald erste Impfstoffe gegen Krebserkrankungen zur Marktreife zu bringen. Die Aktie ist auch ein heißer Übernahmekandidat für die großen Pharmaunternehmen dieser Welt.

Bayer

Wer kennt sie nicht – die gute, alte Aspirin-Tablette, die noch heute weltweit als Schmerzmittel geschätzt wird? Wie viele andere Arzneimittel wird sie von der deutschen Bayer AG vertrieben. Doch heute ist Bayer nicht nur im Pharmabereich tätig, sondern auch in einem weiteren langfristigen Wachstumsmarkt, der Agrarwirtschaft. Dieser Bereich leidet aktuell nach wie vor unter dem Streit um den Unkrautvernichter Glyphosat. Sollte dieser jedoch eines Tages beigelegt sein, besitzt die Aktie in meinen Augen großes Potenzial. Schließlich sind Pflanzenschutz und Schädlingsbekämpfung ein Mega-Markt. Hinzu kommt das grundsolide Geschäft rund um verschreibungspflichtige und rezeptfreie Medikamente. Bayer forscht intensiv in den Bereichen Herz-Kreislauf, aber auch in der Onkologie und im Bereich gynäkologischer Therapien.

Amgen

Der US-Konzern Amgen gehört zu den größten Biotech-Unternehmen der Welt. Amgen produziert und vertreibt biotechnologisch erzeugte Arzneimittel, die mithilfe rekombinanter DNA-Technologien hergestellt werden, also mithilfe einer bestimmten Methode der Gentechnik. Schwerpunkte der Produkt-Forschung- und Entwicklung sind die Bereiche Hämatologie (Bluterkrankungen), Onkologie (Krebs), Nephrologie (Nierenerkrankungen), Diabetes, Rheumatologie, Neurologie und Zelltherapie. Amgen hat in den vergangenen Jahren schon etliche Blockbuster zur Marktreife gebracht und verfügt auch aktuell über eine prall gefüllte Produktpipeline. Der Eigenvertrieb konzentriert sich auf den US-Markt. Im Ausland ist Amgen über die Vergabe von Lizenzen aktiv.

Biogen

Eines der erfolgreichsten Biotechunternehmen der letzten drei Jahrzehnte ist ganz klar Biogen. Der Konzern hat sich vor allem auf die Entwicklung von Medikamenten spezialisiert, die schlicht und ergreifend die Lebensqualität verbessern und dabei oftmals lebensverlängernde oder gar lebensrettende Wirkung zeigen. Die Forschung konzentriert sich im neurologischen Bereich auf die Behandlung von Multipler Sklerose sowie der Schuppenflechte. Doch auch in den Bereichen Onkologie, Rheumatologie und Hämophilie (Bluterkrankheit) ist Biogen aktiv. Einer der größten Erfolge ist ein erstmalig gentechnisch hergestellter Impfstoff gegen Hepatitis B. Noch generiert der Konzern aber einen Großteil seiner Einnahmen durch den Verkauf von Avonex zur Behandlung von Multipler Sklerose, kurz MS. Ebenfalls erfolgreich ist Rituxan zur Behandlung von Non-Hodgkin-Lymphomen sowie Fumaderm zur Behandlung schwerer Formen der Schuppenflechte.

Gilead

Eines der erfolgreichsten und profitabelsten Biotech-Unternehmen der letzten 20 Jahre ist ganz klar Gilead Sciences. Der Name Gilead bezieht sich auf einen biblischen Ort und wird entsprechend auch im Englischen so ausgesprochen wie im Deutschen. Der bislang größte Coup war die Übernahme des Konkurrenten Pharmasset, durch welche sich Gilead erfolgreiche Medikamente für die Behandlung von Hepatitis C sichern konnte. Nach dem Ablauf der Patentrechte sind die Margen hier aber deutlich gesunken. Dafür ist die Pipeline prall gefüllt. Gilead forscht vor allem an Lösungen für die Behandlung lebensbedrohlicher Infektionskrankheiten sowie Tumorerkrankungen, Hepatitis und HIV. Sehr bekannt durch zahlreiche Presseartikel ist auch der Neuraminidase-Hemmer Tamiflu, ein Enzym, das für die Vermehrung und Verbreitung der Influenza-Viren im Körper verantwortlich ist.

Regeneron

Regeneron Pharmaceuticals wurde vor allem inmitten der Corona-Pandemie bekannt, als der damalige US-Präsident Donald Trump nach seiner Corona-Infektion mit einem Antikörper-Cocktail von Regeneron behandelt wurde und diesen in den höchsten Tönen pries. Der US-Konzern erforscht, entwickelt, produziert und verkauft vor allem Medikamente zur Behandlung schwerer Erkrankungen auf Basis von Antikörper-Technologien. Dabei zielt die Forschung sowohl auf Infektionskrankheiten als auch auf die Behandlung von Krebserkrankungen. Aktuell vermarktet Regeneron drei Produkte: Eylea zur Behandlung einer speziellen Augenerkrankung, Zaltrap zur Behandlung einer speziellen Krebserkrankung und Arcalyst zur Senkung der Harnsäure bei Gichtpatienten.

Vertex

Vertex Pharmaceuticals war eines der ersten Biotech-Unternehmen, in dessen Aktien ich investiert habe – und mein bislang profitabelstes Investment in diesem Sektor. Heute ist das US-Unternehmen ein global aufgestellter Biotech-Konzern, der sich auf die Entwicklung kleinmolekularer Arzneimittel zur Behandlung schwerer Erkrankungen konzentriert. Die Produkt-Pipeline ist aktuell prall gefüllt und umfasst Positionen im Bereich Entzündungskrankheiten, Virusinfektionen, Autoimmunkrankheiten, HIV und auch Krebs. Zu den aktuell erfolgreichsten Medikamenten gehört der HIV-Proteasehemmer Lexiva, den Vertex gemeinsam mit dem Pharmariesen GlaxoSmithKline vermarktet.

Merck & Co.

Im Pharma-Sektor kommt kein Anleger an dem US-Konzern Merck & Co. vorbei, nicht zu verwechseln mit der deutschen Merck KGaA. Das

Unternehmen forscht an neuartigen Medikamenten, Impfstoffen und biologischen Therapeutika, die sie bis zur endgültigen Produktreife auch entwickeln, produzieren und am Ende vermarkten. Schwerpunkte in den Anwendungsgebieten sind Allergien, Atemwegserkrankungen, Infektionserkrankungen, Herz- und Kreislauferkrankungen und auch Krebserkrankungen. Auch in der Tiermedizin ist Merck & Co. mit der Sparte Animal Health führend vertreten. Zu den bekanntesten Produkten zählen Impfstoffe wie Recombivax HAB oder Vaivax, Schmerzmittel wie Vioxx oder Hemmstoffe bei AIDS-Infektionen wie Crixivan.

Eli Lilly

Einer der weltweit größten Pharmakonzerne ist Eli Lilly. Das Unternehmen ist für viele global verbreitete Medikamente bekannt, beispielsweise für das Antidepressivum Prozac. Ein Fokus von Forschung, Entwicklung, Herstellung und Vertrieb von Arzneimitteln liegt folglich auf der Neurowissenschaft. Außerdem konzentriert sich der Konzern auf Infektions-, Herz- und Kreislauferkrankungen sowie Onkologie und Endokrinologie. Analog zu Merck & Co. ist Eli Lilly ebenfalls in der Tiermedizin aktiv, sowohl für Nutz- als auch für Haustiere. Wichtigste Einnahmequelle sind aber eindeutig Medikamente im Bereich der Neurologie wie eben Prozac oder Zyprexa gegen Schizophrenie bzw. bipolare Störungen.

Roche

Viele namhafte Pharmaunternehmen sind in der Schweiz zu Hause. Das erfolgreichste davon ist sicherlich Roche. Der Konzern ist weltweit vor allem führend im Bereich von In-vitro-Diagnostika, Krebsmedikamenten sowie in der Transplantationsmedizin. Hinzu kommen auch noch Bereiche wie Entzündungskrankheiten, Autoimmunerkrankungen, Virologie und viele mehr. Der Konzern unterscheidet organisch zwischen zwei Geschäftsbereichen, nämlich Pharma und Diagnostics. Gerade hier ist Roche einer der Weltmarktführer von Diagnosesystemen und bietet integrierte Analysesysteme für klinische Labors. Roche ist aktuell in über 150 Ländern dieser Welt vertreten. Der Hauptsitz befindet sich in Basel.

Meine Top-10-Dividenden-Aktien

Ich habe in diesem Buch ja schon einige Male erläutert, wann, warum und für wen es sich lohnt, Dividenden-Aktien ins eigene Depot aufzunehmen. Auch habe ich bereits im ersten Teil des Buches erwähnt, dass es insbesondere in Deutschland eine Vielzahl von überaus soliden Dividenden-Aktien gibt, die bei Anlegern für einen stetigen Cashflow sorgen können. Zehn dieser Dividenden-Aktien möchte ich dir im Rahmen dieser Liste näherbringen.

Allianz

»Denn wer sich Allianz versichert …« – wer kennt ihn nicht, den legendären Werbespot mit der einprägsamen Melodie? In der Tat genießt der Münchener Versicherungsgigant ein hervorragendes Image. Heute vertrauen sogar viele Anleger eher ihrem Allianz- als ihrem Bankberater, wenn es um Geldanlagen geht. Doch es ist vor allem das Kerngeschäft rund um die Sachversicherungen, das der Allianz Jahr für Jahr wachsende Umsätze und Gewinne beschert. Und der Bedarf an Versicherungen wächst ja immer weiter. Ob es Gebäude-Versicherungen in Zeiten zunehmender Unwetter sind oder Versicherungen für die Solaranlage – bei der Allianz bekommt man alles. Seit Jahren schüttet der Konzern steigende Dividenden aus. Ein absolutes Muss für jedes Dividendendepot.

Münchener Rück

Auch am Münchener Rückversicherer, der heute unter dem international geläufigeren Namen Munich Re firmiert, kommen Dividenden-Fans nicht vorbei. Schließlich geht es hier mit den jährlichen Ausschüttungen seit 1969 stetig nach oben. Im schlechtesten Fall fiel höchstens mal die Erhöhung der Dividende aus, die ansonsten zumeist jährlich steigt. Das kann der Konzern sich auch leisten, was am recht einfachen und lukrativen Geschäftsmodell liegt. Zwar muss der Rückversicherer in Jahren größerer Katastrophen hohe Zahlungen an die Erstversicherer leisten, was auch mal für einen Jahresverlust sorgt, doch genau solche Jahre sind die besten Jahre für den Vertrieb bzw. den Abschluss neuer Verträge. Das Resultat: ein Platz im »Dividenden-Adel«.

Mercedes

Wenn Deutschland derzeit international noch geschätzt wird, dann vor allem wegen seiner Autos. Eines der wichtigsten Aushängeschilder der deutschen Automobilindustrie ist Mercedes. Dort hat die Führung zwar den Siegeszug der Elektromobilität anfangs etwas verschlafen, doch inzwischen gibt es auch hier gewaltige Fortschritte. Ohnehin dürfte es langfristig wieder weniger wichtig sein, was unter der Motorhaube steckt. Was relevant bleiben wird, ist die Marke des jeweiligen Gefährts. Und hier genießt der »Stern« aus Stuttgart natürlich weiterhin Luxus-Status. Wer sich einen Mercedes leisten kann, hat es beruflich und finanziell geschafft. Der Konzern konnte zuletzt auch in den Krisen eindrucksvoll unter Beweis stellen, dass er hohe Margen generieren kann. Das kommt der Dividende zugute, die auch in den kommenden Jahren üppig ausfallen sollte.

Deutsche Post/DHL

Die Deutsche Post nennt sich jetzt offiziell DHL, was schon ein Indiz dafür ist, wo der ehemalige Staatskonzern sein Geld verdient – in der Logistik. Denn DHL war ein US-Versanddienstleister, den der ehemalige Staatskonzern aus Deutschland 2002 übernommen hat. In der Logistik winken in den kommenden Jahren ordentliche Wachstumsraten. Schließlich nimmt der E-Commerce weltweit zu und auch das traditionelle Logistik-Geschäft wächst mit der Weltwirtschaft immer weiter. Die Bewertung ist moderat, die Dividendenrendite attraktiv. Mit dieser vermeintlich langweiligen Aktie können Dividendenfans in der Regel extrem gut schlafen.

Deutsche Telekom

Zu den stabilsten Dividendenzahlern zählen in der Regel Versorger und Telekommunikations-Unternehmen. Schließlich erzielen diese skalierbare und stetige Erlöse. Dazu zählen natürlich sowohl die Einnahmen für Netzwerk- und Internetanschlüsse als auch für Mobilfunkverträge. Da in den kommenden Jahren die Anwendungsspektren immer breiter und die Anforderungen immer höher werden, winken den Bonnern noch reichlich Entfaltungsmöglichkeiten. Der »Goldesel« im Konzern ist aktuell die US-Tochter T-Mobile US, die in den USA Platzhirsch im Mobilfunk ist und hohe Erträge zum Gesamtergebnis beisteuert.

Enel

Ich habe mich bei meiner Top-10-Auswahl im Dividendensektor ganz klar auf deutsche Unternehmen fokussiert, da hier das Thema Quellensteuer wegfällt. Doch dein Steuerberater sollte wissen, wie man diese bei Unternehmen aus dem Ausland wieder zurückbekommt. Wer es sich also zutraut, sich erfolgreich mit dieser Thematik auseinanderzusetzen, sollte definitiv einen Blick auf Enel werfen. Enel ist eine internationale, in Italien angesiedelte Stromversorgergruppe, die sich auf die Stromerzeugung aus Wasser-, Thermal-, Wind-, Solar- und Kernkraftwerken spezialisiert hat. Das Unternehmen steht auf einer sehr festen Basis und schüttet eine sehr attraktive Dividende aus.

BMW

Was für Mercedes gilt, lässt sich auch auf BMW übertragen. Die Münchener bauen einfach Oberklassen-Fahrzeuge, die weltweit beliebt sind und einen hervorragenden Ruf in Sachen Fahrkomfort und -dynamik genießen. Der Konzern wird in etwa mit einem Drittel des Jahresumsatzes bewertet. Das ist extrem niedrig, zumal die Münchener selbst in der Corona-Krise und in der Phase der Lieferketten-Probleme 2022 eindrucksvoll unter Beweis gestellt haben, dass sie immer attraktive Margen generieren können. Auch BMW lässt die Anteilseigner regelmäßig mit üppigen Dividenden am Erfolg teilhaben. Daher gehört die Aktie auf absehbare Zeit unbedingt in ein Dividendenportfolio.

Porsche Holding SE

Bei dieser Aktie müssen Anleger aufpassen, denn an der Börse notiert sowohl der Sportwagenbauer Porsche AG als auch die Porsche Holding SE. Diese hält die Mehrheit an den Volkswagen-Stammaktien sowie 25 Prozent plus eine Aktie am Sportwagenbauer Porsche. Allein die Anteilswerte der Holding an den beiden Unternehmen sind deutlich mehr wert als die gesamten Aktien – auch wenn man sämtliche Verbindlichkeiten einbezieht. Über diese Porsche-Holding-SE-Aktien kaufst du also nicht nur die beiden Autobauer mit deutlichen Abschlägen, sondern du wirst zusätzlich auch noch mit einer sehr attraktiven Dividende belohnt.

Hochtief

Wenn es um Baukonzerne geht, die auf große Infrastrukturprojekte spezialisiert sind, gehört Hochtief zur absoluten Weltspitze. Mit international ansässigen Tochterunternehmen ist Hochtief im Verkehrs-, Energie- und Minengeschäft tätig. In der Einheit Hochtief Solutions sind Hoch-, Tief- und Ingenieurbau angesiedelt. Die US-Tochter Turner gilt zudem als Pionier für nachhaltiges Bauen. In Australien ist Hochtief über die Tochter Leighton Marktführer. Der Bedarf für Industriebau, Brückenbau usw. wächst weltweit kontinuierlich und sorgt für langfristig weiter steigende Umsätze und Gewinne. Die Dividendenrendite ist konstant auf einem sehr hohen Niveau.

Freenet

Freenet gehört zu den größten unabhängigen Telekom-Anbietern in Deutschland. Der Konzern verfügt über keine eigene Netzinfrastruktur, sondern vermarktet Mobilfunkdienstleistungen der großen Provider wie Deutsche Telekom, Vodafone, O_2 oder E-Plus. Dazu kommen noch die eigenen netzunabhängigen Dienste über die Hauptmarke mobilcom-debitel sowie die weiteren Marken klarmobil, freenetMobile und callmobile. Wer in den kommenden Jahren auf regelmäßiges »passives Einkommen« per Dividenden setzt, liegt mit Freenet gut im Rennen.

Meine Top-10-Aktien im Bereich (erneuerbare) Energie

Wie wichtig das Thema Energie in unserer globalisierten Welt ist, muss ich vermutlich niemandem erklären. Der Großteil unserer digitalen Infrastruktur lebt davon und so ist es keine Überraschung, dass der Bedarf an Energie auch in den kommenden Jahrzehnten weiter stark zunehmen wird. In dieser Top-Ten-Liste findest du deshalb zehn Aktien, die den Segmenten Energie und erneuerbare Energien zuzuordnen sind und auch deinem Depot sicherlich gut zu Gesicht stehen würden.

E.ON

Wie ich schon in der Einleitung dieser Top Ten erwähnt habe, wird der Bedarf an Energie in den kommenden Jahrzehnten weiter stark zunehmen. Lediglich die Art der Energieversorgung und der Energiequellen wird sich mehr und mehr in Richtung regenerativer Alternativen verlagern. Für eine stabile Versorgung mit Strom und Energie sorgen Energieunternehmen wie E.ON. Der Konzern konzentriert sich auf Energienetze und kundenspezifische Lösungen. Hauptgeschäftsfeld sind aktuell der sichere Betrieb von Strom- und Gasnetzen, wozu natürlich auch notwendige Instandhaltungs- und Wartungsarbeiten sowie die Erweiterung der Strom- und Gasnetze im Zusammenhang mit der Realisierung von Kundenanschlüssen zählen.

RWE

RWE gehört zu den international führenden Energieversorgern, die sich auf die Produktion von Strom spezialisiert haben. Das Essener Unternehmen setzt dabei zunehmend auf erneuerbare Energien, also auf die Energiequellen Sonne und Wind. Doch auch die Speicherung von Strom und Gas ist für RWE ein wachsender Markt. Bereits 2021 legte RWE seine Wachstumsstrategie bis 2030 vor, die vor allem milliardenschwere Investitionen in neue Windparks, Solaranlagen, Batteriespeicher, Back-up-Kapazitäten und Elektrolyseure vorsieht. Elektrolyseure gehören zu den Schlüsseltechnologien bei der Gewinnung von Wasserstoff. RWE gehört übrigens wie auch E.ON zu den stabilsten Dividendenzahlern in Deutschland. Daher sind diese Aktien gleich doppelt interessant.

TotalEnergies

TotalEnergies gehört zu den Europäischen Marktführern in der Öl- und Gasförderung. Doch auch Kohle und Uran werden zur Energiegewinnung genutzt. Auch wenn weltweit der Trend weg von fossilen Brennstoffen geht, werden wir noch einige Jahrzehnte auf Öl und Gas angewiesen sein. Darüber hinaus ist TotalEnergies mit Produkten aus der Petrochemie am Start, die in Weiterverarbeitungs-Prozessen zahlreicher Industriezweige Anwendung finden. Das Besondere: Der französische Konzern fördert nicht nur Öl, sondern vertreibt über eigene Tankstellen und Service-Stationen auch Kraftstoffe an den Endverbraucher.

ConocoPhillips

ConocoPhillips gehört zu den weltgrößten Erdöl- und Erdgas-Explorern. Zum Geschäftsfeld zählen neben der weltweiten Erkundung neuer Vorkommen auch die Förderung, der Transport und die Vermarktung. Vor allem die innovative Herangehensweise wird weltweit geschätzt, um möglichst sicher auch Unterwasser-, Ölsuch- und Förderungsaktionen durchzuführen. Erdöl und Erdgas werden derzeit vor allem im Golf von Mexico, Kanada, Südamerika, Nordwesteuropa, Südostasien und Westafrika gefördert. In Nordamerika ist ConocoPhillips auch in der Suche, Förderung und dem Transport von flüssigem Erdgas und LNG aktiv.

Exxon Mobil

ExxonMobil ist sowohl im Mineralölmarkt als auch im Geschäft mit Erdgas und Petrochemie zu Hause. Das Unternehmen, das mit seinen Produkten weltweit in über 200 Ländern vertreten ist, hat seinen Sitz im amerikanischen Bundesstaat Texas. Exxon Mobil ist sowohl im sogenannten Up-, als auch im Downstreamgeschäft tätig: von der Erschließung neuer Förderquellen über die Förderung von Erdgas und Erdöl bis hin zur Raffinerie, um dann Kraftstoffe, Schmiermittel und andere Chemieprodukte zu vermarkten. Die wichtigsten Kraftstoffmarken sind Exxon, Esso und Mobil. Langfristig aussichtsreich bleibt auch das Segment Chemical, das sich auf die Herstellung petrochemischer Produkte wie Verpackungsmaterialien, Plastikflaschen oder Polyesterfasern konzentriert.

Chevron

Auch Chevron gehört zu den ganz großen Konzernen in der Öl- und Gasindustrie und ist vor allem im Bereich der Vergasungstechnologie zur Gewinnung von reinem synthetischen Gas aus geringwertigen Rohstoffen wie Raffinerierückständen weltweit führend. Die Fördertätigkeiten finden in den wichtigsten Öl- und Gasregionen der Welt statt. Chevron arbeitet auch in schwer zugänglichen Regionen wie der Tiefsee. Insgesamt ist das Unternehmen entlang der gesamten Wertschöpfungskette tätig, was auch angrenzende Bereiche wie die Weiterverarbeitung der Rohstoffe, den globalen Handel und den Transport über eine eigene Schiffsflotte betrifft.

Enphase Energy

Nicht nur Öl- und Gasunternehmen sind langfristig interessant, sondern eindeutig auch Unternehmen aus dem Bereich der erneuerbaren Energien. Um Solarstrom in die Stromnetze zu bringen, sind sogenannte

Wechselrichter notwendig; sie machen aus dem Gleichstrom den Wechselstrom, der sich mithilfe von Trafos über weite Strecken transportieren lässt. Enphase Energy gehört in diesem Sektor zu den absolut führenden Unternehmen. Der Konzern, der in Kalifornien in den USA ansässig ist, bietet Solar- und Batteriesysteme auf Mikrowechselrichterbasis an, die es den Benutzern ermöglichen, die Sonne zu nutzen, ihren eigenen Strom zu erzeugen, damit Energie zu sparen oder eben auch überschüssigen Strom zu verkaufen. Der Konzern ist in über 130 Ländern dieser Welt aktiv.

SolarEdge

Auch SolarEdge gehört zu den weltweit führenden Anbietern von Wechselrichter-Lösungen und ist dabei auf intelligente Energietechnologie spezialisiert. Die Wechselrichter des Konzerns zielen darauf ab, möglichst viel Strom aus der Sonne zu erzeugen und gleichzeitig die Energiekosten der Anlagen zu minimieren. Zum Produktangebot gehören auch Speicherlösungen, Batterien oder Antriebsstränge für Elektrofahrzeuge. Der Hauptsitz des Unternehmens befindet sich in Israel, darüber hinaus ist SolarEdge in 130 Ländern dieser Welt tätig.

First Solar

First Solar ist das führende Unternehmen in den USA, wenn es um die Herstellung von Photovoltaik-Modulen geht. Dabei hat sich der Konzern auf sogenannte Dünnschichtmodule fokussiert, die vor allem in großen Solarparks eingesetzt werden. First Solar zeichnet sich auch dadurch aus, den gesamten Produktlebenszyklus der Module von der Rohmaterialbeschaffung über die Rücknahme am Ende der Lebensdauer zu managen. Eine zentrale Rolle spielt der Recyclingprozess, der eine Wiederverwendung substanziell aller Komponenten der Module ermöglicht. Die Module sind für Anlagen mit einer Leistung von 30 Kilowatt bis hin zu mehreren Megawatt geeignet.

JinkoSolar

JinkoSolar ist der größte chinesische Hersteller von Solarwafern und Solarmodulen und gehört zu den größten Produzenten der Welt. Mit Tochtergesellschaften ist JinkoSolar auch außerhalb Chinas in Asien, Nordamerika und Europa tätig. So befindet sich die deutsche Niederlassung beispielsweise in München. Der Konzern hat die erste vollautomatische Produktionsstraße für Photovoltaik in China entwickelt und in Betrieb genommen. JinkoSolar investiert zudem viel Geld in die Weiterentwicklung der PV-Technik und arbeitet dabei eng mit führenden Universitäten zusammen.

Meine Top-10-Industrie-Aktien

Wie wichtig die Industrie für Infrastruktur und Wirtschaft ist, muss ich nicht extra betonen. Im Rahmen dieser Top-Ten-Liste stelle ich dir zehn Industrie-Aktien vor, die auch deinem Depot gut zu Gesicht stehen könnten.

BASF

Viele Menschen verbinden Chemie zunächst mit etwas Ungesundem. Dabei würde ohne Chemie in dieser Welt kaum etwas funktionieren. Sogar zur Aufbereitung unseres Trinkwassers, des gesündesten Getränks überhaupt, wird Chemie benötigt. BASF gehört mit insgesamt 380 Produktionsstätten zu den größten Chemiekonzernen auf der Welt. Der Konzern ist mit Gesellschaften in 80 verschiedenen Ländern vertreten und verfügt über eines der umfangreichsten Produktportfolios im Bereich der Industriechemikalien. Dabei bedient BASF unter anderem die Automobilindustrie, die Elektro- und Bauindustrie und die Agrar- und Pharmabranche. Zu den Produkten, die BASF entwickelt, gehören verschiedene Haupt- und Vorprodukte wie technische Kunststoffe, hochveredelte Chemikalien, Pflanzenschutzmittel, Öle oder Gase.

Siemens

Die Münchener Siemens AG zählt zu den weltweit größten Industrieunternehmen und gehört dabei Jahr für Jahr zu den Unternehmen, die am meisten Patentanmeldungen einreichen. Vor allem in den Bereichen Elektronik und Elektrotechnik führt weltweit kein Weg an Siemens vorbei. Neben den Schwerpunkten in der intelligenten Infrastruktur bei Gebäuden und den dezentralen Energiesystemen gehört Siemens mit seiner Mobility-Sparte auch im Personen- und Güterverkehr zu den absolut führenden Anbietern. In den letzten Jahren hat Siemens einige große Sparten ausgegliedert, an denen der Konzern aber immer noch Mehrheiten hält. Dazu gehören unter anderem Siemens Healthineers und Siemens Energy.

Air Liquide

Air Liquide entstand nach eigenen Angaben 1902 aus der Idee heraus, Sauerstoff industriell aus Luft herzustellen. Heute, über ein Jahrhundert später, ist das Unternehmen mit Sitz in Paris weltweiter Marktführer bei Gasen, Technologien und Services für Industrie und Gesundheit. Allein in Deutschland versorgt Air Liquide über 100.000 Kunden. Zu den Anwendungsfeldern der Gase gehören unter anderem das Schweißen, die Wärmebehandlung, der 3D-Druck oder die künstliche Beatmung.

Airbus

Diese Aktie sollte dir allein aufgrund der riesigen »AIRBUS«-Aufschriften auf unzähligen Flugzeugen ein Begriff sein. Die 2000 gegründete Airbus SE ist vorrangig in den Bereichen Luft- und Raumfahrt sowie Rüstung tätig und zählt in beiden Segmenten zu den wichtigsten Anbietern. Im Jahr 2021 gehörte Airbus mit einem Umsatz von über 50 Milliarden Euro gar zu den drei umsatzstärksten Luft- und Raumfahrtunternehmen der Welt.

Linde

Das Kerngeschäft von Linde sind Gase sowie die Herstellung und Gewinnung von Gasen aus Prozessanlagen. Wenn es um Industriegase geht, ist Linde noch vor Air Liquide Weltmarktführer und damit eine absolute Top-Adresse, wenn es um Industrieaktien geht. Das ursprünglich aus Deutschland stammende Unternehmen, das seinen Sitz mittlerweile in Dublin hat, beschäftigt weltweit über 65.000 Mitarbeiter und konnte 2022 einen Umsatz von über 30 Milliarden US-Dollar verzeichnen.

Caterpillar

Wer beim Wort »Caterpillar« zunächst an Raupen und andere Insekten denkt, hat vermutlich noch nichts von der Caterpillar Inc., kurz CAT, gehört. Das Unternehmen mit Hauptsitz im US-Bundesstaat Illinois gilt als weltweiter Marktführer bei der Herstellung von Baumaschinen. Überhaupt gibt es kaum eine Art von Maschine, die Caterpillar nicht herstellt. Neben Diesel- und Gasmotoren gehören auch Forstmaschinen zum hauseigenen Repertoire. Über die Tochterfirma Solar werden außerdem Industriegasturbinen hergestellt. Zudem konnte Caterpillar in der Vergangenheit global bereits mehrere Unternehmen übernehmen, darunter MaK in Kiel oder MWM in Mannheim.

Deere & Co.

Deere & Company ist ein US-amerikanisches Industrieunternehmen, welches vor allem für seine Hauptmarke John Deere bekannt ist. Der Fokus des Unternehmens liegt auf der Landtechnik. Wie Caterpillar hat auch Deere & Company seinen Hauptsitz im US-amerikanischen Illinois; die Zahl der Beschäftigten beläuft sich international auf knapp über 80.000 Mitarbeiter.

General Electric

Wie Caterpillar und Deere & Co. ist auch General Electric in den USA beheimatet, um genau zu sein in Boston, Massachusetts. General Electrics ist einer der größten Mischkonzerne der Welt und deckt zahlreiche industrielle Geschäftsfelder ab. Die betreffenden Sparten heißen beispielsweise GE Power, GE Renewable Energy oder GE Transportation Systems. Zuletzt machte das Unternehmen an der Börse durch die Abspaltung von GE Healthcare von sich reden, hier hält General Electrics weiterhin 20 Prozent der Anteile.

3M

3M, ehemals als Minnesota Mining and Manufacturing Company bekannt, hat seinen Sitz im US-amerikanischen Saint Paul und agiert unter anderem in den Bereichen der Industrie, der Gesundheit und der Konsumgüter. Das Unternehmen verzeichnet weit über 50.000 Produkte, die unter verschiedenen Marken vertrieben werden. 3M beschäftigt weltweit über 90.000 Arbeitnehmer in verschiedensten Ländern.

Union Pacific

Die amerikanische Union Pacific Corporation ist vor allem als Muttergesellschaft der Union Pacific Railroad bekannt und machte im Börsenkontext unter anderem durch temporäre Börsenwerte jenseits der 100 Milliarden Dollar sowie Platzierungen auf der Forbes Global 2000 von sich reden. Das Streckennetz des zum Konzern gehörenden Eisenbahnnetzwerkes erstreckt sich über mehr als die Hälfte aller US-Bundesstaaten und wurde unter anderem durch die Übernahme anderer Bahngesellschaften kontinuierlich erweitert.

Meine Top-10-Finanz-Aktien

Geld regiert die Welt. Was nach einem abgedroschenen Spruch klingt, enthält im Kern doch eine gehörige Portion Wahrheit, der auch du als Leser vermutlich nicht vollends widersprechen wirst. Schließlich hältst du auch gerade ein Buch in der Hand, welches sich um genau dieses Thema dreht – Geld. Und tatsächlich: Geld hält die Welt am Laufen und bestimmt unser Leben. Menschen investieren, verkaufen, sparen, leihen. Täglich werden unzählige Transaktionen durchgeführt. Es sollte also klar sein, dass es auch in diesem Bereich Unternehmen geben muss, die unseren Umgang mit Geld mitbestimmen. Unternehmen, die beeinflussen, wie wir zahlen, wie wir Geld einnehmen, wie wir sparen, wie wir uns Geld leihen. Eine Reihe solcher Unternehmen möchte ich dir im Rahmen dieser Liste vorstellen.

Visa

Wer kennt sie nicht – die berüchtigten Kreditkarten von Visa? Auch du wirst vielleicht schon mal im Supermarkt, beim Tanken oder bei einer etwas größeren Investition deine Visa-Karte gezückt haben, um deinen Einkauf zu bezahlen. Denn Visa gehört neben einem anderen Unternehmen, auf das ich gleich noch zu sprechen kommen werde, zu den beiden großen Anbietern von Zahlungskarten verschiedener Art. Zum Produktportfolio von Visa zählen neben verschiedenen Kreditkarten wie Visa Classic, Visa Gold oder Visa Platinum auch Debitkarten wie Visa Debit und Guthabenkarten wie Visa Prepaid.

Mastercard

Wer schon einmal was von Visa gehört hat, dem wird höchstwahrscheinlich auch die berüchtigte Mastercard ein Begriff sein. Allein das Logo, das aus zwei einander überschneidenden Kreisen besteht, hat einen unglaublichen Wiedererkennungswert und hat sich nicht nur aufgrund populärer Sponsorings für Sport-Events wie die UEFA Champions League in die Köpfe der Leute eingebrannt. Ähnlich wie Visa bietet auch Mastercard verschiedene Kredit- und Debitkarten an, bekannt ist vor allem die gleichnamige Mastercard.

American Express

Die American Express Company ist ein US-amerikanischer Versanddienstleister mit Sitz in New York. Ähnlich wie Visa und Mastercard zählt auch American Express verschiedene Kreditkarten zu seiner Produktpalette, außerdem bietet das Unternehmen Investment-Dienstleistungen und Versicherungen an. Viele Kunden schätzen American Express vor allem für die verschiedenen Extras, die dem Einzelnen als Inhaber einer American Express zuteilwerden können. So werden ausgewählte Kreditkarten selektiv vergeben, beispielsweise anhand des Umsatzes, den ein bestimmter Kunde mit seiner American Express gemacht hat. Durch Kooperation mit anderen Unternehmen, in Deutschland beispielsweise mit Payback, BMW oder der Commerzbank, können Kunden außerdem Karten angeboten werden, die bestimmte, auf die jeweiligen Kooperationspartner zugeschnittene Vorteile mit sich bringen.

Goldman Sachs

Wer sich schon vor dem Lesen dieses Buches intensiver mit den Themen Investmentbanking und Aktienhandel auseinandergesetzt hat, wird dabei mit an Sicherheit grenzender Wahrscheinlichkeit schon einmal über den Namen Goldman Sachs gestolpert sein. Immerhin wurde das Unternehmen vom Financial Stability Board (FSB) mit Sitz in Basel als systematisch bedeutsames Finanzinstitut eingestuft. Als solches zählt es eine Vielzahl an großen Unternehmen und sogar Staaten zu seinen Kunden.

Morgan Stanley

Ein ähnliches Profil wie Goldman Sachs erfüllt auch Morgan Stanley. Das Unternehmen ging aus der Teilung von J.P. Morgan hervor (diesen Namen liest du hier nicht zum letzten Mal) und ist ebenfalls einer der führenden US-Finanzdienstleister. Zu den Kunden von Morgan Stanley zählen neben Privatpersonen auch namhafte Unternehmen sowie Regierungsvertreter verschiedener Staaten.

J.P. Morgan

Natürlich dürfen auf einer Liste, die sich rund um das Thema Finanzen dreht, auch Banken nicht fehlen. J.P. Morgan ist seit Mitte der 2000er-Jahre die größte Bank der Vereinigten Staaten und gehört dementsprechend zu den größten Banken der Welt. Auch im direkten Vergleich zu anderen börsennotierten Unternehmen ist J.P. Morgan ein absoluter Überflieger: Laut Forbes gehört die Bank zu den drei größten börsennotierten Unternehmen überhaupt.

BNP Paribas

Die BNP Paribas ist nach J.P. Morgan die zweite namhafte Bank, die ihren Platz auf dieser Liste findet. Sie hat ihren Sitz in der französischen Hauptstadt Paris und gehört zu den größten Banken Europas. Die BNP Paribas setzt langfristig auf Wachstum, Digitalisierung und Nachhaltigkeit und setzt diese Werte auch im Rahmen des eigenen Online-Auftrittes verstärkt in den Fokus.

PayPal

PayPal ist einer der Zahlungsdienstleister, der Zahlungen ausschließlich im digitalen Raum abwickelt. Zunächst wurde PayPal durch den ehemaligen Mutterkonzern eBay bekannt. Nach der Abspaltung verzeichnet PayPal heute weltweit über 270 Millionen aktive Nutzer. Sie schätzen PayPal vor allem für die schnelle und unkomplizierte Abwicklung von Zahlungen sowie den integrierten Käuferschutz. Wie gut PayPal tatsächlich bei den Leuten ankommt, zeigt die Praxis: Wer heutzutage online shoppt, wird dabei kaum eine Website finden, die PayPal nicht als Zahlungsmethode anbietet.

BlackRock

Nicht jeder, der im Laufe seines Lebens große Vermögenswerte angehäuft hat, ist scharf darauf, sich selbst um die Verwaltung dieser Werte zu kümmern. Viele wohlhabende Menschen greifen lieber auf Vermögensverwalter zurück und übertragen diesen die Verantwortung für wichtige Entscheidungen rund um die eigenen Geldanlagen. Der weltweit größte Vermögensberater ist die US-amerikanische Investmentgesellschaft BlackRock. Sie verwaltet weltweit Vermögen im zweistelligen Billionenbereich und hat dementsprechend einen enormen Kundenstamm zu verzeichnen. Gegründet wurde das Unternehmen im Jahr 1988 von einem Mann, der definitiv ein bisschen was von der Börse versteht: Larry Fink, Großaktionär auch bei allen DAX-Aktien und heute der größte Einzelaktionär der Deutschen Börse AG.

AXA

Ähnlich wie BlackRock ist auch AXA im Vermögensmanagement tätig. Das Versicherungsunternehmen aus Paris versichert sowohl Einzelpersonen als auch Unternehmen und verwaltet weltweit ein Vermögen von über einer Billion Euro. Insgesamt ist AXA in über 60 Ländern der Welt tätig und gehört damit zu den wertvollsten und erfolgreichsten Versicherungsunternehmen überhaupt. International tritt der Versicherer in Form verschiedener Tochtergesellschaften auf, beispielsweise der AXA Deutschland, der AXA UK oder der AXA Canada.

Meine Top-10-Aktien im Bereich deutsche Nebenwerte

Was sind Nebenwerte? Falls du als Leser zu denjenigen gehörst, die sich vor dem Erwerb dieses Buches weniger intensiv mit der Börse auseinandergesetzt haben, kann es sehr gut sein, dass dir diese Frage gerade durch den Kopf ging. Als Nebenwerte bezeichnet man im Börsenjargon alle Unternehmen, die nicht zu den bevorzugten Handelsobjekten, also den Standardwerten gehören. Sie sind entsprechend nicht in Standardwerte-Indizes wie dem DAX gelistet und haben im Vergleich zu anderen Aktien einen geringeren Wert. Das bedeutet jedoch nicht, dass du sie bei der Strukturierung deines Depots vernachlässigen oder gar überhaupt nicht berücksichtigen solltest. Nebenwerte sind zwar mit etwas größeren Risiken verbunden, bringen dafür aber häufig hohe Kurschancen mit sich. Falls du es also in Erwägung ziehst, in Nebenwerte zu investieren, solltest du dir die folgenden zehn Unternehmen einmal genauer ansehen.

Sixt

Wer häufig Urlaub macht oder regelmäßig geschäftlich im Ausland unterwegs ist, wird das Problem kennen: Du verreist mit dem Flugzeug und merkst kurz nach der Landung, dass du ohne ein Auto an deinem Reiseziel nicht allzu mobil bist. Hier kommt mit Sixt oftmals ein deutsches Familienunternehmen mit Sitz im Isartal ins Spiel. Als Unternehmen mit Fokus auf die Autovermietung unterhält Sixt weltweit über 2000 Filialen, knapp ein Viertel davon in Deutschland. Auch wenn es um die Themen Carsharing, Car-Abos und Fahrzeugflotten für Firmenkunden geht, ist Sixt mit Sublabels wie SIXT+, SIXT Ride, SIXT Share oder SIXT Leasing vorne mit dabei.

Fuchs Petrolub

»Welcome to the world's largest independent lubricant manufacturer.« Mit diesem Slogan begrüßt Fuchs Besucher der eigenen Website auf der Startseite. Hinter dem international angehauchten Online-Auftritt verbirgt sich ein deutsches Unternehmen aus Mannheim, welches sich auf die Herstellung und den Vertrieb von Schmierstoffen (»lubricants«) spezialisiert hat. Neben solchen Schmierstoffen, die bei der Reparatur und Wartung von Automobilen zum Einsatz kommen, gehören hierzu auch solche, die für die Industrie bestimmt sind. Außerdem ist das Mannheimer Unternehmen seit Neuestem auch am Markt für Elektrolyte tätig. Die namensgebende Gründerfamilie Fuchs hält dabei auch nach fast 100 Jahren Unternehmenshistorie über 50 Prozent der Stammaktien.

Hugo Boss

Es gibt kaum ein Unternehmen, was so sehr für hochwertige deutsche Mode steht wie Hugo Boss. Was Armani für Italien ist, ist Hugo Boss für Deutschland. Hugo Boss steht schon seit jeher für Qualität. Dabei hat es das Unternehmen mit Hauptsitz in Metzingen jedoch nicht verpasst, auch die jüngeren Leute abzuholen. Seit 2017 verteilt sich das umfangreiche Sortiment von Hugo Boss auf die beiden Marken Hugo und Boss. Während Boss sich als Kernmarke weiterhin auf gehobene Mode fokussiert, soll Hugo in erster Linie eine jüngere Zielgruppe ansprechen – beispielsweise durch das eigene Sublabel Hugo Kids oder Kollaborationen mit namhaften Lifestyle-Brands wie Replay, Ljubav Europe oder Zalando. Gelingt es weiterhin, sowohl alteingesessene Boss-Fans als auch Vertreter der vielzitierten Generation Z ins Boot zu holen, wird die deutsche Modewelt auch langfristig nicht an Hugo Boss vorbeikommen.

Nemetschek

Über die Liebe der Deutschen zu Immobilien habe ich mich bereits in meinem Kapitel über das Haus als Aktie der Deutschland AG ausführlich ausgelassen. Die Deutschen lieben es einfach, ihr Geld in Immobilien zu investieren. Und die betreffenden Objekte müssen natürlich erst mal gebaut werden. Kein Wunder also, dass sich auch ein Bausoftware-Konzern auf dieser Liste wiederfindet. Die Nemetschek SE verdankt ihren Namen dem Bauingenieur Georg Nemetschek und hat ihren Firmensitz in der bayerischen Landeshauptstadt München. Die von Nemetschek angebotene Bausoftware wird weltweit von Nutzern im einstelligen Millionenbereich genutzt, vorrangig von Architekten und Ingenieuren.

Aixtron

Aixtron wurde 1983 gegründet und hat seinen Sitz in Herzogenrath in der Nähe von Aachen. Das Unternehmen ist führend in der Herstellung von Depositionsanlagen in der Halbleiterindustrie; sie tragen bei der Chipfertigung ultradünne Atomschichten auf die entsprechenden Mikrobauelemente auf. Die Bauelemente, die von Aixtron hergestellt und vertrieben werden, werden weltweit in verschiedenen Branchen eingesetzt, beispielsweise als Bestandteil von Smartphone-Displays oder Fernsehgeräten. Und dass diese Geräte auch künftig weiterhin Bestandteil unseres Alltags sein werden, steht ja wohl völlig außer Frage.

Bechtle

Bechtle ist nicht nur das größte IT-Systemhaus in Deutschland, sondern darüber hinaus auch in einer Vielzahl anderer europäischer Staaten vertreten. Die Schwerpunkte des Unternehmens aus dem baden-württembergischen Neckarsulm sind IT-Dienstleistungen und der Direktvertrieb von Produkten aus dem IT-Bereich. Doch das Unternehmen lebt nicht nur in der Gegenwart: Unter dem Slogan »Vision 2030« zeigt Bechtle transparent auf, wo der selbsternannte IT-Zukunftspartner langfristig hinwill. Und wie du weißt, sind Innovation und langfristiges Denken immer ein gutes Zeichen, wenn es um Erfolge an der Börse geht.

Carl Zeiss Meditec

Fußballfans werden die Carl Zeiss Meditec AG vermutlich vor allem als namensgebenden Gründer des Traditionsvereines FC Carl Zeiss Jena kennen. Mit Fußball hat das Kerngeschäft des tatsächlich in Jena ansässigen Unternehmens jedoch wenig zu tun. Carl Zeiss ist in der Medizintechnik beheimatet und stellt unterschiedliche medizinische Geräte her, die weltweit in verschiedenen medizinischen Bereichen eingesetzt werden. Außerdem investiert Carl Zeiss mithilfe von eigenen Forschungszentren in China und Indien verstärkt in Innovation und Entwicklung – eine Entscheidung, die die Position des Unternehmens in einem ohnehin essenziellen Wirtschafts- und Forschungssegment noch einmal verstärkt.

GEA Group

Die GEA Group hätte ich genauso gut in meiner Top-Ten-Liste zum Thema Industrie aufführen können. Denn der Düsseldorfer Konzern ist weltweit einer der erfolgreichsten Systemanbieter für Unternehmen in der Ernährungs- und Pharmaindustrie. Die Palette an Produkten reicht von Abfüll- und Verpackungsanlagen über Membranfiltrationsmaschinen bis hin zu Systemen zur Destillation und Fermentation und dem Equipment für Brauereien, fleischverarbeitende Betriebe und Bäckereien. Der Erfolg des Unternehmens hat sich auch an der Börse bemerkbar gemacht. So ist die GEA Group – ähnlich wie andere Einträge dieser Liste – im MDAX notiert, einem Aktienindex, der die 50 Unternehmen beinhaltet, die auf die 40 im DAX notierten Unternehmen folgen.

Gerresheimer

Jeder, der sich schon einmal irgendeine Art von Medikament in der Apotheke hat holen müssen, kennt sie: die typischen Blisterverpackungen, Abtropfflaschen, Röhrchen und Dosen, in denen sich Tabletten, Säfte und Co. befinden. Doch wo kommen diese berüchtigten Verpackungen, die wir auch aus Arztpraxen und Krankenhäusern kennen, eigentlich her? Als Hersteller von Primärverpackungen für die Pharma- und Lebensmittelindustrie ist das Düsseldorfer Unternehmen Gerresheimer mitverantwortlich für die Verpackungen verschiedenster Pharma-, Kosmetik- und Lebensmittelhersteller. Gerresheimer ist international in einer Vielzahl verschiedener Länder tätig und konzentriert sich in seiner Materialauswahl auf Glas und verschiedene Arten von Kunststoffen. Da im Gesundheitsbereich sicher nicht davon auszugehen ist, dass wir übermorgen alle nur noch in Unverpackt-Läden rennen, steht einem weiterem Wachstum auch perspektivisch nichts im Weg.

Sartorius

Ähnlich wie Gerresheimer zählt auch Sartorius zu den Unternehmen, die einen großen Einfluss auf die Abläufe in der Pharmaindustrie haben. Anders als bei den Düsseldorfern dreht sich beim in Göttingen beheimateten Unternehmen jedoch alles um Biotechnologie und Laborausstattung. Neben der Herstellung von Laborinstrumenten stehen dabei auch die Bioreaktoren für verschiedene Prozesse im Fokus, die bei der Herstellung von Medikamenten durchlaufen werden.

Meine Top-10-Aktien der spekulativen Werte

Ich bin bereits in einem der vorherigen Kapitel ausführlich darauf eingegangen, dass es verschiedene Anlegertypen mit verschiedenen Anlegerprofilen gibt. Deshalb möchte ich an dieser Stelle darauf hinweisen, dass es sich bei den zehn Unternehmen, die ich dir im Rahmen dieser Top-Ten-Liste vorstelle, um Unternehmen handelt, die sich nicht zwingend für jeden eignen. Es sind nämlich Unternehmen, die ich unter dem Stichwort »Spekulations-Aktien« führen würde. Wenn du also erfahrungsgemäß das Risiko scheust, solltest du bei einem Investment in eine dieser Aktien definitiv vorsichtig sein. Und auch den Risikofreunden unter euch möchte ich es ausdrücklich ans Herz legen, sich vor einem Investment in eine der hier aufgeführten Aktien intensiv mit dem Unternehmen dahinter zu beschäftigen und viel Zeit in die Recherche zu investieren. Entsprechend knapp halte ich die Unternehmensbeschreibungen, die ich dir in diesem Rahmen mit auf den Weg gebe.

Super Micro Computer

US-amerikanischer Hersteller von Computern für Rechenzentren, auch als Supermicro bekannt. Gegründet 1993, aktueller Firmensitz in San José.

Palantir

US-Unternehmen. Bietet Software und Dienstleistungen an. Kernkompetenz: Analyse immenser Datenmengen.

Baidu

Chinesisches Pendant zur Online-Suchmaschine von Google. Gehört weltweit zu den meistaufgerufenen Websites.

PDD Holding

Chinesische E-Commerce-Plattform, die auf den Namen Pinduoduo hört. Seit 2018 an der Börse.

Intellia

Pharmaunternehmen mit Hauptsitz in Massachusetts. Spezialisiert auf die Bearbeitung von Genomen.

Okta

Unternehmen mit Fokus auf die Technologie für Identitäts- und Zugriffsmanagement mit Sitz in San Francisco. Vertreibt Cloud-Software.

Zoom

US-Unternehmen, das durch die Corona-Pandemie explosionsartig an Popularität gewann. Konnte in diesem Zeitraum zwischenzeitlich über 200 Millionen aktive Nutzer verzeichnen.

PayPal

Zahlungsdienstleister, den ich bereits in der Finanz-Top-Ten-Liste ausführlicher vorgestellt habe. Profitiert enorm vom E-Commerce.

CrowdStrike

Auf Cyber-Sicherheit spezialisiertes US-Unternehmen. Bietet Schutz für Endgeräte und beteiligt sich an der Aufklärung über Cyberangriffe.

Palo Alto Networks

US-Unternehmen mit Fokus auf IT-Sicherheit. Arbeitet für und mit Organisationen in über 150 Ländern.

TEIL 5:

AUSBLICK – SO KÖNNTE DIE BÖRSE IN DER ZUKUNFT AUSSEHEN

DIE BÖRSE LEBT – AUCH IN DER ZUKUNFT?

Der Börse geht es nicht um die Gegenwart, sondern um die Zukunft. Dieser Satz ist im Rahmen dieses Buches bis zu diesem Punkt schon mehrmals gefallen. Und das aus gutem Grund. Denn ähnlich wie viele andere Bereiche des Lebens strebt auch die Börse vor allem nach Entwicklung und Innovation. Immer, wenn sich irgendwo etwas Grundlegendes oder Revolutionäres tut, kannst du dir sicher sein, dass die Börse nicht weit von diesen Entwicklungen entfernt sein wird. Das war in der Medizin so, es war beim Internet so, und es wird auch in Zukunft wieder und wieder so sein – völlig egal, ob es nun um Künstliche Intelligenz, Globalisierung oder Digitalisierung geht. Was könnte es also Spannenderes geben, als einen Ausblick zu wagen und sich zu fragen, wie die Börse in 10, 20 oder gar 100 Jahren aussehen könnte? Was werden die Bereiche sein, aus denen die führendsten und erfolgreichsten Unternehmen kommen? Welche Unternehmen werden das sein? Welche Veränderungen wird es in der Art des Handelns geben? Klar ist: Wer langfristig an der Börse erfolgreich sein will, muss sich frühzeitig zukunftsorientierte Fragen stellen. Denn es sind die Antworten auf diese Fragen, die uns bereits in der Gegenwart an der Zukunft partizipieren und von zukünftigen Entwicklungen und Errungenschaften profitieren lassen.

******

Wenn es darum geht, einen Ausblick auf zukünftige Entwicklungen und Veränderungen zu liefern, muss es immer der erste Schritt sein, sich zunächst mit der Vergangenheit zu beschäftigen. Sie zeigt uns, wie sich der

Mensch bislang verhalten hat, auf welche Art und Weise er Veränderungen forciert hat, wie der Umgang mit diesen Veränderungen ausgefallen ist. Ohne einen solchen Rückblick wäre ein Ausblick ebenso unsinnig wie unmöglich. Wagen wir ihn jedoch, wird uns eine Sache schnell einleuchten: Der Mensch strebte schon IMMER danach, voranzugehen und Veränderungen herbeizuführen. Das geschah immer mit dem obersten Ziel, seine eigenen Lebensumstände zu verbessern. Wer sich davon überzeugen will, wie lange dieses Verhalten schon ins uns steckt, braucht dafür nur in eine Zeit zurückzublicken, in der von all den Dingen, die heutzutage unseren Alltag prägen, noch nicht einmal geträumt wurde – in die Zeit der Jäger und Sammler. Schon damals war es so, dass die Menschen Schritte zur Optimierung der eigenen Lebensumstände unternahmen. Ein gutes Beispiel dafür ist die Aufgabenteilung innerhalb einzelner Gruppen. Diese funktionierte meist so: Der eine blieb zu Hause, ein anderer ging jagen, ein anderer sammelte Beeren und wieder ein anderer kümmerte sich um die Produktion von Gütern. So sollte sichergestellt werden, dass jeder dort eingesetzt wird, wo seine Stärken und Fähigkeiten am ehesten gebraucht wurden. Die Lebensumstände des Einzelnen sollten also verbessert werden, indem die Aufgaben innerhalb einer Gruppe bestmöglich verteilt wurden. Genau dieser Mechanismus lässt sich auch in unseren modernen Gesellschaften wiederfinden – mit dem Unterschied, dass der ihm zugrunde liegende Gedanke inzwischen noch viel weitergedacht wurde. Wir teilen uns mittlerweile nicht mehr nur die simpelsten Aufgaben des Alltags, sondern nutzen eine ähnliche Art der Aufgabenteilung, um gesellschaftliche Strukturen zu schaffen, die unsere Lebensumstände verbessern. Aus genau diesem Grund arbeiten Menschen heutzutage in verschiedenen Branchen und Bereichen. Es gibt Ärzte, Juristen, Banker, Handwerker und und und. Das ist nicht so, weil jeder das macht, worauf er am meisten Bock hat. Es liegt vielmehr daran, dass der Mensch über die Jahre gemerkt hat, dass das Leben in der Gemeinschaft deutlich besser funktioniert, wenn unterschiedliche Menschen unterschiedliche Fähigkeiten erwerben, um diese gewinnbringend einzusetzen. Denn genau darum geht es wieder: Wir versuchen kontinuierlich, uns weiterzuentwickeln und Dinge besser zu machen. Und das gilt nicht nur für das große Ganze. Auch innerhalb der einzelnen Branchen, die sich über die Jahrhunderte gebildet haben, zeigt sich immer und immer wieder, wie stark es im Menschen drinsteckt, sich und die eigene Umwelt permanent zu verbessern. Dieses Bestreben erstreckt sich über sämtliche Bereiche unseres Lebens. In besonderem Maße zeigt es sich in der Medizin. Blickt man auf die medizinischen Entwicklungen und Errungenschaften der letzten Jahrzehnte, wird offensichtlich: Das Verlangen nach Verbesserung könnte tiefer nicht in uns stecken. Es wird an neuen Medikamenten und Impfstoffen geforscht, bereits vorhandene Medikamente werden immer weiterentwickelt, die Operationstechnik wird verbessert … Die Liste ist lang. Vor allem aber lässt sich eine solche »Liste« für jeden Bereich unseres Lebens erstellen. Vom Röhrenfernseher hin zum Smart-TV. Vom Festnetztelefon hin zum Smartphone. Von Verbrennungsmotoren hin zu alternativem Antrieb. Das Streben nach Fortschritt ist so sehr in uns verankert, dass es uns in jeglichen Bereichen unseres Lebens geprägt hat. Und es gibt nicht ein einziges Argument, das dafür spricht, dass es uns irgendwann nicht mehr prägen wird. Im Gegenteil: Das Streben nach Fortschritt ist das, was auch in den nächsten Jahren, Jahrzehnten und Jahrhunderten dafür sorgen wird, dass der Mensch sich weiterentwickeln und Verbesserungen in jedem Bereich seines Lebens erreichen wird.

******

Wie weit uns unser Streben nach Verbesserung und Weiterentwicklung inzwischen bereits gebracht hat, zeigt sich, wenn wir uns den Status quo unseres Planeten einmal genauer ansehen. Führen wir uns beispielsweise einmal vor Augen, dass wir zwar alle auf einem Planeten, allerdings in vielen unterschiedlichen Kulturen und unter unterschiedlichen Voraussetzungen leben. Das bedeutet, dass sich nicht alle Kulturen im Gleichschritt weiterentwickeln und verbessern. Während einige Staaten auf der Welt noch immer grundlegende Modernisierungsprozesse anstreben, gibt es einen ziemlich großen Teil von Staaten, die bereits hinreichend modernisiert wurden. Den Menschen, die in diesen Staaten leben, geht es schon deutlich besser. Woran wir das sehen? Schauen wir uns einmal an, wodurch sich Reichtum und Wohlstand innerhalb einer bestehenden Gesellschaft äußerlich ausdrücken. Hierzu können wir erneut einen Blick in die Vergangenheit werfen. Es gab Zeiten, in denen Königshäuser die Flächen rund um ihre Paläste mit Rasen begrünt haben, um den eigenen Reichtum öffentlich zum Ausdruck zu bringen. Was heute etwas befremdlich klingen mag, hatte damals einen ganz einfachen Grund: Rasen war ein Statussymbol. Wer auf seinem Grundstück einen Rasen hatte, zeigte damit, dass er es sich leisten konnte, eine potenzielle Anbaufläche mit einer Pflanzenart zu begrünen, die außer ihrem Aussehen keinen Nutzen hat. Die implizite Botschaft der jeweiligen Königshäuser lautete also: »Guck mich an. Ich bin hier der König. Ich habe hier eine Nutzfläche und bepflanze sie mit Rasen. Ich brauche keine Rüben und kein Getreide anzubauen wie der arme Mann, der diese zum Überleben braucht und es sich nicht leisten kann, ein Stück Erde mit Rasen zu bepflanzen.« Genau das war es nämlich, was wohlhabende Menschen von denen unterschied, die über weniger Ressourcen verfügten. Sie mussten sich keine Gedanken darüber machen, wo am nächsten Tag das Essen herkommen sollte, und sie konnten ihre Prioritäten entsprechend anders setzen. Der Rest der Menschen musste derweil darauf achten, die wenigen Flächen, die ihnen zur Verfügung standen, möglichst effizient zu nutzen. Während es den Reichen also vorbehalten war, ihre Nutzflächen mit Rasen zu verschönern, musste der arme Mann von nebenan dafür sorgen, dass er auf seinem Stückchen Erde möglichst ganzjährig Rüben, Möhren und anderes Gemüse ernten konnte. Heute sieht das Ganze ein wenig anders aus. Ein voller Magen ist längst kein Zeichen mehr für besonderen Wohlstand. Stattdessen leben wir inzwischen auf einem Planeten, auf dem es bereits gesättigte Nationen gibt. Nationen, in denen Menschen ihren Wohlstand nicht darüber zum Ausdruck bringen, dass sie sich dreimal am Tag etwas zu Essen leisten können. Insbesondere im Großteil der westlichen Industrienationen haben wir inzwischen ein Level an Wohlstand erreicht, mit dem die meisten Menschen zufrieden sind. Sicherlich wird es auch in diesen Nationen noch viele geben, die weiterhin mehr wollen und nach Verbesserung streben. Allerdings besteht hierzu keine zwingende Notwendigkeit. Die Menschen in diesen Ländern könnten sich genauso gut hinstellen und sagen: »Ach, das passt schon! Es kann alles so bleiben, wie es jetzt gerade ist.« Anders sieht das im Rest der Welt aus. Denn der Anteil der Regionen, in denen die Menschen danach streben, das zu erreichen, was wir bereits haben, ist weiterhin viel viel größer als die Summe aller gesättigten Staaten. Gerade in den Schwellenländern, den sogenannten Emerging Markets, ist das Streben nach einem höheren Lebensstandard innerhalb der verschiedenen Gesellschaftsschichten omnipräsent. Der Grund dafür? Die eklatanten Unterschiede im direkten Vergleich zum Westen. Stell dir nur einmal vor, du würdest nicht in Deutschland, sondern in Indien leben. Es mag für uns Deutsche kaum vorstellbar sein, doch dort kommen auf 1000 Einwohner gerade einmal 25 Autos. In den USA, dem Land mit der weltweit größten PKW-Dichte, sind es derweil beinahe 800. Und was für Autos gilt, kann natürlich auch auf andere Bereiche des Lebens übertragen werden. Fakt ist: Menschen, die in den USA leben, geht es finanziell insgesamt signifikant besser als denen, die in Indien leben. Klar also, dass du als Inder mit Blick auf den Wohlstand der USA sagen würdest: »Da will ich auch hin!« Wenn wir bedenken, dass allein auf dem indischen Subkontinent knapp 15 Prozent der Weltbevölkerung wohnen, sollte uns schnell klarwerden: Es gibt weltweit weiterhin eine gewaltige Masse an Menschen, die immer noch da hinwill, wo wir bereits sind. Dieses Bestreben äußert sich natürlich auch im Verhalten der betreffenden Menschen. Während die Entwicklung in den meisten gesättigten Ländern des Westens eher rückläufig ist, arbeiten die Menschen in Schwellenländern nicht nur länger, sondern auch härter. Dort gibt es sicherlich keine 30-Stunden-Woche und erst recht keine Diskussionen über eine Vier-Tage-Woche. So etwas existiert dort einfach nicht. Im Gegenteil: Da arbeiten die Leute nicht nur an fünf Tagen, sondern auch am sechsten und oft genug auch an jedem einzelnen Wochentag. Denn nur so besteht die Möglichkeit, dass sich das tiefe Bestreben danach, den vom Westen vorgelebten Lebensstandard für sich selbst zu erreichen, irgendwann in praktischen Veränderungen niederschlägt. Dieses Bestreben ist nämlich nicht nur irgendeine Idee, sondern die Urkraft dessen, was die Weltwirtschaft weiterwachsen lassen wird. Es ist nicht nur irgendein Wunschtraum, sondern der Antrieb der Weltwirtschaft.

******

Wenn es langfristig darum geht, auch Menschen aus Schwellenländern eine Verbesserung ihrer Lebensumstände zu ermöglichen, bedingt dies natürlich auch, dass Dinge sich verschieden. Das war bereits in der Vergangenheit so. Es gab Zeiten, in denen die klassische Produktionswirtschaft noch in den heutigen Industrienationen des Westens stattgefunden hat. Heute ist das überwiegend nicht mehr der Fall. Stattdessen hat sich die klassische Produktionswirtschaft weitgehend aus den westlichen Industrienationen verabschiedet und findet nunmehr vorrangig in Schwellenländern statt. Das kann konkret bedeuten: Produkt XY wird nicht mehr in Deutschland oder Frankreich produziert, sondern in China, Indien oder vergleichbaren Regionen. Das, was wir früher hatten, wird also nun dahin transportiert, wo die Menschen dieses Level noch nicht erreicht haben. Aufgrund der großen Diskrepanz zwischen den jeweiligen Lebensumständen entstehen hieraus oftmals Konstellationen, die innerhalb der westlichen Welt weitreichende Kontroversen auslösen. Ein gutes Beispiel dafür: die ewige Debatte rund um Kinderarbeit und Turnschuhe. »Wie können wir es nur zulassen, dass Adidas und Nike ihre Turnschuhe in Schwellenländern von Kindern zusammennähen lassen? Und wie können wir das dann auch noch unterstützen, indem wir in den Laden rennen und diese Turnschuhe für viel Geld kaufen?« So etwas in der Art wird vermutlich jeder in seinem Leben schon mindestens einmal gehört haben. Was sich die Menschen, die auf diese Art und Weise argumentieren, wünschen würden? Vermutlich, dass die betreffenden Unternehmen aus reiner Menschlichkeit heraus aus den Schwellenländern verschwinden und für ein paar Euros mehr in Industrieländern produzieren. Ganz nach dem Motto: »Was? Schlechte Produktionsbedingungen? Nein, das können wir doch nicht machen! Da gehen wir doch lieber nach Tschechien oder Polen und zahlen ein bisschen mehr Geld.« Dieser Wunsch hat jedoch nicht viel mit der Realität zu tun. Um nicht zu sagen, rein gar nichts. Wenn wir realistisch sind, würden Adidas und Co. für die Menschen in den betreffenden Schwellenländern nämlich absolut nichts Gutes tun, wenn sie ihre Turnschuhe fortan einfach in Osteuropa produzieren würden. Um sich davon zu überzeugen, bräuchte man nur einmal die Menschen vor Ort fragen. Von denen würde keiner jubelnd aufspringen und sich darüber freuen, dass es ihm besser ginge als vorher. Vielmehr würde man sich Sorgen darum machen, auf welche Weise man fortan das eigene Überleben sichern könne. Denn es mag aus unserer westlichen Sicht zwar völlig befremdlich klingen, doch für viele Menschen, die in Entwicklungsländern leben, ist das Überleben überhaupt nur möglich, weil Unternehmen wie Adidas und Nike ihre Produktionen in diese Länder verlagert haben. So seltsam es uns auch erscheinen mag: Diese Menschen sind tatsächlich froh darüber, dass sie und ihre Familien für diese Unternehmen Turnschuhe zusammennähen dürfen. Und das nicht, weil sie daran so viel Spaß hätten. Sondern aus dem ganz einfachen Grund, weil es ihnen ohne diese Art der Arbeit noch schlechter ginge. Dass das so ist, liegt daran, dass es noch immer die von mir beschriebene Diskrepanz zwischen westlichen Industrienationen und Schwellenländern gibt. Diese Diskrepanz wird es auf absehbare Zeit auch immer geben. Allerdings sollten wir uns dennoch vor Augen führen, dass aus genau dieser Diskrepanz langfristig auch Potenziale erwachsen können. Um das zu beobachten, müssen wir Europa nicht einmal verlassen. Blicken wir einfach mal nach Polen, eins unserer direkten Nachbarländer. Dort herrscht inzwischen – erwachsen aus einer jahrzehntelangen Diskrepanz, die noch immer Bestand hat – eine ganz andere Mentalität als hierzulande. Es gibt eine Gründerkultur, die Menschen wollen Gas geben, sind viel technologieaffiner als in Deutschland. Hierzulande können wir ja schon froh sein, wenn ein paar Leute auf die Idee kommen, ein Start-up zu gründen, in Polen zieht sich das Engagement der Gründerkultur durch die gesamte Gesellschaft. Das Beispiel Polen zeigt: Trotz bestehender Ungleichheit haben wir global weiterhin Voraussetzungen, die die Schlussfolgerung nahelegen, dass die Welt sich stets entwickeln und effektiv weiterwachsen wird. Wie sich das in der Praxis zeigt? Durch die direkten Auswirkungen, die steigender und wachsender Wohlstand permanent auf die führenden Unternehmen unserer Zeit hat. Schauen wir uns einmal LVMH an. Die LVMH SE ist weltweit der Branchenführer für Luxusgüter, zu ihren populärsten Marken gehört das französische Luxusunternehmen Louis Vuitton. Aufgrund des hohen Preisniveaus der eigenen Produkte zählt vor allem eine Gruppe zu den Hauptkunden von Louis Vuitton: Einkommensmillionäre. Nun wächst die Zahl der Einkommensmillionäre seit mehreren Jahrzehnten konstant im zweistelligen Prozentbereich. Mal sind es 10 Prozent mehr, mal 11, mal 12. Was konkret bedeutet das für Louis Vuitton und die dahinterstehende LVMH? Ganz einfach: Die Zahl an Menschen, die potenziell Produkte von Louis Vuitton kaufen könnte, wird kontinuierlich größer. Eine größere Kundschaft resultiert in höheren Verkaufszahlen, höhere Verkaufszahlen wiederum in einem größeren Umsatz und ein größerer Umsatz letztendlich in einem größeren Wert der Marke. Und natürlich lässt sich diese Analogie nicht nur auf LVMH anwenden. Sie gilt für nahezu jedes Unternehmen. Ob Apple, Tesla, Microsoft oder Adidas – jedes Unternehmen ist darauf angewiesen, dass es Menschen gibt, die sich die jeweiligen Produkte leisten können. Wer Kartoffeln anpflanzen muss, um überhaupt überleben zu können, wird sich kein iPhone von Apple und keine Turnschuhe von Adidas leisten können. Je mehr Menschen jedoch zu Geld kommen, je mehr Menschen es besser geht, desto mehr Produkte und Dienstleistungen können von diesen Menschen auch in Anspruch genommen werden. Die führenden Unternehmen unserer Zeit leben also nicht davon, dass es den Menschen schlecht geht. Sie leben davon, dass es Menschen gut genug geht, um sich ihre Produkte und Dienstleistungen leisten zu können. Und genau das ist sie: die Basis für einen Blick in eine Zeit, in der das auf immer mehr Menschen zutreffen wird. Die Basis für einen Blick nach vorne.

»FRÜHER WAR ALLES BESSER!« ODER UNNÖTIGE ANGST VOR NEUEM?

Veränderungen und Entwicklungen geschehen fast nie von heute auf morgen. Je nach Bereich dauert es oftmals Jahre, meistens sogar Jahrzehnte, bis eine Entwicklung und daraus resultierende Veränderungen in Gänze in Erscheinung treten. Schauen wir uns einmal einen der heutigen Marktführer im Bereich Technologie an. Als Steve Jobs, Steve Wozniak und Ron Wayne 1976 die Firma Apple in einer Garage gründeten, war diese noch auf die Herstellung von Computern spezialisiert. Heute, knapp 60 Jahre später, sind Computer nur noch ein Nebenprodukt und Apple ist längst keine kleine Garagenbutze mehr. Stattdessen verkauft das Unternehmen heutzutage als Technologie-Riese vor allem das iPhone, welches über die letzten Jahrzehnte hinweg zum Aushängeschild des Unternehmens wurde, sowie diverse Dienste, die damit zusammenhängen. Und diese Jahrzehnte hat es auch gebraucht, damit aus einer auf den Verkauf von Computern spezialisierten Garagenfirma ein riesiges Unternehmen wurde, dessen Smartphone die Hälfte unserer Bevölkerung ihr eigen nennt. Dass die Umsetzung solcher Veränderungen so lange dauern kann, liegt oftmals auch daran, wie Veränderungen von den Menschen, die sie potenziell betreffen können, entgegengenommen werden. Denn leider neigen die meisten Menschen dazu, Veränderungen grundsätzlich erst mal skeptisch gegenüberzutreten. Der Mensch ist und bleibt ein Gewohnheitstier und hat es halt einfach am liebsten, wenn alles so bleibt, wie es ist. Denn so kennt er es ja, daran hat er sich über Jahre hinweg gewöhnt. Am liebsten veranschauliche ich diesen Gedanken mit der Art und Weise, wie Menschen schon immer auf Veränderungen in der Mobilität reagiert haben. Und damit ging es schon früh los: Als die ersten Eisenbahnstrecken in Deutschland gebaut wurden und die ersten Züge fuhren, hatte der Großteil aller Menschen Angst vor der Geschwindigkeit, mit der die neuartigen Verkehrsmittel über die Schienen rauschten. Es versetzte sie in Panik, sich in eine Maschine zu setzen, die sie schneller von A nach B bringen sollte, als sie es vorher zu Pferd oder mit der Kutsche gewohnt waren. Sie dachten wirklich, sie kämen um, wenn ein Zug mit 50 Sachen unterwegs war. Heute hingegen sind Eisenbahnen schon längst Teil unseres Alltags und wir setzen uns ohne jegliches Angstgefühl in ICEs oder TGVs, die uns in wenigen Stunden von Frankfurt nach Paris bringen. Denn inzwischen haben wir uns ja daran gewöhnt. Natürlich ist die Mobilität nicht der einzige Bereich, in dem Menschen diese Art der Skepsis an den Tag legen. Im Grunde gibt es kaum einen Bereich, in dem es nicht so ist. Die Menschen sind skeptisch gegenüber Neuerungen im Schulwesen, haben Angst vor Veränderungen in der Medizin und verschließen sich dem technologischen Fortschritt. Als damals die ersten Computer nach Deutschland kamen, gab es vereinzelte Schätzungen, die sich damit befassten, wie viele Menschen ein solches Gerät möglicherweise würden gebrauchen können. Das Ergebnis: fünf bis zehn Unternehmen AUF DER WELT. Private Personen mit einem Computer? Undenkbar! Wozu denn auch? Was sollte das Ding den Leuten schon bringen, was eine Schreib- oder Rechenmaschine nicht auch konnte? Und dieses Internet – was sollte das überhaupt? Damit konnte man genauso wenig anfangen! Es war ja unvorstellbar, dass das World Wide Web den Menschen einen Nutzen bringen könnte. Und dann erst der ganze Rest, die ganz schlimmen Absurditäten! Dinge wie der Online-Handel! Wer brauchte denn so was? Die Leute wollten ins Geschäft gehen und ihre Waren anfassen und gleich mitnehmen! Ich denke, so langsam sollte mein Punkt klar werden: Je drastischer eine Neuerung von dem abweicht, was der Mensch bereits kennt, desto größer sind die Ressentiments, mit denen er ihr entgegentritt. Das klingt zwar teilweise absurd, ist aber eigentlich ganz normal und weitestgehend psychologisch bedingt. Wir vertrauen dem, was wir bereits kennen und möglicherweise für nützlich empfunden haben, und misstrauen dem, womit wir noch keine Erfahrungen machen konnten. Daher stammt auch der populäre Spruch: »Früher war alles besser!« Früher war alles besser und die Zukunft hält nichts Gutes für uns bereit. Denn das, was früher war, kennen wir ja. Das Neue hingegen, das gilt es mit Vorsicht zu genießen. So zumindest der Grundgedanke, den viele Menschen bis heute noch immer in sich tragen.

******

Basierend auf der Erkenntnis, dass die Skepsis gegenüber Neuerungen und Veränderungen jeglicher Art tief in uns verankert ist, erscheint es nur logisch: Auch viele Menschen, die auf ihrem Gebiet zu den absoluten Experten gehören, können sich nicht immer von dieser Grundskepsis freimachen. Das gilt sogar für Analysten, die aus dem Börsenumfeld stammen. Wenn ich mich beispielsweise an die World of Trading 2023 in Frankfurt am Main zurückerinnere, muss ich immer wieder an eine Podiumsdiskussion denken, die sich um die Themen Crypto und Künstliche Intelligenz drehte. Ein Diskussionsteilnehmer, der seit Jahren an der Börse tätig ist und selber zu den erfahreneren innerhalb der Runde gehörte, äußerte diesbezüglich, dass er mit ChatGPT und Co. überhaupt nichts anfangen könne, da er lieber »seine eigene« Intelligenz einsetze. Das ganze KI-Ding, so fuhr er fort, sollten dann doch lieber die jungen Leute machen. Er hingegen sei sowieso felsenfest davon überzeugt, dass daraus langfristig nichts werden könne. Auch andere, meist sehr erfahrene und langjährig etablierte Analysten betrachten das Thema Künstliche Intelligenz mit einer ähnlichen Skepsis. Da heißt es dann schnell: »Künstliche Intelligenz? Oje! Das kann gefährlich enden, damit zerstören wir doch die Arbeitsplätze!« Doch genau diese Art der Argumentation passt perfekt in das klischeehafte Generationendenken, auf welches ich bereits verwiesen habe. Frei nach dem Motto, »Früher war alles besser!«, sehen besagte Skeptiker nur die möglichen Gefahren einer Neuerung, wohingegen sie die Chancen und Potenziale gänzlich außer Acht lassen. Was ich mir in diesem Zusammenhang wünschen würde: eine etwas nüchternere Art der Betrachtung. Denn es mag zwar stimmen, dass Künstliche Intelligenz ein Grund für den Abbau bestimmter Arbeitsplätze ist, allerdings muss das sicherlich nichts gänzlich Schlechtes sein. Dafür gibt es eine Reihe von Gründen und Argumenten. Beginnen wir mal mit einem der allersimpelsten: Ganz egal, wie man es auch drehen und wenden mag – es gibt am Ende des Tages auch einfach Arbeitsplätze, bei denen es absolut wünschenswert ist, sie abzubauen und maschinell zu kompensieren. Ein Beispiel gefällig? Wie viele wissen, habe ich bereits in jungen Jahren, schätzungsweise im Alter von 15, damit begonnen, in den Schulferien Jobs anzunehmen, um mein Taschengeld ein wenig aufzubessern. Bei einem dieser Ferienjobs kam ich in einer Fabrik zum Einsatz, in der hauptsächlich Plastik verarbeitet wurde. Das Kerngeschäft: die Produktion von Plastikeimern und Plastikschrubbern. Das sah in der Praxis so aus: Ich wurde unter ohrenbetäubendem Lärm vor eine Maschine gesetzt, deren Hauptfach sich alle paar Minuten öffnete. In die mit Wasser gefüllte Öffnung durfte ich dann einen Schrubber legen, der darin – erneut unter einem unglaublich lauten Brummen – fertiggestellt wurde. Sobald dieser Prozess abgeschlossen war, öffnete sich das Fach wieder und ich durfte den Schrubber aus dem Wasser nehmen. Und so ging es immer und immer weiter: Maschine auf, Schrubber rein, BRRRUUUMMMMMM, Maschine auf, Schrubber wieder raus. Insgesamt werde ich täglich mit Sicherheit an die 800 Schrubber in die Maschine hineingelegt und wieder herausgeholt haben. Wenn ich daran heute zurückdenke, kann ich nur den Kopf schütteln. Denn seien wir mal ehrlich: Eine noch unsinnigere Arbeit kann es für einen Menschen doch nicht geben, oder? Gibt es wirklich Menschen, die sich darüber beschweren, wenn ein solch unnötiger und einfältiger Job ihnen von einer Maschine abgenommen wird? Ich behaupte: Wenn eine Maschine Arbeit dieser Art automatisch und fehlerfrei für uns erledigt, dann ist das ein Nutzen und auf jeder Ebene absolut wünschenswert. Das ist kein Fluch, das ist ein Segen. Ein weiterer Grund dafür, dass man Künstliche Intelligenz nicht mal eben auf den Abbau von Arbeitsplätzen reduzieren sollte: die Kehrseite genau dieser Medaille.

Denn nur, weil eine gewisse Veränderung Arbeitsplätze überflüssig werden lässt, bedeutet das nicht, dass sie nicht auch gleichzeitig neue Arbeitsplätze schaffen könnte. Zumal es ohnehin völlig normal ist, dass bestimmte Arbeitsplätze mit der Zeit abgebaut und durch neue Arbeitsplätze ersetzt werden. Denn genau das ist es ja, was Fortschritt und Entwicklung ausmacht. Wir entwickeln uns stetig weiter und schaffen dabei auch immer wieder neue Berufswege und Tätigkeiten, die es in dieser Form vorher noch nicht gab. Dass sich dabei dann auch vereinzelt bereits vorhandene Berufsmöglichkeiten als hinfällig erweisen, ist ganz einfach der natürliche Lauf der Dinge. Allein im Verlauf meines eigenen Lebens bin ich häufiger Zeuge davon geworden, wie bestimmte Berufsfelder aus mehr als verständlichen Gründen von der Bildfläche verschwunden sind. Zu meiner Schulzeit war es beispielsweise noch erstrebenswert, als Rundfunk- und Fernsehtechniker zu arbeiten. Diese waren dafür zuständig, Fernseher und andere elektrische Geräte wie Stereoanlagen zu warten und zu reparieren. Sowohl Fernsehgeräte als auch Stereoanlagen waren damals deutlich teurer, als sie es heute sind. Wenn du damals eine vernünftige Stereoanlage mit qualitativ hochwertigen Boxen und allem Drum und Dran hattest, war das in etwa so, als würdest du dir heute einen Kleinwagen kaufen. Logisch also, dass du entsprechend großen Wert darauf gelegt hast, mit diesen Gerätschaften auch angemessen umzugehen. Das bedeutet: Wenn etwas daran kaputt war, hast du eben den Rundfunk- und Fernsehtechniker bestellt, damit er sich das Ganze mal ansah. Denn die Geräte waren wirklich so schweineteuer, dass es sich lohnte, Geld für eine Reparatur in die Hand zu nehmen. Heute hingegen werden die wenigsten wissen, was ein Rundfunk- und Fernsehtechniker überhaupt ist. Das liegt daran, dass Fernsehgeräte und Stereoanlagen nicht mehr den Stellenwert haben, den sie vor ein paar Jahrzehnten noch hatten. Früher war es ein Luxus, sich einen tollen Fernseher oder eine fette Stereoanlage ins Wohnzimmer zu stellen. Heute sind wir in der Technik so weit fortgeschritten, dass es ganz andere Geräte gibt, die wir als Luxusgüter wahrnehmen. Gerade Stereoanlagen sind inzwischen eher »nice to have« und ziehen im direkten Vergleich mit Smartphones, Laptops und Co. in der Regel den Kürzeren. Diese Entwicklung spiegelt sich selbstverständlich auch im Kostenpunkt der jeweiligen Produkte wider. So sind Stereoanlagen und klassische Fernseher inzwischen derart erschwinglich, dass niemand ernsthaft auf die Idee kommen würde, einen Techniker zu rufen, wenn sie mal den Geist aufgeben. Stattdessen landen kaputte Geräte eben auf dem Elektroschrott und werden zum geeigneten Zeitpunkt durch eine neue, vermutlich sogar bessere Anschaffung ersetzt. Der Beruf des Rundfunk- und Fernsehtechnikers ist somit einfach überflüssig geworden. Heißt das, dass wir dadurch plötzlich immens viele Arbeitslose hätten? Dass wir uns über den technischen Fortschritt beschweren müssten, weil er den Beruf des Rundfunk- und Fernsehtechnikers in der Versenkung hat verschwinden lassen? Nein. Denn zum einen ist es absolut wünschenswert, dass sich immer mehr Menschen technische Geräte zu einem akzeptablen Preis leisten können. Zum anderen hat genau diese Entwicklung der Digitalisierung auch dafür gesorgt, dass in anderen Bereichen Unmengen neuer Jobs entstehen konnten – insbesondere im Ideen- und Entwicklungsbereich, im Service oder im Marketing. Nahezu jedes Unternehmen – egal, in welcher Größenordnung – verfügt heute über ganze Abteilungen, die sich um Marketing, Social Media und Onlinepräsenz kümmern. So etwas wäre vor 20 Jahren noch völlig undenkbar gewesen. Du siehst: Technologische Veränderungen und Verbesserungen wie Künstliche Intelligenz und Co. führen nicht zu einem nachweislichen Rückgang von Arbeitsplätzen, sondern sie verändern lediglich die Art, wie wir arbeiten. Früher waren wir vermehrt in der Produktion und im Handwerk tätig; heute können wir Teile dieser Tätigkeitsbereiche maschinell besetzen und arbeiten selbst in anderen Bereichen. Das ist eine ganz normale Entwicklung, die sich in ähnlicher Form auch in anderen Bereichen unseres Lebens zeigt. Veränderungen führen immer zu weiteren Veränderungen. Das war schon immer so, ist heute so und wird auch in Zukunft weiterhin so sein. Umso wichtiger ist es, dass wir uns diesen Umstand vor Augen führen, wenn wir wieder einmal von Skeptikern vor neuen Entwicklungen gewarnt werden.

TELEPORTATION UND FLIEGENDE AUTOS – NUR EINE FRAGE DER ZEIT?

Wie kommt es, dass der Mensch den meisten weitreichenden Entwicklungen und Veränderungen zunächst einmal skeptisch gegenübersteht? Neben der von mir bereits beschriebenen Angst vor allem, was neu ist, liegt das wohl daran, dass der Fortschritt in vielen Bereichen unseres Lebens schlicht und ergreifend unsere Vorstellungen übertrifft. Denn genau das ist es ja, was Fortschritt ausmacht. Er macht Dinge möglich, bei denen wir uns denken: Was? Das kann doch unmöglich wahr sein! Auch das war schon immer so. Als Gerd Müller beispielsweise Anfang der 1970er-Jahre seine erfolgreichste Zeit beim FC Bayern München hatte, wäre es für jeden Fußball-Fan absolut undenkbar gewesen, dass wir das Fußballgeschehen einmal so würden verfolgen können, wie es heute möglich ist. Stell dir vor, du hättest dich damals mit einem in Berlin lebenden Bayern-Fan unterhalten und ihm Folgendes gesagt: »Du, pass mal auf! Weißt du, was in ein paar Jahren möglich sein wird? Du kannst in Berlin an einem beliebigen Ort sein und sehen, wie der Gerd Müller in München ein Tor schießt. Und das siehst du nicht nachträglich in der Wiederholung oder hörst es über das Radio, nein! Du siehst das genau in dem Moment, in dem er das Tor schießt – live und in Farbe und aus fünf verschiedenen Kameraperspektiven. Und das wird jeder tun können – nicht nur die, die am meisten verdienen und sich einen teuren Farbfernseher leisten können. Direkt danach kannst du dann dein Smartphone aus der Tasche holen und dir anschauen, wie sich das Tor, das er vor einer Minute geschossen hat, auf die Tabelle in der Bundesliga ausgewirkt hat. Dafür gibt es dann extra Apps, die du dir kostenlos aus dem Internet runterladen und von überall aus benutzen kannst.« Wie wäre wohl Anfang der 70er-Jahre die Reaktion auf solch eine Vorhersage gewesen? Vermutlich hätte die Antwort in etwa so ausgesehen: »Hast du sie noch alle? Wie soll das denn gehen? Das ist ja zu schön, um wahr zu sein. Das ist doch überhaupt nicht möglich!« Wie die Geschichte gezeigt hat, ist es das eben doch. Schon zur Weltmeisterschaft 1974 war das Farbfernsehen deutschlandweit verbreitet, die Heim-WM 2006 konnten Fußballfans im Rahmen von Public Viewings dann bundesweit auf riesigen Leinwänden verfolgen – und das in einer Auflösung, von der man 30 Jahre zuvor nicht zu träumen gewagt hätte. Inzwischen sorgen unzählige Streaming-Anbieter und Sport-Plattformen dafür, dass wir nahezu jedes Fußballspiel, das irgendwo auf der Welt in einer nur halbwegs relevanten Liga stattfindet, über unsere mobilen Geräte wie Smartphone oder Tablet empfangen können. Und wenn wir das Spiel verpasst haben, können wir uns eben im Nachhinein die Highlights »on demand« auf YouTube reinziehen. Woran liegt es aber, dass ein Fußballfan es Anfang der 70er-Jahre nicht für möglich gehalten hätte, seine Lieblingssportart eines Tages auf solch eine Art und Weise verfolgen zu können? Ganz einfach: Es hätte seine Vorstellungskraft überschritten. Es wäre für ihn einfach undenkbar gewesen, dass das, was er kannte, eines Tages durch eine solch drastische Veränderung verdrängt werden könnte. Warum ich das so detailreich ausführe? Um zu verdeutlichen, wie wichtig es ist zu wissen, dass sehr viele Entwicklungen und Veränderungen weit über das hinausgehen, was wir uns vorstellen können. Wir können zum aktuellen Zeitpunkt noch gar nicht wissen, welche Entwicklungen und Innovationen unseren Planeten in den nächsten Jahrzehnten noch verändern werden. Das meiste davon können wir maximal erahnen, wenn überhaupt. Was wir allerdings können: festmachen, woher der Antrieb kommt, der zu diesen Veränderungen führt. Und zwar aus unseren Wünschen. Wir wünschen uns Dinge, weil wir sie für sinnvoll oder erstrebenswert halten, und unternehmen in der Folge Schritte, um diese Dinge eines Tages in der Realität umsetzen zu können. So ist es mit dem Großteil aller weitreichenden Veränderungen, vor allem im technischen Bereich. Selbstredend gilt dies auch für das aufgeführte Beispiel der Sportübertragung. Die Menschen werden von Beginn an das Bestreben gehabt haben, dem Spiel an sich so nah wie möglich zu sein und so viel wie möglich davon sehen zu können. Da es schnell offensichtlich wurde, dass bei steigendem Interesse nicht alle Menschen ins Stadion gehen konnten, mussten Mittel und Wege gefunden werden, um diese Barriere zu umgehen. Dies geschah zunächst über Live-Übertragungen im Radio, später über das Schwarzweiß-Fernsehen und irgendwann über die Sportübertragungen, wie wir sie heute kennen. Lustigerweise können wir das Ergebnis dieses Denkens in nahezu allen Science-Fiction-Filmen, die wir kennen, wiederfinden. Denn auch die in diesen Filmen gezeigten technischen Mittel entspringen nicht der reinen Fantasie von irgendwelchen kreativen Spinnern, sondern der durchaus logischen Fragestellung, welche potenziellen Neuerfindungen und Geräte uns denn in Zukunft einen Nutzen bringen könnten. Wenn Captain Kirk in Star Trek über seinen Kommunikator telefoniert, dann tut er das, weil einer der Macher vorher den Gedanken hatte: »Mann, das wäre doch was! Ein handliches Gerät, über das ich einfach mit irgendjemandem sprechen kann, er eigentlich ganz woanders ist! Das wäre doch hilfreich, wenn es so etwas wirklich gäbe!« Und weil das tatsächlich hilfreich wäre, haben sich die Menschen dann irgendwann hingesetzt und genau diese Idee zur Realität werden lassen. Das Ergebnis: Captain Kirk hatte seinen Kommunikator, wir laufen inzwischen beinahe ausnahmslos mit Smartphones durch die Gegend, die uns sogar noch mehr ermöglichen. Die Quintessenz: Alles, was wir in der Zukunft haben, resultiert aus dem, was wir uns im Hier und Jetzt wünschen.

******

Wenn die Quintessenz unserer Überlegungen zum Thema Innovation und Entwicklung besagt, dass alle weitreichenden Veränderungen aus unseren Wünschen resultieren, liegt die Vermutung nahe, dass wir uns vor allem unsere Wünsche ansehen müssen, wenn wir uns mit der Frage beschäftigen, wie unsere Welt in 10, 20 oder 100 Jahren möglicherweise aussehen könnte. Auf dieser Erkenntnis baut auch meine Überzeugung auf, dass wir sehr viele Dinge, die wir uns heute nur vorstellen, irgendwann in der Realität erleben werden. Einer der Bereiche, in denen ich das größte Potenzial für derartige Entwicklungen sehe, ist die Medizin. Es gibt kaum etwas, was dem Menschen wichtiger ist als die eigene Gesundheit. Wir suchen pausenlos nach Mitteln und Wegen, um bestimmte Arten der medizinischen Versorgung, die uns aktuell noch illusorisch erscheinen, endlich möglich zu machen. Zu vielen dieser gewünschten Veränderungen wurde bereits wichtige Vorarbeit geleistet und es ist in meinen Augen nur noch eine Frage der Zeit, bis diese Vorarbeit sich auch im Erreichen des tatsächlichen Zieles auszahlen wird. Wie weit wir dabei tatsächlich schon sind, zeigt sich, wenn wir uns damit beschäftigen, was wir – entgegen früherer Prognosen – inzwischen bereits geleistet und erreicht haben. Es ist mittlerweile durch die Existenz von 3D-Druckern und Bioprinting für einige Unternehmen möglich, ganz einfache, lebende Zellen zu drucken. Diese lebenden Zellen werden teilweise in der Pharmaforschung eingesetzt, um Reaktionen auf Medikamente zu testen. Das bedeutet: Es wird nicht mehr allzu lange dauern, bis Tierversuche überflüssig sein werden, weil die Forscher ausreichend Biomaterial drucken und ihre Entwicklungen daran testen können. Ab einem gewissen Punkt in der Zukunft wird man dann in der Forschung auch so weit sein, ganze Organe zu drucken. Wenn du beispielsweise eine neue Leber benötigst, wird es möglich sein, Teile deiner DNA zu separieren und daraus eine funktionierende Leber zu drucken. Diese wird dein Körper dann auch nicht abstoßen, denn sie wurde ja auf Grundlage deiner eigenen DNA gedruckt. Aus heutiger Sicht mögen solche Szenarien zwar nach einer Fiktion klingen, doch es steht mit Sicherheit fest, dass all das eines Tages umsetzbar sein wird. Es geht nicht darum, OB es uns gelingt, diese Dinge umzusetzen. Es geht einzig und allein darum, WANN es uns gelingt, dies zu tun. Die Antwort auf die Frage nach dem WANN ist der Stoff, aus dem die Zukunft ist – und das gilt für alle Bereiche unseres Lebens. Egal, ob wir über Medizin, Mobilität oder Tourismus sprechen – es wird in jedem einzelnen dieser Bereiche zu Neuerungen kommen, die wir uns heutzutage nicht einmal vorstellen können. Auch zu solchen, die wir bislang nur aus Science-Fiction-Filmen kennen. Ein Beispiel hierfür? Fliegende Autos. Manch einer wird jetzt mit den Augen rollen und darauf verweisen, dass die Menschheit ja schon seit Jahrzehnten von fliegenden Autos träumt. Das stimmt auch. Doch warum ist das so? Ganz einfach: Weil der Mensch eben bereits seit Jahrzehnten erkannt hat, wie sinnvoll und wünschenswert es wäre, diese Idee irgendwie umzusetzen. Denn der Einfluss, den fliegende Autos auf unsere Mobilität hätten, wäre beispiellos. Staus auf Autobahnen könnten weitestgehend vermieden werden, da wir durch einen zusätzlichen Luftkorridor genug Platz schaffen könnten, um zu sagen: »Okay, ich gehe mal auf Ebene zwei oder drei und fliege die nächsten 500 Meter.« Kein Wunder also, dass Menschen seit Jahrzehnten von einer solchen Änderung träumen. Genauso verhält es sich mit meiner persönlichen Traumvorstellung: dem Beamen. Es gab ja keine Zeit, in der Menschen sich nicht dachten: Wie schön wäre es, wenn ich einfach nur auf einen Knopf drücken müsste und innerhalb von einer paar Sekunden am Strand in Sizilien wieder auftauchen würde? Ich bin mir zwar sicher, dass ich die Realisierung dieser Vision leider nicht miterleben werde, doch auch in diesem Bereich gibt es schon zahlreiche Innovationen, die als Schritt in die richtige Richtung interpretiert werden können. Ich bin beispielsweise felsenfest davon überzeugt, dass Geschäftsreisen ins Ausland in ziemlich naher Zukunft der Vergangenheit angehören werden. Und das völlig zu Recht – was ist es auch für ein schwachsinnig hoher Aufwand, extra für ein Meeting nach Peking oder New York zu fliegen? Schon in der Hochphase der Corona-Pandemie ist es uns gelungen, viele Präsenz-Meetings durch digitale Dienste wie Zoom oder Microsoft Teams zu ersetzen. Das einzige Problem hierbei war es, dass durch den sehr statischen Charakter dieser Plattformen ein großer Teil der Visualität unseres Gegenübers verloren ging. Gestik, Mimik, Charisma – diese Dinge kommen über Zoom und Co. einfach zu kurz, obwohl du sie zwingend brauchst, um im Rahmen eines Gespräches die Emotionen deines Gegenübers richtig deuten zu können. Nichtsdestotrotz gibt es ein Instrument, das uns in Zukunft ziemlich sicher dazu verhelfen wird, auch diese Barrieren zu durchtrennen: das Metaverse. Das Metaverse wird ohnehin dafür sorgen, dass wir gewisse Dinge in Zukunft anders erleben. Dazu gehören auch Geschäftsmeetings. Streng genommen gibt es nur zwei Dinge, die das Metaverse leisten muss, um flächendeckend als Plattform für menschliche Interaktionen aller Art zu fungieren. Zum einen muss zwingend sichergestellt sein, dass du dein Gegenüber im Metaverse einer Identitätsprüfung unterziehen kannst.

Das heißt: Du musst dir sicher sein, dass die Person, der du im Metaverse begegnest, auch wirklich die Person ist, die du treffen wolltest. Dazu kommt, dass die Defizite, die ich Zoom attestiert habe, zwingend ausgehebelt werden müssen. Du musst dazu in der Lage sein, deinem Gegenüber nicht über ein zweidimensionales Bewegtbild, sondern auf irgendeine Art und Weise im dreidimensionalen Rahmen zu begegnen. Nur so kannst du ein digitales Aufeinandertreffen wirklich so erleben, wie du es analog tun könntest. In dem Moment, in dem das Metaverse dazu in der Lage ist, diese beiden Voraussetzungen zu erfüllen, werden Geschäftsreisen zu sehr großen Teilen der Vergangenheit angehören. Wozu solltest du auch in den Flieger steigen und extra für ein Meeting nach Peking fliegen, wenn du den Menschen, mit dem du dich treffen wolltest, auch zu 100 Prozent sicher im Metaverse antreffen kannst? Klar ist auch, dass Geschäftsmeetings nicht der einzige Bereich unseres Lebens sein werden, in dem das Metaverse uns beeinflussen wird. Vielleicht wird es damit anfangen, aber es wird sicherlich nicht dabei bleiben. Sobald ein allgemeines Verständnis dafür geschaffen ist, dass ein »Metaverse-Meeting« sich nicht großartig von der Art von Treffen, die wir gewohnt sind, unterscheidet, werden sich Menschen dem Metaverse auch in anderen Lebenssituationen zuwenden. Ich glaube zum Beispiel fest daran, dass es irgendwann nicht mehr nötig sein wird, in irgendein Gym zu gehen, wenn du Lust hast, mit deinen Jungs zu trainieren. Stattdessen werden Menschen ihren Sport für sich am Ort ihrer Wahl ausüben, dabei jedoch ihren Freunden im Metaverse begegnen. Du wirst also dazu in der Lage sein, dich beim Pumpen mit deinen Kumpels zu unterhalten, ohne physisch mit ihnen zusammen zu sein. Und dennoch wird das Erlebnis als solches dasselbe sein. Diesen Grundgedanken können wir auch auf das eingangs angeführte Beispiel der Fußballübertragung ausdehnen. Vielleicht hast du eines Tages Lust, dir ein Spiel deines Lieblingsvereins im Stadion anzusehen und merkst dann, dass die Tickets für das besagte Spiel schon ausverkauft sind. Vielleicht hast du aber auch einfach keine Lust, mehrere Stunden für die An- und Abreise aufzuwenden oder befürchtest, dass du nach Ende des Spiels im Stau stehen könntest. Ich behaupte: Diese Dinge werden ab einem gewissen Punkt kein Problem mehr darstellen. Denn das Metaverse wird in Zukunft definitiv dazu in der Lage sein, uns das Stadion-Feeling auch von zu Hause aus zu vermitteln. Du wirst dann dasselbe Spiel zur selben Zeit mit denselben Gefühlen schauen können – so, als wärst du tatsächlich im Stadion gewesen. Der einzige Unterschied: Du bist nicht live vor Ort, sondern befindest dich im Metaverse. Aus heutiger Sicht ist das eine utopische Zukunftsvision, doch es wird schon jetzt daran gearbeitet, diese Dinge zeitnah möglich zu machen. Mit Apple hat sich beispielsweise eines der weltweit führenden Technologie-Unternehmen der Entwicklung von VR-Brillen verschrieben. Natürlich sind diese heute noch ein bisschen klobig und nicht gerade benutzerfreundlich in ihrer Anwendung, doch wir sehen: Da tut sich etwas, die ersten Schritte werden unternommen. Wann es tatsächlich umsetzbar ist, ist letztlich nur eine Frage der Zeit.

******

Es gibt ein Faktum, das wir uns im Zusammenhang mit all den Änderungen, die unsere Vorstellungen überschreiten, in unserer Rolle als Anleger stets vor Augen führen müssen. Wann immer es eine Vision gibt, deren Umsetzung von der Menschheit als wünschenswert erachtet wird, sind es die besten und führendsten Unternehmen, die auch alles dafür tun werden, diese Ideen und Technologien für die Zukunft umzusetzen. Diese Unternehmen sind es, die unsere Zukunft formen und gestalten und letztlich auch davon profitieren, wenn bestimmte Änderungen tatsächlich realisiert werden können. Das war auch in der Vergangenheit schon so. Von Fernsehgeräten über Computer mit Internetzugang bis hin zu den Smartphones, die wir heute mit uns rumtragen: Wann immer es weitreichende Modernisierungen gab, wurden sie von erfolgreichen Unternehmen mitgetragen – ein Umstand, der für uns als Anleger wertvolles Wissen bedeutet.

CRYPTO, METAVERSE & KÜNSTLICHE INTELLIGENZ – LASST UNS OFFEN FÜR NEUES SEIN!

Gehen wir davon aus, dass sich unser aller Leben in den kommenden Jahrzehnten weiterhin rasant nach vorne bewegt und alles moderner wird, stellt sich für uns als Anleger natürlich eine alles entscheidende Frage: Ist es alternativlos, sich an dieser Entwicklung zu beteiligen? Müssen wir zwangsläufig in Unternehmen investieren, die diese Veränderungen mitgestalten und mittragen? Oder gibt es vielleicht eine Alternative zu einem Depot voller Technologie- und KI-Aktien, das deinen Wohlstand auf der Existenz von Metaverse und fliegenden Autos aufbaut? Ich behaupte, alternativlos ist ganz grundsätzlich erst einmal rein gar nichts. Dein persönliches Depot muss nämlich vor allem eins: dich selbst zufriedenstellen. Wenn du aus irgendeinem Grund gegen den E-Commerce bist, dann musst du auch keine Amazon-Aktien kaufen. Findest du Adidas scheiße und Nike geil, dann zwingt dich niemand, dir Adidas-Aktien zuzulegen. Wenn du felsenfest davon überzeugt bist, dass im Streaming-Bereich Disney+ die Zukunft gehört, steht es dir völlig offen, auf den Kauf von Netflix-Aktien zu verzichten. Genauso ist es mit allen anderen Dingen. Wenn du also kein Interesse daran hast, die weiteren Schritte der Digitalisierung mitzugehen, dann wird dich auch niemand dazu zwingen. Allerdings erscheint es in meinen Augen sinnvoll, die eigene Skepsis gegenüber Neuerungen und Entwicklungen intensiv zu hinterfragen. Denn in sehr vielen Fällen ist diese Skepsis unbegründet. Oft sind wir nicht skeptisch, weil es einen berechtigten Grund dafür gibt. Wir sind es, weil wir ausblenden, wie sehr Innovation und Entwicklung unser Leben bereits verbessert haben und was wir ihnen verdanken. Ein Bereich, in dem dieses Denkmuster besonders stark verbreitet ist, ist die Medizin. Jahrzehntelang wurde der medizinische Fortschritt in Deutschland vom absoluten Großteil der Gesellschaft uneingeschränkt mitgetragen. Wollten wir in den Urlaub fliegen, haben wir uns selbstverständlich jede Impfung reingejagt, die dafür notwendig war. In Afrika grassiert das Gelbfieber? Alles klar, dann rein mit der Nadel, drei Tage Schüttelfrost und Durchfall und ab in den Flieger! Warum auch nicht? Wir wollten ja in den Urlaub und das waren eben die Schritte, die dafür notwendig gewesen waren. Inzwischen durchleben wir in Deutschland jedoch eine Phase, in der so viel über die Medizin geschimpft wird wie nie zuvor. Gelingt es der Wissenschaft, innerhalb eines Jahres einen Impfstoff gegen eine weltweit verbreitete Krankheit zu entwickeln, kommen die Leute aus allen Ecken und hinterfragen, ob das wirklich so gewesen sein kann. Dann heißt es: »Ja, wer steckt denn da dahinter? Von wem kommt das denn? Verdient da jemand dran?« Was diese Menschen dummerweise völlig außer Acht lassen, ist die Tatsache, dass es an den Errungenschaften der Medizin liegt, dass sie überhaupt in der Position sind, um an Impfungen und anderen Medikamenten zweifeln zu können. Wir leben in einer Zeit, in der Menschen älter werden als jemals zuvor. Wir werden älter als JEDE Generation vor uns. Und das nicht TROTZ der Medizin, sondern WEGEN der Medizin. Früher sind reihenweise Menschen an Zahnfleischentzündungen gestorben. Heute gibt es Antibiotika und eine Zahnfleischentzündung ist nach ein paar Tagen restlos ausgeheilt. Krankheiten wie die Pocken haben wir inzwischen so weit zurückgedrängt, dass man sich heutzutage theoretisch nicht mehr dagegen impfen müsste. Erreicht wurde das durch Impfungen, die richtigerweise flächendeckend zum Einsatz kamen. Heute stellen sich Mütter hin und sagen: »Mein Kind bleibt natürlich, das lasse ich nicht gegen Masern oder Pocken impfen.« Ziemlich paradox, wenn wir bedenken, dass sie eine solche Aussage gar nicht treffen könnte, wenn es nicht Zeiten gegeben hätte, in denen es den Menschen klar war, dass sie auf den medizinischen Fortschritt vertrauen müssen, um gesundheitlich möglichst gut dazustehen.

Da war es nicht so, dass direkt die Welt unterging und die Medizin verdammt wurde, wenn bei einem halben Prozent aller Geimpften irgendwelche Nebenwirkungen aufgetreten sind. Und wenn dieser Wahn, von dem heutzutage leider große Teile der Gesellschaft betroffen sind, aus irgendeinem Grund so weitergeht, uns alle nicht mehr impfen lassen und keine Medikamente mehr zu uns nehmen würden, hätten wir ab einem gewissen Punkt ein großes Problem. Glücklicherweise ist es jedoch so, dass solche Phasen des verstärkten Misstrauens in Innovation und Fortschritt in den meisten Fällen nur Kurzzeitepisoden sind. Da regen sich dann kurz alle auf und alles ist ganz dramatisch und schlimm, doch nach einiger Zeit kehrt wieder Normalität ein und die Lage beruhigt sich. Das basiert auch auf einer ebenso einfachen wie offensichtlichen Erkenntnis: Es gibt ÜBERALL negative Aspekte. Der Mensch ist nicht fehlerfrei und es ist ganz normal, dass auch bei menschengemachten Veränderungen immer wieder Optimierungs- und Verbesserungsbedarf besteht. Das gilt für jeden Bereich, in dem ein gewisses Grundrisiko für Fehler oder missbräuchliche Nutzung besteht. Wir werden immer im Leben neue Dinge machen, die negative Begleiterscheinungen haben werden – IMMER. Auch bei Künstlicher Intelligenz müssen wir zwangsläufig davon ausgehen, dass es Menschen geben wird, die sie ausnutzen werden, um anderen zu schaden. Die Crux ist jedoch: Der Mensch ist dazu in der Lage, diese negativen Aspekte und Lücken im System zu identifizieren und daran zu arbeiten, dass sie schnellstmöglich ausgebessert werden. Das gilt für die Medizin genauso wie für die Technologie. Denn nur, wenn wir an genau diesen negativen Auswirkungen von Neuerungen arbeiten und feilen, wird es uns langfristig gelingen, das daraus erlangte Wissen wieder in etwas Positives umzuwandeln. Und da wir genau das tun, glaube ich einfach: Wenn wir nach vorne blicken wollen, müssen wir offen für Neues sein. Sonst könnten wir uns den Blick nach vorne auch sparen.

******

Ein Bereich, welcher von Ressentiments so sehr betroffen ist wie kaum ein anderer, umfasst die brandaktuellen Themen Cryptowährungen und NFTs. In diesem Bereich ist es wieder mal typisch, dass gerade ältere Analysten abwinken, ohne sich je intensiv mit dem Thema beschäftigt zu haben. Da heißt es dann schnell: »Crypto? Ach, das ist doch eh Blödsinn!« Oder am besten noch: »Ich brauche den Scheiß nicht, ich will Bargeld!« Hier greift der Mechanismus, den ich bereits in einem der letzten Kapitel beschrieben habe. Der Mensch ist es seit Jahrhunderten gewöhnt, seine Tauschgeschäfte mit greifbaren Objekten abzuwickeln. Ganz ganz früher werden es Steine oder Muscheln gewesen sein, heute ist es eben das Bargeld. Das kennt er, er kann es anfassen und sich in die Brieftasche stecken. Ergo vertraut er ihm. Wenn dann plötzlich die Option im Raum steht, man könne mit digitalen Währungen und Coins bezahlen, die mit dem uns bereits bekannten Bargeld nicht viel zu tun haben, gehen natürlich erst mal alle Alarmglocken an. Oh nein! Das ist neu, das kenne ich nicht! Kann ich dem vertrauen? Ich bin auch hier der Meinung: Es ist etwas Neues, dem man – wie jeder anderen Innovation – grundsätzlich offen gegenüberstehen sollte. Um die Wichtigkeit dieser Einstellung zu verdeutlichen, vergleiche ich die Cryptos von heute gerne mit dem Internet Mitte der 1990er-Jahre. Damals war es nämlich genauso: Man wusste, dass da etwas kommt, doch niemand hat das Internet wirklich genutzt. Es war den Menschen einfach noch völlig fremd und gerade eine flächendeckende Nutzung, wie es sie heute gibt, wäre noch völlig undenkbar gewesen. Zur Veranschaulichung: AOL warb 1999 mit dem legendären »Ich-bin-drin«-Werbespot mit Boris Becker als Werbegesicht. Der »Ich-bin-drin«-Witz funktionierte jedoch nur, weil es damals WIRKLICH kein kleiner Act war, »drin« zu sein. Da musstest du dich erst einloggen, danach eine Verbindung aufbauen und konntest dann erst mit dem Surfen beginnen. Alles noch umständlich, alles noch neu, alles noch fremd für die Leute. Genauso ist es heutzutage mit Cryptowährungen. Wenn ich auf Messen unterwegs bin und in die Runde frage, wer denn schon mal etwas mit Bitcoin bezahlt hat, dann gehen in einer Gruppe von 300 Menschen vielleicht vier Hände hoch. Alle anderen kennen es nicht, wissen damit überhaupt nichts anzufangen. Trotzdem hegt ein großer Teil von ihnen eine Grundskepsis gegenüber Cryptowährungen. Irgendwie paradox, oder? Spannend ist vor allem, dass ein großer Teil dieser Grundskepsis vermutlich weichen würde, wenn man sich intensiv damit beschäftigen würde, was Cryptowährungen überhaupt sind und welches Potenzial sie mit Blick auf die Zukunft mitbringen. Denn digitales Geld ist im Grunde nicht nur eine Währung, sondern immer auch ein Entwicklungspotenzial. Bitcoin hat beispielsweise den Vorteil, dass es definitiv ein endliches Produkt ist. Es beruht auf einem Logarithmus, der klar festlegt, dass nur eine bestimmte Anzahl an Bitcoins hergestellt werden kann. Je näher wir dieser Höchstzahl kommen, desto höher ist der Energieaufwand, der benötigt wird, um die letzten Bitcoins herzustellen. Und solange Bitcoin innerhalb der Gesellschaft auch nur eine grobe Akzeptanz erfährt, wird der Wert steigen – eben, weil es diese Limitierung gibt. Denn alles, was limitiert ist, steigt mit größer werdender Gegenleistung im Wert. Und damit diese Gegenleistung größer wird, genügt es, wenn sich immer mehr Menschen offen für das Thema zeigen und ein grundlegendes Interesse daran entwickeln. So war es beim Internet und so wird es auch bei Cryptos sein. Von daher wird der Crypto-Bereich auch definitiv ein spannender Markt bleiben, den man im Auge behalten sollte. Hier zu investieren ist aus meiner Sicht dennoch hochspekulativ, doch so war damals auch beim Internet. In den Anfangszeiten gab es knapp 500 Internet-Aktien, in die investiert werden konnte. Von diesen 500 Internet-Companys sind heute bestimmt 450 verschwunden. Von den 50 verbliebenen wurden mindestens 40 übernommen und vielleicht zehn haben sich wirklich gut entwickelt – ein Bruchteil. Unternehmen wie Google, die heute zu den stärksten Unternehmen im Technologie-Bereich gehören, waren in dieser ersten Welle noch gar nicht dabei. Die Suchmaschinen damals hießen AOL und Lycos, nicht Google. Google schaffte den Durchbruch erst in den 2000ern, als die Welle der ersten Internet-Companys bereits abgeebbt war. Im Crypto-Bereich wird das meiner Meinung nach ähnlich sein. Auch da werden die spannendsten Projekte und Coins vielleicht erst noch kommen. Von den Coins, die jetzt bestehen, werden die meisten verschwinden, während vielleicht eine Handvoll übrig bleibt. Aus meiner Sicht wird Bitcoin ziemlich sicher zu den Coins gehören, die übrig bleiben, auch Ethereum rechne ich hohe Chancen aus. Den Rest kann ich nur sehr schwer einschätzen. Fest steht jedoch: Der Crypto-Bereich wird eine spannende Investitionsmöglichkeit bleiben, deren Lukrativität vor allem davon abhängt, wie schnell die Akzeptanz innerhalb der Gesellschaft wachsen wird.

****

Wie gehen wir am besten mit spekulativen Investitionsmöglichkeiten wie Crypto und Co. um? Ist es sinnvoll, sich diesen Märkten möglichst früh zu widmen, um langfristig daran zu profitieren? Oder ist das Risiko, die eingesetzten Ressourcen zu verlieren, zu hoch? Bei der Beantwortung dieser Fragen möchte ich noch einmal auf das verweisen, was ich zu Beginn des Kapitels bereits aufgeführt habe: Es gibt keine Investition, die alternativlos wäre. Wer keinen Bock auf Crypto hat, kann auch einfach darauf verzichten, in diesen Markt einzusteigen. Wenn du aber grundsätzlich offen dafür bist, kann es nicht schaden, zumindest einen Fuß in die Tür zu stellen. Mein Tipp an der Stelle: Übertreibe es nicht. Ich halte es nicht für sinnvoll, den Großteil deiner für Investitionen zur Verfügung stehenden Mittel in eine derart spekulative Anlage zu stecken. In einem solchen Fall bestünde natürlich die Möglichkeit, dass du durch ein frühes und gleichzeitig hohes Investment irgendwann dick im Geschäft bist. Gleichzeitig besteht aber auch das Risiko, in relativ kurzer Zeit relativ viel zu verlieren. Das wäre dann – wie ich es schon einmal beim Thema Trading gesagt habe – kein nachhaltiges Investieren mehr, sondern reine Zockerei. Wenn du also in einem solchen Bereich investieren möchtest, würde ich dir nahelegen, erst mal klein anzufangen. Wenn sich dann etwas in diesem Bereich entwickelt, wirst du es aufgrund deiner getätigten Investments sowieso mitkriegen und dann hast du immer noch die Möglichkeit, zum geeigneten Zeitpunkt nachzulegen. Ohnehin bringst du in einem solchen Fall mit deiner grundsätzlichen Offenheit gegenüber Neuem bereits die besten Voraussetzungen mit, um all das, was in diesem Bereich zukünftig noch passieren könnte, mitzuerleben und entsprechend auf die jeweiligen Entwicklungen und Veränderungen zu reagieren.

DIE BÖRSE IN HUNDERT JAHREN – WAS ERWARTET DEN MENSCHEN IN DER ZUKUNFT?

Der Planet, auf dem wir leben, wird in 100 Jahren nicht mehr so aussehen, wie wir es von heute gewohnt sind. So viel dürfte uns nach all den Erkenntnissen, die uns die letzten Jahrzehnte geliefert haben, klar sein. Ob es dann fliegende Autos oder ein kompletter Alltag im Metaverse sein werden, ist letztendlich egal. Klar ist in jedem Fall: Die Generationen, die auf uns folgen, werden mit Gegebenheiten groß werden, die wir uns nicht einmal ausmalen können. Dementsprechend schwer ist es auch, belastbare Prognosen darüber abzugeben, wie die Börse in 10, 20 oder gar 100 Jahren aussehen könnte – gerade dann, wenn man bedenkt, dass die Börse auf mehreren Ebenen ein Abbild unserer Lebensweise ist. Um zu verdeutlichen, wie schnell sich Dinge auch im eigenen Börsenumfeld entwickeln und verändern, bringe ich ein Beispiel aus meiner persönlichen Vergangenheit. Zu der Zeit, als ich meine ersten Gehversuche als Anleger unternahm, war es noch völlig normal, dass jeder Kauf und Verkauf von Aktien ein richtiger Prozess war. Jedes Mal, wenn du eine Aktie kaufen oder verkaufen wolltest, musstest du extra zur Bank gehen, um dort dein Geschäft abzuwickeln. Hättest du den Menschen damals erzählt, dass es eines Tages ganz normal sein würde, eine Aktie über ein paar Klicks am Handy ins eigene Depot aufzunehmen oder sie abzustoßen, hätten sie für dich vermutlich nichts als ein müdes Lächeln übrig gehabt. Wie sollen wir also jetzt schon konkrete Vorstellungen davon haben können, wie die Börse sich auf lange Sicht verändern wird? Vielleicht wurden die Neuerungen, die die Börse in ein paar Jahrzehnten bestimmen werden, noch gar nicht erfunden – wer weiß? Das Einzige, was wir wirklich gesichert wissen, ist, dass sie sich genauso weiterentwickeln und verändern wird wie die Menschheit selbst. Schließlich schaut die Börse stets in die Zukunft und hinkt dabei nie hinterher. Obwohl es de facto nicht möglich ist, eine genaue Prognose dazu abzugeben, wie die Börse sich zukünftig entwickeln könnte, gibt es kaum etwas Spannenderes, als sich darüber Gedanken zu machen, wie die Welt, in der wir leben, sich in Zukunft verändern wird. Das erscheint auch aus Anlegersicht sinnvoll. Schließlich sind es ja genau diese Veränderungen, die letztlich von den führenden Unternehmen mitgestaltet und entscheidend beeinflusst werden. Wer also schon früh ein Verständnis dafür entwickelt, in welche Richtung wir uns als Menschheit bewegen, wird dieses Verständnis einsetzen können, um davon auch an der Börse zu profitieren.

******

Die Geopolitik ist der Bereich, den wir uns beim Blick in die Zukunft zwingend als erstes anschauen müssen. Sie bestimmt nicht nur, wie sich geografische Faktoren auf Politik und Gesellschaft auswirken, sondern liefert uns auch wichtige Erkenntnisse darüber, welchen Einfluss diese Auswirkungen in der Vergangenheit auf die Wirtschaft hatten. Wenn wir uns so weit wie nur möglich in die Vergangenheit bewegen, zeigt sich geopolitisch eine ganz klare Entwicklung: die Zusammenschlüsse, die die Menschen gebildet haben, sind immer größer geworden. Begonnen hat alles mit kleinen Fürstentümern innerhalb kleiner Regionen, in denen das eine Dorf gegen das andere gekämpft hat. Später gab es dann größere Einheiten, die in etwa mit unseren heutigen Bundesländern zu vergleichen sind. Hessen, Bayern, Sachsen, und so weiter und so fort. Diese Zusammenschlüsse gab es nicht nur im deutschen Raum, sondern auch auf europäischer und internationaler Ebene. Die Spuren davon sind noch heute an den kleineren Gebietskörperschaften innerhalb größerer Nationen erkenntlich. Deutschland hat seine Bundesländer (etwa Niedersachsen, Hessen, Thüringen), Italien seine Regionen (wie

Sardinien, Kalabrien, die Abruzzen), Spanien seine autonomen Gemeinschaften (beispielsweise Katalonien, Andalusien, Extremadura). Wie wir daran bereits erkennen, wurden aus diesen kleineren Gebietskörperschaften irgendwann die Staaten in annähernd der Form, wie wir sie heute kennen. Und selbst diese streben danach, sich wiederum in noch größeren Zusammenschlüssen zusammenzutun, beispielsweise in Völkerbünden wie der EU, UNO oder NATO. Die Geschichte ist also geprägt davon, dass es weltweit immer größere Zusammenschlüsse gab und die Welt rückte so immer näher zusammen. Mittlerweile sind wir längst an dem Punkt angekommen, an dem das Sprichwort, »Die Welt ist ein Dorf«, mehr als nur ein Fünkchen Wahrheit enthält. Jeder braucht inzwischen jeden und keiner kann mehr isoliert von den anderen leben. Ich bin fest davon überzeugt, dass diese Entwicklung auch in der Zukunft weitergehen wird. Wie in vielen anderen Bereichen unseres Lebens wird es jedoch auch hier so sein, dass wir ab und zu einen Schritt zurück machen müssen, um langfristig zwei nach vorne machen zu können. Ein gutes Beispiel für diese Prognose stellt das Konzept der Europäischen Union dar. Die EU verfolgte von Beginn an das Ziel, einzelne Zusammenschlüsse, in diesem Fall der Länder Europas, in einem größeren Zusammenschluss zusammenzufassen. Die an diesem Zusammenschluss beteiligten Nationen sollten sich neben gemeinsamen Werten auch strukturelle Voraussetzungen in Politik und Wirtschaft teilen, beispielsweise den Euro als gemeinsame Währung. Wie die Vergangenheit gezeigt hat, ist die Idee, die hinter solchen Zusammenschlüssen steht, grundsätzlich gut. Im Fall der EU ist die Umsetzung des Ganzen jedoch nicht allzu praxistauglich – zumindest, wenn es um unmittelbar eintretende Veränderungen geht. Der Haken liegt hierbei primär darin, dass die Generation, die die EU ins Leben gerufen hat, mich eingeschlossen, schlichtweg zu kurz lebt, um zu erleben, wie die der Idee zugrunde liegenden Veränderungen in die Tat umgesetzt werden. Denn so gut die Idee eines geeinten Europas auch sein mag – es wird Generationen brauchen, bis wir sie vollständig in die Tat umsetzen können. Ich bin jedoch felsenfest davon überzeugt, dass es eines Tages der Fall sein wird. Das sehen wir schon jetzt daran, wie unsere Kinder aufwachsen. Im Gegensatz zu meiner Generation ist die meiner Kinder in deutlich größerem Ausmaß multikulturell und mehrsprachig; eine Unterteilung in nationale Identitäten besteht kaum noch. Geht diese Entwicklung so weiter, kann es nicht mehr lange dauern, bis Ländergrenzen in den Köpfen der Menschen gar keine Rolle mehr spielen. Dann werden unsere Kinder – oder deren Kinder – an der Adria stehen und behaupten, am »Strand von Europa« zu stehen – nicht am Strand von Kroatien, Italien oder Albanien. Die betreffenden Regionen wird es zwar weiterhin geben; allerdings wird sich niemand mehr so fühlen, als würde er ins Ausland fahren, wenn er von einer dieser Regionen in die andere reist. Dass ein solches Umdenken stattfinden kann, zeigt sich ja auch darin, wie wir schon heute die Welt wahrnehmen. Wenn ein Hesse in Bayern am See sitzt und angelt, fühlt er sich ja auch nicht, als wäre er im Ausland – und das, obwohl Bayern und Hessen ursprünglich getrennte Länder waren und es streng genommen immer noch sind. Dennoch würde kein Deutscher auf die Idee kommen, seine Reise in ein anderes Bundesland mit dem Satz, »Ich fahre ins Ausland«, anzukündigen – schließlich ist ja inzwischen alles ein Land, eine Bundesrepublik Deutschland. Auf genau diese Art und Weise werden die Menschen irgendwann auch Abgrenzungen neu definieren und Zusammenschlüsse anders wahrnehmen. Sie werden dann nicht mehr in Ländern denken, sondern in Völkerbünden, Unionen oder sogar Kontinenten. Doch wie könnte sich eine solche geopolitische Entwicklung auf die Börse und unsere Finanzen auswirken? Wird sich etwas an der Art verändern, wie wir investieren und mit unserem Geld umgehen? Ich denke, dass die größte Veränderung bei den Menschen im Kopf stattfinden wird. Menschen haben einen anderen Bezug zu Unternehmen, in die sie investieren möchten, wenn sie dabei ein Gefühl der Zugehörigkeit verspüren. Wenn wir uns in 100 Jahren gut dabei fühlen, in europäische Unternehmen zu investieren, ist das das gleiche, wie wenn wir uns heute gut dabei fühlen, in deutsche Unternehmen zu investieren. Denn so wie die deutschen Unternehmen gewissermaßen »unsere« Unternehmen sind, werden zukünftig auch die europäischen Unternehmen »unsere« sein – mit dem Unterschied, dass wir uns dann nicht mehr als Deutsche, sondern als Europäer verstehen. Wer dann also in saubere Strände an der Adria investiert, investiert nicht einfach in die Strände Albaniens, Italiens oder Kroatiens, sondern in »seine« Strände. Die Veränderung liegt dann nicht in der Sache an sich, sondern darin, wie wir darüber denken. Ähnlich wird es sich in meinen Augen mit dem Thema Währungen verhalten – da vielleicht sogar in größerem Rahmen. Ich kann mir sehr gut vorstellen, dass Menschen irgendwann nicht mehr in regionalen Währungen wie Dollar, Euro oder Yen, sondern in einer weltweiten Währung bezahlen – ob diese dann »Globo« heißt oder einen völlig anderen Namen trägt, sei mal dahingestellt. In jedem Fall könnte auch eine solche Änderung entscheidend dazu beitragen, dass sich vieles auf der Welt ein wenig entspannen würde, weil alles ein bisschen enger zusammenrücken würde. Eventuell könnten sich Bezahlvorgänge jeglicher Art dann auch digital – beispielsweise auf einer zentralen Plattform für alle – abspielen. Eine Entwicklung vom Bargeld hin zum digitalen Bezahlen ist ja ohnehin schon länger im Gange, wobei wir uns bei einer Sache sicher sein können: Daran, DASS wir Dinge bezahlen, wird sich so schnell nichts ändern. Das ist im Grunde eine der Konstanten, auf die wir uns verlassen können. Es wird immer ein Leben geben, in dem die Menschen einen Beitrag dazu leisten müssen, dass das Leben weitergeht. Und für diesen Beitrag wird es auch weiterhin Entlohnungen geben. Sonst würde das ganze System, in dem wir leben, ja gar nicht funktionieren. Eine Welt, in der Menschen sich einfach hinsetzen und davon ausgehen können, dass Essen und Trinken schon von alleine kommen, wird es nämlich nie geben. Also wird es logischerweise auch weiterhin Anreizsysteme für diejenigen geben müssen, die mehr tun oder mehr können als andere.

******

Fernab von Veränderungen, die auf geopolitischer Ebene stattfinden, erwarten uns in den nächsten Jahren auch einige Veränderungen in alltäglichen Bereichen. Insbesondere das Thema Ernährung halte ich persönlich für einen Bereich, in dem großes Potenzial steckt – auch aus Sicht der Börse. In diesem Bereich rechne ich der Agrarwirtschaft große

Chancen aus – gerade dann, wenn es um ökologische und biologische Landwirtschaft geht. Das liegt schlicht und ergreifend daran, dass Essen und Trinken für den Menschen immer ein Thema bleiben werden. Jeder Mensch muss sich irgendwie ernähren und das ist oft mit dem Anspruch verbunden, dies auf eine möglichst gesunde und natürliche Weise zu tun. Wenn du als Mensch dann die Möglichkeit siehst, dabei auf Produkte in absoluter Top-Qualität zurückzugreifen, wirst du auch dazu bereit sein, mehr dafür zu bezahlen. In meinen Augen ist der Bereich Ernährung deshalb ein sehr wichtiger und großer Markt, zu dem ich im weitesten Sinne auch die Bereiche Sport und Lifestyle zähle. Denn diese Dinge gehen ja Hand in Hand. Der Mensch will möglichst fit und gesund sein, also wird er auf seine Ernährung achten, Sport machen und einen gesunden Lebensstil pflegen. Das Gute daran: Ganz egal, wie sehr wir uns als Menschheit auf technologischer und geopolitischer Ebene entwickeln – die Faktoren Lifestyle, Fitness und Ernährung werden immer eine Rolle spielen. Schließlich wird der Mensch ja nicht von heute auf morgen damit aufhören, fit und gesund sein zu wollen. Schon jetzt lassen sich erste Veränderungen, die sich rund um das Thema Essen und Trinken drehen, im Alltag beobachten. Eine davon: die Rückkehr der Tante-Emma-Läden. Es ist nicht allzu lange her, dass Tante-Emma-Läden durch den Trend hin zu Supermärkten und Discountern beinahe völlig von der Bildfläche verschwanden. Damals ging es dem Großteil der Leute darum, eine Einkaufsmöglichkeit zu haben, an der sie möglichst schnell und günstig alles, was sie brauchten, bekommen konnten. Heute erleben Tante-Emma-Läden in vielen Bereichen Deutschlands eine kleine Renaissance. Als zentrale Gründe hierfür erachte ich die beiden Hauptfaktoren Nostalgie und Nützlichkeit. Auf der einen Seite wird es viele Menschen geben, die jetzt erneut für sich entdecken, wie charmant es eigentlich ist, in solch kleinen Läden einkaufen zu gehen und sich dabei vielleicht sogar an ihre Kindheit oder Jugend zurückerinnert zu fühlen. Auf der anderen Seite wird es definitiv auch eine Rolle spielen, dass unser soziales Miteinander durch immer weiter voranschreitende Digitalisierung ein Stück weit gelitten hat. Da kommt es einigen dann gelegen, einen Ort zu haben, an dem man einander sieht und trifft – ein Ort, der ein wenig persönlicher ist als ein Supermarkt, in dem du in ein paar Minuten alle Einkäufe erledigt hast. Natürlich lässt sich nicht pauschal sagen, dass das Einkaufen in Tante-Emma-Läden »besser« oder »gesünder« ist. Doch das Beispiel zeigt: Den Menschen ist es nicht egal, wo sie einkaufen – und sie sind auch bereit, ein bisschen mehr Geld in die Hand zu nehmen, wenn sie einen Gegenwert für dieses Geld erkennen können. Ähnlich verhält es sich auch beim Thema Mobilität. Wenn ich heute durch die Frankfurter Innenstadt laufe, sehe ich die Unterschiede deutlich, wie sie noch vor 20 Jahren aussah. An jeder Straßenecke stehen E-Roller und überall Leihautos, in die du dich einfach reinsetzen und losfahren kannst. Wenn diese Entwicklung so weitergeht, kann es sehr gut sein, dass es sich schon bald gar nicht mehr lohnt, als Einwohner einer Großstadt ein eigenes Auto zu haben. Für Langstrecken könnte man sich dann einen Leihwagen mieten, während man für Strecken innerhalb der Stadt auf die ohnehin bereits vorhandenen Services zurückgreifen würde. Ich kann mir sogar vorstellen, dass innerstädtische Mobilität ab einem gewissen Punkt ausschließlich auf Elektrizität beruht. In jedem Fall sollten wir festhalten, dass insbesondere Bereiche wie Mobilität und Ernährung bestens veranschaulichen, dass wir in einer Zeit leben, in der wir permanent einem Wandel ausgesetzt sind, der alles betrifft, was rund um uns geschieht. Wenn wir bestmöglich mit diesem Wandel klarkommen wollen, ist es also notwendig, sich offen für die Zukunft zu zeigen – egal, ob im Alltag oder an der Börse. Schließlich muss Wandel nicht zwingend etwas Schlechtes sein. Natürlich ist der Gedanke, dass die Gegebenheiten um uns herum sich stetig rasant verändern, immer auch mit einem Gefühl von Unbehagen oder Angst verbunden. Das ist ganz normal. Dennoch sollten wir uns immer wieder vor Augen führen, dass ein solcher Wandel meist in positiven Veränderungen resultiert. Das zeigen allein die Besserungen, die die Veränderungen der letzten Jahrzehnte mit sich gebracht haben. Ein Beispiel hierfür: das Thema Hunger. Wir sind die erste Generation, in der es theoretisch keinen Hunger mehr auf der Welt geben müsste. Das heißt, dass wir erstmals dazu in der Lage wären, theoretisch alle Menschen auf der Welt mit Nahrung und Wasser zu versorgen – gänzlich unabhängig von Faktoren wie Jahreszeit oder Witterung. So etwas gab es vorher in der Geschichte der Menschheit noch nie. Dass es dennoch teilweise scheitert, liegt gleichermaßen am Menschen selbst wie an Systemen, diktatorischen Staaten, Unmenschlichkeit und Tyrannei. Dennoch denke ich, dass diese grundsätzliche Entwicklung ein gutes Omen für die Zukunft ist und wir davon ausgehen können, dass es dem Menschen zukünftig grundlegend besser gehen wird. Vor allem die Medizin wird immens vom technischen Fortschritt profitieren, den wir weiterhin erleben werden. Durch KI und Robotik werden viele Prozesse im medizinischen Bereich anders laufen, und ich kann mir gut vorstellen, dass irgendwann ganze Operationen maschinell durchgeführt werden, während Ärzte den Prozess aus der Ferne überwachen und steuern. Das wäre allein deshalb ein Meilenstein, weil auf diese Weise deutlich präziser gearbeitet werden und die Fehlerquote drastisch gesenkt werden könnte. Schließlich wackelt ein Roboter beim Arbeiten ja nicht, ihm rutscht auch kein Skalpell aus der Hand. Neben den Themen, die ich in den vorherigen Kapiteln angerissen habe, sind auch das Dinge, die es in der Zukunft definitiv geben wird. Wann es sie geben wird, ist natürlich erneut vor allem eines: eine Frage der Zeit.

EGAL, WAS PASSIERT: ES WIRD WEITERGEHEN

Dass die Welt durch all die Dinge, die ich im Rahmen meiner zukunftsbezogenen Überlegungen in den Raum geworfen habe, weiter zusammenrücken wird, wird sich natürlich zwangsläufig auch im Börsenumfeld bemerkbar machen. Ich habe schon eingangs angemerkt, dass es unmöglich ist, konkrete Prognosen dazu abzugeben, wie die Börse in 10, 20 oder 100 Jahren aussehen wird. Allerdings ist es möglich, anhand der Dinge, die wir gesichert wissen, einige Vermutungen darüber anzustellen, welche Veränderungen wir als Anleger in Zukunft erwarten können. Ein Grundsatz, den ich schon in den vorherigen Kapiteln als konkretes Wissen festgehalten habe, ist jener, dass es immer Unternehmen geben wird, die Veränderungen führend und innovativ mittragen. Das halte ich für eine unbestreitbare Tatsache. Wo immer es Veränderungen und Innovationen gibt, wird es zwangsläufig Unternehmen geben, die für diese Veränderungen und Innovationen mitverantwortlich sind. Punkt. Entsprechend groß wird der Stellenwert sein, den diese Unternehmen zukünftig innehaben werden. Er ist bereits jetzt riesig, wird sich aber durch die weiteren Auswirkungen der Globalisierung noch vergrößern. Schon jetzt ist es so, dass Unternehmen, die früher 80 bis 90 Prozent ihrer Umsätze in ihren jeweiligen Heimatländern verzeichneten, zum größten Teil auf globaler Ebene stattfinden. Grade die wirklichen Big Player wie Apple oder Mercedes bieten ihre Produkte und Dienstleistungen in allen maßgeblichen Währungen an. Das Gute ist: Solange du dich an den richtigen Unternehmen beteiligst, beteiligst du dich auch an den Veränderungen, die sie mitmachen. Da ist es dann praktisch egal, ob Apple sein iPhone 30 irgendwann wie heute in Euro und Dollar oder in Folge von Digitalisierung und Globalisierung in Bitcoin, Ethereum oder einer globalen Währung anbietet. Denn du bist in diesem Fall ja an einem globalen Unternehmen beteiligt, welches bei allen wichtigen Märkten, Währungen und Arten von Transaktionen in irgendeiner Art und Weise dabei sein wird. Das Beste, was du mit Blick auf die Zukunft machen kannst, ist also genau das: Beteilige dich einfach weiterhin an den Unternehmen, die am fortschrittlichsten und innovativsten agieren – am besten so früh und so regelmäßig wie möglich. Dann kann so viel nicht schiefgehen.

******

Natürlich wird es neben den Veränderungen, die die Börse und deine Investments direkt betreffen, auch solche geben, die sich eher auf das strukturelle Drumherum auswirken. Ich denke beispielsweise, dass dass sich unser Bezug zum Geld und zu unserem Entlohnungssystem zwangsläufig irgendwann verändern wird. Aktuell tauschen die Menschen ihre Arbeit gegen einen finanziellen Gegenwert in Form eines Gehaltes ein und im Alter vertrauen sie größtenteils auf staatliche Renten. Dass dieses System nicht alternativlos ist, zeigt die jüngste Vergangenheit. Schon jetzt erleben wir eine Welle der Tokenisierung, bei der einzelne Wertgegenstände wie Gemälde in Form von Tokens digitalisiert werden. Diese Tokens können Menschen dann kaufen, um an der möglichen Wertsteigerung zu partizipieren. Aus meiner Sicht werden solche alternativen Arten der Geldanlage langfristig die Nischen verlassen, in denen sie aktuell stattfinden. Sie werden eine viel größere Verbreitung finden und allgemein genutzt werden. Einer der Hauptgründe hierfür: Es erscheint immer weniger ratsam, sich auf unser aktuelles Entlohnungssystem und das darauf basierende Rentensystem zu verlassen. Wieso sollten wir es also ausschließen, dass Menschen zukünftig als Gegenwert für ihre geleistete Arbeit nicht nur Geld, sondern auch Tokens, Coins oder sogar Unternehmensbeteiligungen erhalten könnten? Ohnehin bin ich felsenfest davon überzeugt, dass die Rolle des Unternehmens als Arbeitgeber langfristig immer wichtiger werden könnte. Mit der schwindenden Sicherheit, die staatliche Rentensysteme uns garantieren können, ist es nur logisch, dass irgendwann das Unternehmen, bei dem du arbeitest, dafür verantwortlich ist, dich im Alter zu versorgen. Geschehen könnte dies beispielsweise durch die von mir in den Raum geworfene Einführung von Unternehmensbeteiligungen als Ergänzung zum klassischen Gehalt, die übrigens auch aus psychologischer Sicht sehr sinnvoll sein dürften. Schließlich ist dein Interesse, deinen Arbeitgeber voranzubringen, automatisch deutlich größer, wenn du weißt, dass ein Teil deiner Altersvorsorge vom Erfolg dieses Unternehmens abhängig ist. Langfristig könnte das bedeuten, dass staatliche Renten – analog zum Vorbild USA – eine immer kleiner werdende Rolle spielen werden, während Unternehmensbeteiligungen immer wichtiger werden. Wie genau dies dann aussehen könnte, lässt sich zum aktuellen Zeitpunkt nicht konkret vorhersagen. Allerdings bin ich mir mehr als sicher, dass sich auch in diesem Bereich noch viel, viel tun wird. Und eins ist ohnehin mehr als gewiss: Rund um die Themen Börse und Finanzen wird es IMMER weitergehen. Nur vielleicht ein bisschen anders, als wir es gewohnt sind.

Das große Handbuch für erfolgreiche Aktien-Anleger

Gisela Bauer, Hans G. Lindner, Peter Thilo Hasler, Antonie Klotz, Brigitte Wallstabe-Watermann

Mit diesem Buch schließt das fünfköpfige Autorenteam eine Marktlücke: ein umfangreiches Nachschlagewerk, das alle Aspekte der Aktienanlage abdeckt und die Fragen von Einsteigern, Fortgeschrittenen und alten Hasen gleichermaßen beantwortet. Ausführlich skizzieren die Autoren Branchen und Märkte mit ihren Chancen und Risiken und stellen bewährte fundamentale und technische Indikatoren vor, die bei der Auswahl der richtigen Märkte und Einzelaktien helfen. Die Leser lernen die wichtigsten Anlagestrategien kennen, erfahren, wie sie unter Berücksichtigung von Faktoren wie Risiko-Toleranz, Anlagehorizont und Vermögen die für sich passenden Methoden auswählen können. Zudem erhalten sie einen tiefen Einblick in die Analyse von Unternehmensbilanzen und Jahresabschlüssen mit allen wichtigen Kennzahlen. Das Buch ist ein umfangreiches und unverzichtbares Standardwerk für alle, die erfolgreich in Aktien investieren und die Mechanismen an den Börsen verstehen möchten.

656 Seiten | Hardcover | 35,00 € (D) | 36,00 € (A) | ISBN 978-3-95972-527-9

Der leichte Einstieg in die Welt der ETFs

Gerd Kommer

Der Finanzexperte und Erfolgsautor Gerd Kommer stellt in diesem Band praxisnah und leicht verständlich die wohl einfachste, transparenteste und sicherste Option der Geldanlage vor: ETFs (Exchange-Traded Funds). ETFs bieten unschlagbare Vorteile für Privatanleger. Sie erfordern keine Vorkenntnisse, wenig Einarbeitungszeit und einen geringen laufenden Zeitaufwand. Die Einstiegskosten sind gering, der Ertrag hoch und die rechtliche Struktur ist robuster als bei allen Alternativen. Schon heute ist abzusehen, dass bald in Millionen von Privathaushalten ETFs die Rolle übernehmen werden, die in den letzten 70 Jahren das Sparbuch und kapitalbildende Lebensversicherungen hatten. Alles, was der Leser wissen muss, um sofort in das Thema ETFs einzusteigen und seine private Finanzvorsorge ohne großen Aufwand zu planen und einzurichten, erfährt er in »Der leichte Einstieg in die Welt der ETFs«.

176 Seiten | Softcover | 18,00 € (D) | 18,60 € (A) | ISBN 978-3-95972-543-9

Just Keep Buying

Nick Maggiulli

Wenn es um das eigene Geld geht, stellen sich viele Fragen: Wie kann man am effektivsten sparen? Wie hält man das Risiko beim Investieren gering? Wie geht man verantwortungsvoll mit seinem Geld um? Leider beruhen viele Antworten der Finanzindustrie auf Überzeugungen und Vermutungen und nicht auf Daten und Beweisen – bis jetzt. In Just Keep Buying rechnet der beliebte Finanzblogger Nick Maggiulli die wichtigsten Fragen zu persönlichen Finanzen und Investitionen durch und zeigt bewährte Wege auf, um sofort mit dem Aufbau eines Vermögens zu beginnen. So erfahren Sie, warum Sie weniger sparen müssen, als Sie denken, und warum es keine gute Idee ist, sein Geld zu sparen, um während Markttiefs zu kaufen. Mit den vorgestellten Strategien machen Sie mehr aus Ihrem Geld und mehr aus Ihrem Leben. Just Keep Buying – einfach weiter kaufen – ist der Weg zur finanziellen Unabhängigkeit.

288 Seiten | Softcover | 20,00 € (D) | 20,60 € (A) | ISBN 978-3-95972-646-7

Die 50 besten Börsenbücher aller Zeiten

Peter Bieg, Philipp Stampfer

Die Welt der deutschsprachigen Börsen- und Finanzratgeber ist gerade in den letzten Jahren zu einer überwältigenden Fülle angewachsen. Zählt man noch die unzähligen Werke hinzu, die bislang nur auf Englisch erhältlich sind, verliert selbst der ambitionierte Leser schnell den Mut. Journalist Peter-Matthias Bieg und Börsenanalyst Philipp Stampfer liefern nach intensiven Stunden unermüdlichen Lesens und Recherchierens den ultimativen Kanon der wirklich wichtigsten und besten Finanzbücher auf dem Markt. Ausführlich stellen sie alle Bücher mit Thema, Zielgruppe, Kennzahlen, Kernideen und Aktualität vor und bieten damit erstmals einen Überblick aller relevanten Strategien, Wissensgebiete und Gurus auf einen Blick. Ein unverzichtbares Nachschlagewerk für jeden, der sich für Finanzliteratur interessiert, egal ob Anfänger, Fortgeschrittener oder Profi.

304 Seiten | Hardcover | 25,00 € (D) | 25,70 € (A) | ISBN 978-3-95972-540-8